Prof. Dr. rer. nat. Milan Rýzl
Psi-Experimente, die gelingen

In diesem Werk greift der Autor, einer der weltweit führenden Forscherpioniere der Parapsychologie, ein Thema in parapsychologischem Neuland auf, das vor ihm kein anderer mit dieser Sachlichkeit erforscht, mit solcher Präzision praktisch erprobt, in dieser Klarheit beschrieben und der breiten Öffentlichkeit zugänglich gemacht hat: Prof. Dr. Rýzl trägt hier die *außersinnliche Wahrnehmung* (ASW), also Telepathie und Hellsehen, sowie die *Psychokinese* (PK) aus den wissenschaftlichen Laboratorien hinaus auf den Prüfstand von jedermann. Wer allerdings Psi-Experimente durchführen will, wird die einleitenden Anweisungen dieses jeglicher Spekulation fernstehenden und allein nach Wahrheitsfindung strebenden Wissenschaftlers beherzigen müssen. Die Einhaltung der Kriterien allen wissenschaftlichen Forschens im allgemeinen und strenger Experimental- und Kontrollbedingungen im besonderen ist unerläßlich. Der Rest ist einfach.

Sie finden hier zahlreiche Experimente genau beschrieben. Sie erfahren, wie die Planung eines Experiments, die Versuchsanordnung und die Abwicklung vor sich zu gehen haben. Dabei zeigt der erfahrene Praktiker auch die Gefahren auf, die sich aus fehlerhaften Bedingungen, Irrtümern des Experimentators und (unbewußten oder bewußten) Manipulationen seitens der Versuchspersonen ergeben. Viele Leser werden auch von den in zwanglosem Rahmen durchführbaren Psi-Test-und Trainingsspielen begeistert sein.

Von entscheidender Wichtigkeit ist die richtige Auswertung der Ergebnisse. Dies fällt anhand der vom Autor gelieferten mathematischen Formeln oder der mühelos benutzbaren Tabellen nicht schwer. Das Schlußkapitel und der Anhang dieses Buches beleuchten die besondere Problematik, den heutigen Stand und die Aussichten der Parapsychologie, der in der Welt von morgen große Bedeutung zukommen wird.

Milan Rýzl studierte an der Universität Prag Physik und Chemie und arbeitete schon in Prag als Parapsychologe. Seine Forschungs-und Lehrtätigkeit führte ihn durch die ganze Welt. 1963 gewann er den »McDougall Award for Distinguished Work in Parapsychology«. 1967 ließ er sich in San Jose, Kalifornien, nieder. Als einer der großen Pionierforscher der Parapsychologie ist er heute als Professor an der John F. Kennedy University in Orinda, Kalifornien, tätig. Sein parapsychologisches Schrifttum wurde in aller Welt veröffentlicht. Prof. Dr. Milan Rýzls Standardwerke sind deutsch im Ariston Verlag erschienen (Titelliste auf Seite 6).

Prof.
Dr. Milan Rýzl

PSI EXPERIMENTE

die gelingen

Telepathie, Hellsehen
und Psychokinese
auf dem Prüfstand

ARISTON VERLAG · GENF/ MÜNCHEN

Die Deutsche Bibliothek – CIP-Einheitsaufnahme

RÝZL, MILAN:
PSI-Experimente, die gelingen : Telepathie, Hellsehen und Psychokinese auf dem Prüfstand / Milan Rýzl. [Nach dem in amerikan. Sprache verf. Ms. ins Dt. übertr. von Helga Künzel].
- 3. Aufl. - Genf ; München : Ariston Verlag, 1992
ISBN 3-7205-1304-1

Das Werk wurde nach dem in amerikanischer Sprache verfaßten Manuskript ins Deutsche übertragen von

Helga Künzel

Gestaltung des Schutzumschlages von Roger Pfund

Erstauflage 1979
Dritte Auflage 1992
Druck und Bindung: Wiener Verlag, Himberg bei Wien
Printed in Austria 1992

ISBN 3-7205-1304-1

Inhaltsverzeichnis

Folgende Werke von Prof. Dr. Milan Rýzl sind im Ariston Verlag erschienen:

Das große Handbuch der Parapsychologie

Band 1:
Parapsychologie
Tatsachen und Ausblicke

Band 2:
ASW-Training
Methoden zur Weckung und Aktivierung des sechsten Sinnes

Band 3:
Psi-Experimente, die gelingen
Telepathie, Hellsehen und Psychokinese auf dem Prüfstand
(Die Bände sind auch einzeln zu beziehen)

Hellsehen in Hypnose
Der experimentelle Nachweis außersinnlicher Wahrnehmungen (ASW)

Telepathie und Hellsehen
Was außersinnliche Wahrnehmung (ASW) möglich macht

Der Tod und was danach kommt
Das Weiterleben aus der Sicht der Parapsychologie

Nutzen Sie Ihre phänomenale Geisteskraft
Neue Methoden und ihre Anwendung

Die biblischen Wunder
Deutungen der Parapsychologie

ASW-Training
3 Audio-Langspielkassetten in Box
Spieldauer 3 Stunden

Diese und andere Werke aus unserem Verlagsprogramm finden Sie am Schluß dieses Buches verzeichnet.

1. ASW und ihre Funktionsweise

Die Parapsychologen haben entdeckt, daß der Mensch zusätzlich zu seinen normalen Sinnen einen »sechsten« Sinn besitzt, mit dem er Informationen über seine Umwelt zu erlangen vermag. Diesen Sinn bezeichnen wir als außersinnliche Wahrnehmung (ASW), um aufzuzeigen, daß er mit dem Einholen von Informationen (= Wahrnehmung) befaßt ist, aber außerhalb der normalen Sinneskanäle (= außersinnlich) arbeitet.

Aus praktischen Gründen unterteilen wir die ASW: wir sprechen von Hellsehen, wenn objektive Ereignisse wahrgenommen, und von Telepathie, wenn subjektive Erfahrungen anderer Menschen wahrgenommen werden. Als Beispiele für Hellsehen könnten wir anführen: Eine Versuchsperson beschreibt den Inhalt undurchsichtiger Behälter richtig, obwohl die Sinne oder rationales Folgern ihr weder einen Hinweis noch einen Anhaltspunkt geben; eine Versuchsperson beschreibt richtig, was eine andere Person in einer entfernten Stadt tut; oder sie beschreibt die Stelle richtig, an welcher sich die Leiche einer vermißten Person befindet. Ein Beispiel für Telepathie wäre folgender Fall: Wir haben einen Freund lange nicht gesehen; plötzlich erscheint er lebhaft vor unserem geistigen Auge, und wir müssen ständig an ihn denken; später erfahren wir dann, daß er genau zu der Zeit irgendwelche Schwierigkeiten hatte und schon den Telefonhörer abhob, um uns anzurufen und um Hilfe zu bitten.

Die beiden ASW-Funktionen laufen im wesentlichen nach demselben Prozeß ab und unterscheiden sich eigentlich nur darin, ob das Ziel ein objektives Ereignis oder eine subjektive Erfahrung ist. Sogar die obigen Beispiele zeigen, daß die Unterteilung nicht sehr präzise und ziemlich willkürlich ist.* Das Verhalten einer abwesenden Person kann ebensogut auch durch Gedankenlesen (Telepathie) erkundet, und die Schwie-

* Sie datiert aus einer Zeit, als man irrtümlicherweise annahm, Telepathie sei leichter als Hellsehen; diese Fehlansicht beruhte auf dem (falschen) Vergleich der ASW mit der Radiokommunikation.

rigkeiten unseres Freundes können auch hellseherisch wahrgenommen werden. In Experimenten mit »telepathischer« Übermittlung von Zeichnungen kann der »Empfänger«, wenn der »Sender« eine Zeichnung betrachtet, die Information entweder durch Lesen der Gedanken des Senders (Telepathie) oder durch direktes Wahrnehmen der Zeichnung (Hellsehen) erhalten. Die beiden ASW-Formen unterscheiden sich, von der Definition her, einzig durch die Informationsquelle.

Die ASW funktioniert, im Gegensatz zu den anderen Sinnen, auch in der Zeit; wir sprechen dann von Präkognition (Vorschau, Vorauswissen, Vorhersagen künftiger Ereignisse) und Retrokognition (direktes Erkennen oder Wahrnehmen vergangener Ereignisse).

Als die Pendant-Funktion zur ASW anerkennen die Parapsychologen die Psychokinese (PK): das ist die Beeinflussung der Umgebung oder materieller Abläufe durch »bloße Geisteskraft«, also ohne jede physische Einwirkung. Psychokinese ist in unterschiedlichsten Formen bekannt. In der parapsychologischen Literatur wurden als Beispiele Fälle demonstrierter Fähigkeit beschrieben, durch bloße Gedankenkraft Gegenstände zu heben, zu bewegen oder zu verformen, den Heilprozeß zu beeinflussen, auf einer Fotoplatte Bilder zu erzeugen, eine Kompaßnadel ausschlagen zu lassen, Lichteffekte oder seltsame Geräusche hervorzurufen und ähnliches mehr. Im Laboratorium beobachtete man eine Beeinflussung des Falls von Würfeln durch PK, so daß vorher festgelegte Zahlen häufiger nach oben zu liegen kamen, als durch bloßen Zufall zu erwarten stand.

Die PK ist weniger erforscht als die ASW, doch der gegenwärtige Wissensstand zeigt an, daß ASW und PK denselben Regeln gehorchen und folglich eng verwandt sind.

Zwei Funktionen (ASW und PK) bilden den Gegenstand der Parapsychologie und grenzen sie somit von den Themenbereichen anderer Wissenschaftszweige ab. Die Eigenschaften der ASW lassen erkennen, daß dieser Prozeß nicht auf einer in der Physik heute bekannten Energie basiert. (Die Präkognition beispielsweise wirkt unabhängig von der Zeitschranke, was physikalisch nicht erklärbar ist.) Darum müssen wir, wenn wir beweisen wollen, daß irgendein beobachtetes Phänomen seiner Natur nach ASW oder PK ist, wirklich dafür sorgen, daß alle normalen, der Physik bekannten Energien ausgeschaltet sind. Aus dieser Tatsache leitet sich eine weitere Definition der Parapsychologie ab als einer Wissenschaft der *nichtphysikalischen* Wechselwirkungen zwischen Organismus und Umwelt.

Wenn man die ASW zu begreifen versucht, ist ein M o d e l l hilfreich, das ihre Ähnlichkeit mit anderen Sinnen aufzeigt.

Beim Gesichtssinn bringt die Energie elektromagnetischer Wellen (Licht) die Information zu unserem Sinnesorgan (Auge); dort wird die Information in ein komplexes Muster elektrochemischer Prozesse des Nervensystems umgewandelt, die wir als »Sehen« erleben. Der Prozeß des Sehens läuft also in zwei Stufen ab: einer objektiven Stufe, die von physikalischen Bedingungen beeinflußt wird (Filtern, Linsen, Spiegeln), und einer subjektiven Stufe, die gänzlich vom psychologischen Zustand des Wahrnehmens abhängt. Diese zweite Stufe kann von psychologischen Faktoren beeinflußt werden, die Sinnestäuschungen, Halluzinationen usw. hervorzurufen vermögen.

Auch bei der ASW lassen sich zwei S t u f e n unterscheiden:

1. Ein *objektiver Prozeß*, der die Information in den Organismus bringt, in unser Unterbewußtes. Informationsträger ist eine bisher unbekannte – eine der Physik bislang *nicht* bekannte – Energie.

2. Ein *subjektiver Prozeß*, der in unserem Geist abläuft (im Nervensystem) und von empfindlichen psychologischen Faktoren abhängt, die für jeden Menschen charakteristisch sind. Während dieses Prozesses wird das Unterbewußte die Information häufig kreativ bearbeiten, bevor der Mensch sie bewußt erfährt. Die Subjektivität dieses Prozesses und starke psychologische Unterschiede zwischen den Menschen sind die Ursachen besonderer Merkmale von ASW-Erfahrungen:

a) Der Vielfalt von Formen, in denen ASW erlebt werden kann – angefangen von Ahnungen, unbestimmten Gefühlen oder unbewußten motorischen Reaktionen (wie beim Wünschelrutengehen) bis zu deutlichen Erfahrungen, die andere Sinne imitieren (lebhaftes Träumen, das Sehen von Visionen, das Hören von Stimmen usw.).

b) Der Verzerrungen, die in ASW-Erlebnissen häufig auftreten. Die Erlebnisse können symbolischer Art sein – die Symbole basieren auf vergangenen Erfahrungen und auf Assoziationen –, dann bringt nur die richtige Deutung der Symbole die eigentliche Bedeutung des Erlebnisses ans Licht. Manchmal können innere Hemmungen eingehende ASW-Informationen abblocken, dann werden sie überhaupt nicht bemerkt, beispielsweise wenn eine Information allzu traumatischer Natur ist oder wenn wir nicht bereit sind, ihre Echtheit anzuerkennen. Im Falle der Psi-Umkehr bzw. des Psi-bedingten Fehlers (Psi-missing) verkehrt die unbewußte negative Einstellung die richtige Information in eine Erfahrung mit der falschen Bedeutung.

Die Form, in welcher man eine ASW-Information erfährt, hängt vom psychologischen Zustand des Wahrnehmenden ab.

Schläft der Wahrnehmende, kann ASW in Träumen auftreten; ist er abgelenkt oder zu beschäftigt mit bewußten Aktivitäten, kann ASW unbewußt sein Verhalten beeinflussen. Vergangene Erfahrungen, Erinnerungsspuren, psychologische Assoziationen, Wünsche, Ängste, Glaubensüberzeugungen, Interessen, Einstellungen und andere psychologische Faktoren bestimmen die Auswahl, die unter den eingehenden ASW-Informationen getroffen wird, und auch die Form, in welcher die Informationen sich in unserer Erfahrung oder unserem Verhalten offenbaren.

Während die zweite – die subjektive – Stufe des ASW-Prozesses hauptsächlich von psychologischem Interesse ist, bezieht sich die erste Stufe auf die eigentliche Natur des ASW-Prozesses. Wir kennen zwar die Natur des Übertragungsagenten nicht, können uns jedoch *drei Grundmodelle* für seine Funktionsweise vorstellen:

1. Das beobachtete Ereignis sendet Psi-Signale aus, die wir empfangen. (Ähnlichkeit mit dem Betrachten einer Kerze, die Licht aussendet.)

2. Wir erzeugen Psi-Energie, offenbar durch unsere geistige Aktivität mittels eines unbekannten Prozesses, der in unserem Nervensystem abläuft oder damit verbunden ist. Ein kurzes Ausstrahlen dieser Energie »beleuchtet« das beobachtete Ereignis, und wir nehmen Psi-Energie wahr, die vom Ereignis »reflektiert« wird. (Ähnlichkeit mit dem Betrachten eines von einer Taschenlampe beleuchteten Gegenstandes.)

3. Manche Parapsychologen – die glauben, das »Seelisch-Geistige« könne unabhängig vom Körper existieren – sind Anhänger des »Exkursionsmodells«, das postuliert, unsere »Seele« (oder der »Geist« oder das »Seelisch-Geistige«) verlasse den Körper, reise zur Informationsquelle und hole die Information ein. (Ähnlichkeit mit dem Aussenden eines Astro- oder Kosmonauten, der Informationen vom Mond holt.)

4. Modell 3 kann dem Modell 2 angepaßt werden, wenn wir postulieren, daß nicht ein unabhängiger, bewußter »Geist« sich vom Körper trennt und reist, sondern nur ein »psychisches Sinnesorgan« zur Informationsquelle projiziert wird, dort die Information erhält und diese zum Organismus bringt, wo sie im Nervensystem verarbeitet wird. (Ähnlichkeit mit dem Aussenden einer automatischen Sonde – eines Satzes von Instrumenten, die dem Forscher auf der Erde Daten übermitteln.)

Wir können festhalten, daß Modell 3 sich möglicherweise als im wesentlichen identisch mit Modell 2 erweist. Den Unterschied, falls einer besteht, wird man erst erkennen, wenn mehr über die Natur der mitwirkenden Prozesse bekannt ist.

Was die Ähnlichkeit zwischen ASW und dem Gesichtssinn anbelangt, müssen wir einen wichtigen Punkt hervorheben. Nach den Eigenschaften der ASW zu urteilen, ist sie in viel weiterem Rahmen anwendbar als der Gesichtssinn. Sie wird von keinen physikalischen Grenzen eingeengt, kann zum »Hineinsehen« in undurchsichtige Behälter, zum »Sehen« hinter Abschirmungen oder in große Entfernungen benutzt werden. Doch einstweilen ist sie noch sehr unvollkommen. Soweit man sie heute beobachtet, arbeitet sie viel unzuverlässiger als der Gesichtssinn.

Wir brauchen nur die Augen zu öffnen und sehen sofort. Wir erkennen auch jederzeit mühelos, ob es hell genug ist und wir klar sehen. Der ASW-Prozeß dagegen unterliegt der bewußten Kontrolle weit weniger. Selbst wenn die ASW arbeitet, können wir nicht immer die Zuverlässigkeit jedes einzelnen Informationspunktes garantieren. (Den ASW-Charakter einer Erfahrung erkennt man häufig erst, *nachdem* sich ihre Richtigkeit erwiesen hat.) Oft können wir nicht einmal sicher sein, daß die ASW im gegebenen Augenblick wirklich arbeitet. Und wenn sie arbeitet, kann sie verzerrt werden. Die Kapazität des Informationskanals bei ASW (gemessen in »bits« pro Sekunde) wurde nie genau bestimmt; aber wie dem auch sei, derzeit ist die ASW bei weitem nicht so leistungsfähig wie der Gesichtssinn.

Wegen ihrer mangelhaften Zuverlässigkeit und Perfektion kann man die ASW in ihrer effektiven Leistungsfähigkeit nicht mit dem Sehen bei vollem Tageslicht vergleichen, sondern eher mit dem Sehen bei fast völliger Dunkelheit. Wir können sie mit dem Sehen vergleichen, wenn wir in einem von einer einzigen Kerze nur schwach erhellten Raum weiße und hellgelbe Papierstreifen unterscheiden wollen (sie lassen sich unterscheiden, aber wenn wir nicht sehr aufmerksam oder müde sind, machen wir eine Menge Fehler). Wir können sie auch mit dem Sehen im Dunkeln vergleichen, wenn ein Lichtblitz die Gegenstände um uns kurz beleuchtet, so daß wir keine Zeit haben zu registrieren, was es eigentlich genau zu sehen gäbe.

Bei der ASW müssen wir also unterscheiden:

1. Ihre *Leistungsfähigkeit* — diese ist gegenwärtig sehr gering, doch es

bestehen große Verbesserungsmöglichkeiten, wenn unser Wissen und unsere Kontrolle über sie zunehmen;

2. ihre *Anwendbarkeit* – diese ist sehr groß und läßt erwarten, daß die ASW sich zum wertvollsten Sinn entwickelt, wenn ihre Leistungsfähigkeit und Zuverlässigkeit hinlänglich gesteigert werden können.

Die ASW ist unempfindlich gegen physikalische Variablen. Abschirmungen, Entfernungen, Kraftfelder usw. spielen bei ASW-Vorgängen keine erkennbare Rolle. Wird ein Effekt beobachtet, dann ist er gewöhnlich erratisch, suggestiv ausgelöst, weitgehend davon abhängig, wie er nach dem *Glauben* der jeweils betroffenen Person unter gegebenen Umständen sein wird. Drogen und physiologische Mittel wirken nur insoweit, als sie psychologisch beeinflussen.

Andererseits ist die ASW-Leistung äußerst anfällig gegenüber Veränderungen der psychologischen Bedingungen. Zum Glück wissen wir bereits ziemlich viel über die Bedingungen, welche ASW stimulieren oder vernichten. Wenn wir auch noch nicht immer die günstigsten Bedingungen zu schaffen vermögen, so sind wir doch wenigstens in der Lage, Faktoren auszuschalten, die ASW behindern, und so die Chancen für ihr erfolgreiches Funktionieren zu steigern. Manchmal können wir sie sogar auf Wunsch hervorbringen.

Zwei Schwierigkeiten verhindern in erster Linie die regelmäßige Kontrolle der ASW:

1. Das ASW-Phänomen hängt von einer Vielfalt empfindlicher psychologischer Faktoren ab, von denen einige noch unbekannt sind. Das Aufspüren der richtigen Bedeutung von ASW-Erfahrungen, die von den Spielen unseres Unterbewußten verzerrt werden, erfordert ein gründliches Wissen über den psychologischen Zustand der wahrnehmenden Person – über Erinnerungen an vergangene Erfahrungen, Interessen, Glaubensüberzeugungen, Assoziationen, Ängste, Wünsche usw. Diese Dinge üben sehr komplexe Einflüsse aus, deshalb kann die Bedeutung einer ASW-Erfahrung leicht unerkannt bleiben oder mißverstanden werden.

2. Voraussetzung für das Auftreten des Phänomens ist die Erfüllung vieler empfindlicher psychologischer Bedingungen, wie Motivation, Glauben, Vertrauen und Seelenfrieden, die sich in ihrer Komplexität nicht leicht herbeiführen lassen – selbst wenn wir wissen, was notwendig ist. Beispiel: Die ASW hängt, wie man feststellte, vom Glauben an die ASW-Fähigkeit und von der Einstellung zum Experiment ab. Aber wir können nicht *auf Verlangen* glauben, daß wir über ASW verfügen

oder daß sie genau in einem bestimmten Moment funktioniert; wir können auch nicht auf Verlangen große Begeisterung für das Experiment empfinden, wenn wir gerade eine schlechte Nachricht erhalten haben, die uns deprimiert oder Sorgen bereitet.

Solche Beeinträchtigung ist natürlich nicht nur für ASW charakteristisch. Eine ähnliche Situation besteht bei jeder geistigen Tätigkeit: So fällt es einem Studenten oft schwer zu lernen, wenn ihn das Thema nicht interessiert oder wenn ihm die Motivation fehlt. Er kann, obwohl gut vorbereitet, beim Examen durchfallen, wenn es ihm an Selbstvertrauen mangelt. Oder: Ein Schauspieler findet es schwierig, eine komische Rolle zu spielen, wenn er gerade die Nachricht bekommen hat, daß sein bester Freund gestorben ist. ASW verhält sich in dieser Hinsicht wie die höchsten Formen geistiger Aktivität – sie kann vielleicht mit dem schöpferischen Talent verglichen werden –, nur ist sie noch viel empfindlicher und anfälliger als beispielsweise das Lernen oder die Schauspielerei. Ein Schauspieler oder ein Student können ihre Indisposition relativ rasch überwinden, der mit ASW Arbeitende dagegen nicht.

Die folgenden Bedingungen begünstigen erwiesenermaßen die Aktivierung der ASW. Wenn Sie versuchen, mit ASW zu arbeiten, sollten diese Bedingungen in ihrer Gesamtheit so vollkommen wie möglich erfüllt sein. Die günstigen Bedingungen betreffen Stimmung, psychologische Atmosphäre und psychologischen Zustand der Versuchsperson.

Die besten Erfolgsaussichten haben Versuchspersonen, die eine ASW-Aufgabe in einer Stimmung angehen, die wie folgt ist:

selbstsicher,	begeistert,
gut angepaßt,	sorgenfrei,
optimistisch,	gutmütig,
extravertiert,	unbekümmert,
heiter,	umsichtig,
aufgeschlossen,	ruhig.

Ferner ist wünschenswert, daß die Versuchsperson in einer Atmosphäre arbeitet, die folgendermaßen ist:

angenehm,
freundlich und friedlich,
ruhig,
von einer warmen Beziehung zu anderen Anwesenden geprägt,
aufgeschlossen,

voll Sympathie,
spielartig, spielerisch oder wetteifernd,
von besonderer Motivation erfüllt
(wobei die beiden letztgenannten Merkmale jedoch nicht übermäßig stark sein dürfen, da sie sonst Spannung oder Angst vor dem Versagen erzeugen).

Der allgemeine psychologische Zustand der Versuchsperson sollte sein:
selbstvertrauend (eine Verfassung selbstsicherer Entschlossenheit),
frei von inneren Konflikten,
von starkem Wunsch erfüllt, doch ruhig und ausgeglichen,
körperlich und seelisch-geistig entspannt.

Auf dem Hintergrund dieses allgemeinen psychologischen Zustandes sollte die Versuchsperson in einem besonderen *geistig-seelischen Zustand* sein, der äußerst wichtig ist: ein Zustand starken, andauernden Interesses am Ziel der Psi-Aktion; tiefe Aufmerksamkeit für den Gegenstand des Interesses und absolutes Vergessen aller anderen Dinge; ein Zustand, in dem sämtliche Gedanken zum Stillstand kommen und der letzte Gedanke dem Gegenstand des Interesses gilt.

Auf diesen Zustand sollte ein Zustand der Leere des Geistes folgen, da jedwedes Denken stillsteht, erlischt und der Geist bereit ist, die ASW-Botschaft zu empfangen. Dieser Zustand kann auch als ruhiges, aber aufmerksames »Hineinhorchen«, »inneres Hören« oder »Sichsammeln« beschrieben werden.

Ein solcher Zustand hilft ASW aktivieren, doch dabei muß eine wichtige Bedingung erfüllt sein, wenn die Funktionsverzerrungen reduziert werden sollen: Der Geist muß wirklich leer sein, frei von vorgefaßten Meinungen, Vorurteilen, Vermutungen, rationalen Urteilen oder Elementen persönlicher oder emotioneller Engagements (frei von jeder persönlichen »Voreingenommenheit«); sie alle müssen völlig ausgeschaltet oder »vergessen« werden.

Gestört wird die ASW-Leistung durch Faktoren wie:
Spannung,
Sorgen,
Streß,
Besorgnis,
Nervosität,
Angst,
Unsicherheitsgefühle,

Frustration oder Enttäuschung,
Ungeduld,
Depression,
Gereiztheit,
Lärm und andere Ablenkungen,
starkes persönliches (emotionelles) Engagement,
lastendes Verantwortungsgefühl (das natürlich zu gesteigerter Spannung und Besorgnis führt).

Die hier herausgestellten Merkmale erweisen sich als zerstörerisch oder zumindest sehr nachteilig. Eine zuverlässige ASW-Leistung setzt voraus, daß Sie immer die Ausräumung dieser Hindernisse sicherstellen. Gelingt Ihnen das im gegebenen Moment nicht, ist es besser, die ASW-Übung auf später zu verschieben, wenn Sie von günstigen Bedingungen ausgehen können.

Genau wie jede andere Gabe, ist auch ASW in jedem Menschen vorhanden, wenn auch schlummernd und in unterschiedlichen Graden, je nach Persönlichkeit. Doch selbst darin ist sie anderen Gaben ähnlich. Manche Menschen sehen besser als andere; einige lernen kaum ihren Namen schreiben, während andere erfolgreiche Schriftsteller werden. Das Ausmaß, in dem sich bei einem Menschen ASW offenbart, hängt von seinen einzelnen Charaktermerkmalen und auch von seiner Lebensweise ab. Zahlreiche psychologische Merkmale, physiologische Bedingungen und soziale Lebensumstände bestimmen in ihrer Kombination, wie oft und in welchem Ausmaß im Leben eines Menschen die ASW-günstigen Bedingungen eintreten und inwieweit die ASW-ungünstigen Bedingungen fehlen.

Wenn Parapsychologen die ASW untersuchen – entweder in Spontanerlebnissen oder in Laborexperimenten –, versuchen sie reine Manifestationen von ASW zu isolieren, die frei sind von Beimischungen der Sinneswahrnehmung. Im wirklichen Leben jedoch arbeiten alle Sinne und Fähigkeiten des Menschen gleichzeitig, und dieser setzt einen Teil davon oder alle ein, je nachdem, was seinen Absichten in einem bestimmten Moment am besten dient.

Es gibt immer mehr Beweise dafür, daß ASW – so wenig entwickelt sie gegenwärtig auch sein mag – in unserem täglichen Leben zusammen mit den anderen Sinnen ständig funktioniert. Sie verschafft uns Informationen über wichtige Ereignisse in unserer Umwelt und steuert unser Verhalten gemäß diesen Informationen. Läuft der gesamte Prozeß ausschließlich auf der Ebene des Unterbewußten ab, merken wir meist nicht einmal etwas davon.

Das Wirken der ASW ist in den meisten Fällen unserem Wohlbefinden förderlich. ASW kann uns beispielsweise unbewußt bei der Lösung von Problemen helfen, beim Fällen von Entscheidungen und ganz allgemein bei der Erlangung zielorientierter, lebenswichtiger Informationen, die anderen Sinnen unzugänglich sind. Wenn die ASW jedoch fehlgeleitet wird – wie in Fällen der Psi-Umkehr, bei der innere Konflikte die Information verzerren bzw. »umkehren« –, kann sie auch unseren Interessen entgegenarbeiten. Die Fehlfunktion der ASW verursacht dann beispielsweise im Leben eines Menschen »Pechsträhnen« – wie beispielsweise schlechte Angewohnheiten unsere Gesundheit beeinträchtigen können oder ein Versehen oder Fehlurteil uns in Schwierigkeiten bringen kann.

Richtig funktionierend ist die ASW eine wünschenswerte Funktion. Je mehr unser Wissen über sie und unsere Erfahrung mit ihrer Anwendung zunehmen, desto wirksamer wird sie sich für unsere Ziele einsetzen lassen. Eines Tages wird ASW, wenn der wissenschaftliche Fortschritt anhält, unter volle Kontrolle gebracht werden und sich dann zum Vorteil künftiger Menschengenerationen nutzen lassen.

Gewichtige Gründe sprechen außerdem dafür, daß die ASW eine wesentliche, wenn auch nicht ausschließliche Rolle bei schöpferischer Tätigkeit, induktivem Denken und wissenschaftlichen Entdeckungen spielt. Die generelle Idee oder Vorstellung von grundlegenden Gesetzen oder Regeln kann durch ASW erlangt und dann durch methodische Experimentation überprüft werden.*

---

* In diesem Zusammenhang könnte man zu dem Schluß gelangen, auch die ersten religiösen Vorstellungen der prähistorischen Menschen hätten auf ASW-Erfahrungen beruht. Die Grundvorstellung von der Existenz Gottes wurde möglicherweise durch ASW erlangt, aus dem Gespür heraus, daß es in der Natur einiges Höheres gibt, das über die Welt der Materie hinausreicht. Diese Grundvorstellung, die dann verzerrt und der herrschenden geistigen Entwicklung des Homo sapiens angepaßt wurde (und unter den Einfluß politischer Erfordernisse geriet), nahm nacheinander verschiedene Formen an. Hier nur einige dieser Vorstellungsformen: Götter als Personifizierungen der Naturkräfte; Gott-Herrscher (so Zeus im griechischen Pantheon); Gott, ein rachsüchtiger Gesetzgeber für ein Volk (so der jüdische Jahve); liebender Gott-Vater der gesamten Menschheit, der dennoch eine enge Beziehung zu jedem einzelnen hat (im Christentum); oder unpersönlicher Ausdruck höherer Moralprinzipien.

2. Seien Sie kritisch und sachlich!

Für jeden, der Literatur über parapsychologische Phänomene durcharbeitet, sollte die wichtigste Regel lauten: *Glauben Sie nicht alles, was Sie lesen!* Seien Sie skeptisch! Gehen Sie von dem aus, was Sie selbst überprüfen können!

Es ist bedauerlich (auch wenn sich dasselbe auf anderen sich entwickelnden Wissensgebieten abspielt), daß viele Berichte über Psi-Phänomene nicht zuverlässig sind. Viel zu oft erleben wir folgenden Ablauf der Ereignisse:

1. Ein ehrgeiziger Entdecker macht, ohne ausreichende Sorgfalt, ein Experiment oder eine Beobachtung und zieht daraus verfrühte Schlüsse.

2. Bevor seine Entdeckung durch andere nachgeprüft oder durch sorgfältigere Experimentation bestätigt wurde, veröffentlicht er sie.

3. Der Publizist möchte die Geschichte für die Leser interessanter gestalten, akzeptiert unbestätigte Schlußfolgerungen, legt besondere Betonung auf die ungewöhnlichsten Punkte und fügt Einzelheiten ein, um die »Entdeckung« aufregender zu machen.

4. Die veröffentlichte Geschichte wird von anderen gelesen und weitergegeben; dabei verzerren sie sie oft noch weiter, indem sie Dinge einfügen, die ihre Ansichten stützen, und konträre auslassen.

Als Folge davon wimmelt die Populärliteratur über Psi-Phänomene von unbestätigten, aufgeblähten Berichten, in denen die Wahrheit grob verzerrt wird, die aber viele Menschen dennoch für vertrauenswürdig halten. Natürlich spielt hierbei die Emotion oft eine größere Rolle als die Logik, weil solche sensationelle Berichte über Geheimnisvolles etwas sind, das viele Menschen einfach glauben *wollen*. Doch wenn, aus welchen Gründen immer, die Wahrheit verzerrt ist, dann wird gegen die edlen Grundsätze wissenschaftlichen Forschens nach der Wahrheit verstoßen.

Auf den nächsten Seiten will ich versuchen, die Hauptfehler zu analysieren, die von Forschern, Publizisten und Studierenden begangen werden. Die Regeln, die wir erörtern, mögen vielen selbstverständlich erscheinen, und das Gewicht, das ich ihnen beimesse, mag pedantisch wirken. Doch bitte nehmen Sie, wenn Sie die folgenden Absätze lesen, die darin enthaltenen Empfehlungen sehr ernst. Zu oft wird gegen diese Regeln verstoßen, ohne daß dies ganz bewußt geschieht. Versuchen Sie deshalb, beim Lesen der nächsten Seiten die Ratschläge sorgfältig zu analysieren und wenden Sie sie sofort auf das an, was Sie über Beobachtungen psychischer Phänomene gehört oder gelesen haben.

Diesen Rat sollten Sie sich genau merken, besonders wenn Sie erwägen sollten, selbst in die parapsychologische Forschung oder Ausbildung einzusteigen. Die Regeln über die kritische Bewertung des Beweismaterials und über das richtige Vorgehen bei Forschungsarbeiten müssen Ihnen in Fleisch und Blut übergehen, ein Bestandteil Ihres Wesens werden und automatisch Ihr ganzes Denken beherrschen.

HOBBYFORSCHER

Hier folgen einige persönliche Erfahrungen, die verschiedene abstrakte Probleme, mit denen wir uns später befassen werden, sehr lebendig veranschaulichen.

Erfahrung Nr. 1

Die Darbietung von Zauberkunststücken auf einer Bühne gehört zwar nicht zu meinem Repertoire, aber während meiner ASW-Vorlesungen versuchte ich drei- oder viermal, meinen Hörern zu zeigen, wie leicht sich ASW betrügerisch imitieren läßt. Dabei bediente ich mich einer einfachen, improvisierten Demonstration.

Ich forderte meine Hörer auf, einen Satz oder eine Frage auf einen Zettel zu schreiben, den Zettel mit Namen oder Initialen zu unterzeichnen und mehrmals zusammenzufalten, so daß man das Geschriebene nicht lesen konnte. Die Zettel wurden eingesammelt und auf meinen Katheder gelegt. Alles geschah schnell, vor jedermanns Augen. Niemand konnte eine betrügerische Manipulation mit den Zetteln argwöhnen.

Ich ergriff irgendeinen der Zettel, hielt mich dabei von den anderen ostentativ fern und drehte den Kopf weg, um meine Hörer zu beeindrucken und ihnen klarzumachen, daß ich es nicht nötig hatte, Taschenspielertricks anzuwenden. Über den Inhalt des ersten Zettels machte ich irgendeine vage Aussage, ich riet einfach. Oft hatte ich teilweise recht, aber sogar wenn ich völlig unrecht hatte, konnte ich erklären, ich bräuchte eine Aufwärmzeit, und meine spektakulären Erfolge würden das erste Scheitern bald vergessen machen. (Ein- oder zweimal gelang es mir sogar, den ersten Zettel *mitten unter meinen Hörern* zu öffnen und zu lesen, während ich mich in die Menge mischte und die Zettel selbst einsammelte, ohne daß irgend jemand etwas merkte.)

Nachdem ich meine Aussage über den Zettelinhalt gemacht hatte, faltete ich ihn auseinander, las ihn stumm, als wollte ich nachprüfen, ob ich recht gehabt hatte, und steckte ihn in die Tasche. Nun wußte ich genau, was auf dem Zettel in meiner Tasche stand.

Ich ergriff einen neuen zusammengefalteten Zettel, legte ihn an die Stirn und verkündete den Inhalt des Zettels, der in meiner Tasche war; dabei tat ich so, als läse ich den Inhalt des Zettels an meiner Stirn. Anschließend »verifizierte« ich wieder – und prägte mir den nächsten Satz ein, worauf ich einen neuen Zettel ergriff. Keiner unter meinen Hörern merkte, daß ich immer einen Zettel voraus war. Ich konnte endlos weitermachen und die richtigen Sätze oder Fragen wiedergeben, solange das Auditorium amüsiert war und staunte.

Der einzige Trick, um die Darbietung glaubhaft erscheinen zu lassen, bestand darin, eine entsprechend dramatische Atmosphäre zu erzeugen. Man durfte nicht einfach das Geschriebene schnell »lesen«. Eine theatralische Wiedergabe war notwendig.

Nehmen wir einmal an, auf dem Zettel stand: »Soll ich in Öl investieren? N. H. N.« Dann ging mein »Lesen« etwa so vor sich: Ich legte den Zettel an die Stirn und sagte sogleich: »Es ist nur eine Zeile – vielleicht bilden die Initialen eine zweite kurze Zeile auf der rechten Seite.« Dann schwieg ich, machte ein angestrengtes Gesicht, preßte mir die Finger auf die Augen und fuhr zögernd und mit Unterbrechungen fort: »Ja, eine Zeile – ich muß mich eine Weile schärfer konzentrieren – ich sehe den Buchstaben ›S‹ am Anfang – sieht so aus, als stünde das Wort ›Soll‹ mit großem ›S‹ am Anfang – dann kommt ein kleines ›i‹ als nächstes ein oder zwei Wörter, und dann sehe ich einen Großbuchstaben, ein ›Ö‹ . . . (Pause). Nun erscheint mir so etwas wie ein Bild von Ölfeldern – und jetzt hat es sich in eine große Hundertdollarnote verwandelt. Irgend jemand ist an Geld oder an Gewinn aus Öl interessiert. – Ja, jetzt bin ich sicher, das vorletzte Wort lautet ›Öl‹, dem letzten Wort folgt ein Fragezeichen. – Warten Sie einen Moment, vielleicht kann ich den ganzen Satz lesen . . . (Pause). Ja, er lautet: ›Soll ich in Öl investieren?‹, und die Unterschrift (nun mache ich absichtlich einen Fehler) besteht aus – drei Buchstaben – sie ähneln einander sehr . . . Drei Buchstaben: N-N-N – aber der mittlere kann auch ein H sein. Das sehe ich nicht genau. – Schauen wir mal, ob ich recht hatte (ich falte den Zettel auseinander und präge mir den Satz für den nächsten Versuch ein). Wer stellte die Frage? Wer unterschrieb seinen Zettel mit ›N. H. N.‹? – Bitte sagen Sie den anderen – hatte ich recht?« (Es folgt eine Entschuldigung an den Schreiber, weil ich mich beim mittleren Initial irrte.)

Wahrlich, viele Menschen wollen an Wunder glauben. Ich hatte meine Hörer aufgefordert, auf Betrug zu achten. Trotzdem fand ich wiederholt Menschen im Auditorium, die sich zu glauben weigerten, daß die ganze Demonstration Betrug gewesen sei. Sogar als ich mein Vorgehen genau erklärte, beharrten einige darauf, ich hätte ASW eingesetzt und wollte es nur nicht zugeben.

Erfahrung Nr. 2

Die Hörer öffentlicher Vorlesungen kann man vielleicht entschuldigen (auch wenn es schmerzlich ist, daß manchmal kein einziger scharf genug beobachtete, um die Tricks eines sehr amateurhaften Demonstranten zu entdecken). Können wir auch die Teilnehmer an angeblich wissenschaftlichen Experimenten entschuldigen?

Die folgende Episode[1] ist dem Bericht eines Berufsfotografen entnommen, den sein Interesse an der Parapsychologie zur Untersuchung und aktiven Entwicklung der Kirlian-Fotografie[2] führte. Hier sein Bericht über eine typische Beobachtung, die er bei Anhängern der Kirlian-Fotografie machte:

»Die Filmhersteller leisten zwar hervorragende Arbeit und ermög-

---

[1] Abdruck mit besonderer Genehmigung aus der Zeitschrift *Fate*, Februar 1976.

[2] Die Bezeichnung wird häufig für eine Methode gebraucht, mittels derer durch Elektrizität auf Fotopapier Bilder hervorgerufen werden. In den siebziger Jahren wurde sie ziemlich populär, weil man sie fälschlicherweise als parapsychologisches Phänomen darstellte. Einige Experimentatoren glaubten, es handle sich dabei um eine Fotografie angeblicher »psychischer Energie« oder einer menschlichen »Aura«. Doch die elektrographische Methode der Hervorrufung von Bildern auf fotografischem Material ist ein rein physikalischer und chemischer Prozeß, und jede behauptete Verbindung mit Parapsychologie ist nichts als Spekulation. Außerdem stellt die Kirlian-Fotografie – entgegen der landläufigen Meinung – keineswegs eine neue Entdeckung dar. Bereits in den 1890er Jahren erhielten verschiedene Autoren mit einer im wesentlichen gleichen Technik elektrographische Bilder.

lichen es auch dem ungeschicktesten Fotografen, in Farbe zu knipsen, dennoch ist der Farbfilm relativ unstabil. Die Belichtungszeit, die Lagerbedingungen und die Temperatur der Bearbeitungslösungen können das Farbbild leicht beeinträchtigen. Temperaturschwankungen von weniger als einem Grad plus oder minus der Entwicklungslösungen führt unter Umständen zu Farbveränderungen im fertigen Abzug. Ich vermute, daß ungenaue Thermometer in Dunkelkammern mehr Veränderungen der Aura-Farben verursachen als die Stimmungsumschwünge Kirlianscher Versuchspersonen.

Ich nahm die Einladung zum Besuch des »Labors« einer Gruppe von Kirlian-Anhängern an, das sich als Badezimmer erwies, das man in eine provisorische Dunkelkammer verwandelt hatte. Die nachlässige Art des Vorgehens dieser Leute überraschte mich. Sie zählten die Belichtungszeit mündlich, statt eine Stoppuhr zu verwenden, und sie machten keine Aufzeichnungen. Sie benutzten Filme, die sie gerade zur Verfügung hatten, und entwickelten sie in Lösungen, deren Temperatur sie mit dem Finger prüften. Ich fand ihre Begeisterung bewundernswert, ihre Arbeitsmethoden dagegen fürchterlich. Sie redeten gescheit von Biolumineszenz, Betakörpern, Vitalkräften und Psi-Energie, aber das Wort »Disziplin« gehörte nicht zu ihrem Vokabular. Einmal mehr gelangte ich zu der Überzeugung, daß die »geistigen« Fotos das Ergebnis mangelhafter Dunkelkammerdisziplin sowie einiger sehr wesentlicher Plus- oder Minusgrade sind und keine Folge der Anwesenheit irgendeines gespensterhaften Geistes.

Ein Teil der Probleme rührt daher, daß es heute sehr einfach ist, eine Kirlian-Vorrichtung zu bauen oder zu kaufen und Bilder zu Dutzenden zu produzieren. Wir haben jetzt immer gleich Experten.«

Der Fotograf gab den ziemlich enttäuschten Kommentar: »Die Entschuldigung der Leute, weil sie sich nicht an die richtigen Dunkelkammerverfahren hielten, lautete, sie seien keine Berufsfotografen. Das ist genauso, als würde jemand behaupten, er sei kein Pilot der Handelsluftfahrt und man dürfe deshalb von ihm nicht erwarten, daß er sich in einem Privatflugzeug an die grundlegenden Sicherheitsvorschriften hielte.«

Erfahrung Nr. 3

In diesem Zusammenhang kann ich eine eigene Erfahrung schildern, die ich bei einer Einladung zur Beobachtung von Experimenten machte, in denen angeblich die von Cleve Backster erzielten Resultate wiederholt wurden.*

Mein Gastgeber führte mich in eine Ecke seines Wohnzimmers, wo, inmitten von Topfpflanzen, seine Versuchsanordnung stand. Ich hatte nichts dagegen, daß er sein Gerät ins Wohnzimmer stellte. Schließlich kann sich nicht jeder für sein Hobby ein eigenes Labor leisten; außerdem wurden in der Vergangenheit, als die Wissenschaft nicht so fortgeschritten und professionalisiert war wie heute, viele wichtige Entdeckungen unter sehr primitiven Bedingungen gemacht. Gegen sein Wohnzimmer hatte ich nichts einzuwenden, wenn er nur bei seinen Experimenten und seinen Urteilen entsprechende Sorgfalt würde walten lassen.

Sein Gerät sah ziemlich eindrucksvoll aus. Es wirkt immer »wissenschaftlich«, wenn ein Besucher vor eine Anordnung untereinander verbundener schwarzer Kästen mit Knöpfen, Schaltern, Scheiben und Skalen geführt wird, mit einem Kabelgewirr, das man kaum überblickt, in dem sich jedoch der Gastgeber perfekt auskennt, wie man aus der Flut seines Fachvokabulars entnehmen kann.

Mein Gastgeber, der ein sehr selbstsicheres Auftreten hatte, schaltete unter einem Schwall rascher Worte, in die er effektvoll seine beeindruckenden Fachausdrücke einflocht, irgend etwas an. Er drehte einen Knopf, und die Nadel auf einer Scheibe bewegte sich. Dann stellte er an einem anderen Knopf etwas ein – und an noch einem – und danach konnte die Demonstration beginnen. An der Pflanze wurden Elektroden befestigt, die »schwarzen Kästen« arbeiteten, Kabel führten zu einem Aufzeichnungsgerät, das eine Art Polygraph war und automatisch die Reaktionen registrieren sollte, die mein Gastgeber zu erzielen hoffte.

---

* Siehe beispielsweise *International Journal of Parapsychology*, Winter 1968, Seiten 329 – 348. In diesen umstrittenen Experimenten wurden an den Blättern von Pflanzen Elektroden angebracht, in einem Versuch, die Reaktion der Pflanzen auf äußere Reize zu messen. Auch die Untersuchung des »Gefühlslebens« von Pflanzen ist nicht neu; sie geht auf den großen Charles Darwin zurück. An Backsters Experimenten war eines neu, nämlich seine Behauptung, die elektrischen Reaktionen von Pflanzen, wie ein Polygraph sie registrierte, schienen darauf hinzuweisen, daß die Pflanzen auf feindselige Gedanken von Personen in ihrer Nähe reagierten. Die Schlußfolgerungen der Kritiker Backsters basierten hauptsächlich auf zwei Argumenten: 1. die Experimente ließen an Präzision zu wünschen übrig, und es bestand die Möglichkeit, daß die beobachtete Reaktion andere, näherliegende Gründe hatte; 2. sogar wenn die Reaktion wirklich nichtphysikalischer Natur war, konnte sie auf PK-Einfluß des Beobachters zurückzuführen gewesen sein statt auf eine angebliche telepathische Sensibilität der Pflanze.

»Nun werde ich Ihnen zeigen, wie verwünschende Gedanken auf die Pflanze wirken. Kurz nachdem ich anfange, die Pflanze zu verfluchen, werden Sie die Reaktion sehen.« Und er verwünschte die Pflanze – wieder und wieder, aber nichts geschah. Keine Reaktion.

»Oh – ich glaube, ich habe eben eine neue Entdeckung gemacht. Ich mache die ganze Zeit neue Entdeckungen. Wissen Sie, als ich anfing, die Pflanze zu verwünschen, schoß mir ein Gedanke durch den Kopf: »Was nun, wenn es in Ihrer Gegenwart nicht klappen würde?« Anscheinend hat die Pflanze diesen meinen Gedanken aufgefangen. Sie war beruhigt, weil sie erkannte, daß die Verwünschungen nicht ernst gemeint waren. Und das waren sie nicht! Wie denn auch? Ich liebe sie; ich liebe meine Pflanze.«

Seine Beredsamkeit und lebhafte Gestik brachten ihn allmählich ins Schwitzen. Langsam begann sich die Nadel des Aufzeichnungsgeräts zu bewegen. Ich vermute, daß die gesteigerte Luftfeuchtigkeit die Ursache für die Veränderung im elektrischen Widerstand zwischen den Elektroden und der Blattoberfläche war.

»Sehen Sie, die Pflanze hat jetzt auf meine liebenden Gedanken reagiert. Sie hat mich sagen hören, daß ich sie liebe.« Er trat nahe zu der Pflanze und betrachtete sie liebevoll. Inzwischen kam seine Katze durch die halb offene Tür herein, und der verlockende Duft nach dem Kaffee, den seine Frau frisch filterte, drang uns in die Nasen. Die Kurve auf dem Aufzeichnungsgerät machte einen weiteren kleinen Sprung. »Sehen Sie, die Pflanze hat die Katze erkannt. Die beiden lieben einander.«

Die Katze strich langsam an der Pflanze vorbei, rieb ihr Fell an einigen Blättern, sprang über die Kabel und versetzte mit dem Schwanz die Drähte in leichte Schwingungen. Das Aufzeichnungsgerät vermeldete eine starke Reaktion. »Da können Sie sehen, wie sehr die Pflanze die Katze liebt. Sie ist in ihrer Gegenwart immer so aufgeregt! Nun können Sie mit einer weiteren, wirklich starken Reaktion rechnen.«

Entgegen seiner Vorhersage klangen die Schwingungen auf dem Registriergerät bald ab, und es zeigte sich ziemlich lange keinerlei Reaktion.

»Sehen Sie, diese Beobachtung habe ich schon einige Male gemacht. Wenn die Pflanze mit einer wirklich starken Emotion reagiert, ermüdet sie bald, und dann reagiert sie überhaupt nicht. Ist das nicht interessant? Sie ist wie ein Mensch. Wenn er müde wird, schläft er leicht ein.«

Mir bereitete die Fähigkeit meines Gastgebers, jede Beobachtung zu erklären, nachdem er sie gemacht hatte, einiges Unbehagen. Trat eine Reaktion auf, war sie ein Beweis für seine Theorie. Blieb sie aus, erklärte er dies, und es bewies ebenfalls seine Theorie. Ich fragte ihn: »Haben Sie Aufzeichnungen über frühere Experimente, die man nachprüfen kann? Wissen Sie: etwas Wiederholbares. Etwas, da Sie die nötigen Bedingungen hergestellt hatten, um einen bestimmten Effekt zu erzielen, und dann herauszufinden versuchten, wie viele Male dieser, nur dieser eine Effekt auftrat und wie viele Male er ausblieb.«

»Ob ich Aufzeichungen habe? Lieber Himmel, natürlich! Hier, vor sich, sehen Sie eine Aufzeichnung. Eine permanente Aufzeichnung, die Bestand hat. Und Sie haben selbst gesehen, daß es geklappt hat. Sie haben sich mit eigenen Augen davon überzeugt. Und die Aufzeichnung gehört Ihnen. Nehmen Sie sie mit, als Souvenir.« Mit lässiger Geste riß er den Papierstreifen vom Aufzeichnungsgerät ab. »Sie können allen Leuten zeigen, daß es wirklich geklappt hat.«

Ich bekenne, daß mich das Experiment nicht zu überzeugen vermochte . . . Und ich bekenne des weiteren, daß ich meinem Gastgeber gegenüber nicht ganz ehrlich war. Ich schäme mich ein wenig, wenn ich an die Episode denke. Ich muß mir den Vorwurf machen, daß ich nicht den Mut hatte, grob aufrichtig zu sein. Hätten Sie den Mut aufgebracht, ihm zu sagen, daß man wissenschaftliche Forschung nicht auf diese Weise betreibt? Einem Professionellen – ja. Aber dieser Hobbyforscher war so warmherzig, freundlich, charmant und dienstbereit – und so begeistert, so selig, daß sein Versuch geklappt hatte. Er war wie ein Kind, dessen elektrische Eisenbahn wirklich zu fahren beginnt.

Ich hatte das Gefühl, eine Erklärung würde viel Zeit in Anspruch nehmen. Der Mann war so festgefahren in seiner Denkweise, daß er eine andere Meinung bestimmt nicht akzeptiert hätte. Sehr wahrscheinlich wäre er nur gekränkt gewesen. Und diesen netten, liebenswürdigen, gastfreundlichen Mann kränken, das war das letzte, was ich wollte. Außerdem war unser Treffen privat, keine wissenschaftliche Zusammenkunft, bei der man sich verpflichtet fühlt, mit konstruktiver Kritik zu helfen. Es hatte keinen Sinn, hier jemanden unglücklich zu machen. Ich nahm seine Aufzeichnung, faltete sie zusammen und steckte sie in meine Aktentasche. »Haben Sie besten Dank. Es war ein interessanter Abend.«

Später hörte ich Berichte (und las leider auch Veröffentlichungen), die begeistert die »Entdeckungen« dieses Mannes beschrieben. Forschungen dieses Typs sind irreführend. Sie bewirken, daß andere Wissenschaftler ihre Zeit (die vermutlich klüger genutzt werden könnte) mit vergeblichen Versuchen verschwenden, Pseudo-Entdeckungen nachzuprüfen; und später müssen dann oft die Pädagogen viel Zeit und Mühe aufwenden, um die fehlinformierte Öffentlichkeit »umzuschulen«.

Mein Gastgeber hat also vermutlich auf lange Sicht dem Fortschritt der Wissenschaft geschadet. Dennoch bringe ich es nicht über mich, seine Aktivitäten völlig zu verurteilen. Es ist nämlich sehr schön, ein wissenschaftliches Hobby zu haben. Begeisterung für die Arbeit, die man ausführt, und Hingabe an die persönlichen Ziele sind ein wichtiger Faktor bei jeder wissenschaftlichen Tätigkeit – manchmal wichtiger als geschliffen-eleganter, aber unfruchtbarer Professionalismus, der mir auch in der Parapsychologie begegnete. Ich gebe also – wenn auch zögernd – zu, daß es sich bei dem Experiment um eine Art wissenschaftliche Bemühung handelte, der nur etwas fehlte. Unglücklicherweise etwas *sehr Wichtiges* . . .

Erfahrung Nr. 4

Mangelhafte Experimentalbedingungen findet man nicht nur in Bädern, die zu Dunkelkammern, oder in Wohnzimmern, die zu Laboratorien umfunktioniert wurden. Folgendes Erlebnis hatte ich in einem wissenschaftlichen Labor, das sich in einer sehr angesehenen wissenschaftlichen Institution befand; ich war eingeladen worden, die Versuchsanordnung zu inspizieren, die man in einem Experiment zum Nachweis behaupteter PK benutzte.

Bei diesem Experiment sollte die Versuchsperson den Lichtstrahl biegen. Wieder sah ich auf dem Tisch eine ziemlich eindrucksvolle Sammlung von Experimentiergeräten (wie das in einem gut ausgestatteten Forschungsinstitut zu erwarten stand). Wichtigste Teile jedoch waren eine Lichtquelle und eine Leinwand, auf die der schmale Lichtstrahl als heller kleiner Fleck fiel.

Der Versuchsleiter erklärte: »Als wir die Versuchsperson aufforderten, den Lichtfleck zu bewegen, hat sie das wirklich getan.«

Ich fragte: »Wie sah der Effekt aus? Hat sich der Fleck an eine andere Stelle bewegt? Wie weit weg? In welche Richtung? Konnte die Versuchsperson den Fleck in jede Richtung bewegen, die Sie wünschten? Und konnten Sie ausfindig machen, ob sich der Effekt durch Variablen ändert, sagen wir, durch unterschiedlichen Abstand der Versuchsperson von den Geräten oder durch die Stellung ihres Körpers usw.?«

»Nein, so weit sind wir noch nicht gekommen. Es ist schwierig, das Interesse des Mannes an einem methodischen Experiment wachzuhalten – aber wenigstens haben wir ihn das Licht biegen sehen.«

»Wie groß war die Positionsveränderung des Lichtflecks?« Ich nahm an, eine permanente Verschiebung des Lichtflecks auf der Leinwand habe stattgefunden. Ein Effekt dieses Typs verwiese auf eine andauernde Änderung im Gerät.

»O nein, so war es nicht. Der Lichtfleck begann nur zu oszillieren.«

»Nur zu oszillieren?«

»Ja, aber es war deutlich zu sehen. Wir alle haben es gesehen. Das steht außer Zweifel.«

Bevor ich den Raum verließ, berührte ich wie nebenbei den Tisch mit dem Finger. Es war ein freistehender Tisch. Als ich auf eine Seite drückte, begann der helle Fleck zu oszillieren . . . Ich wußte Bescheid.

Gerechtigkeitshalber muß ich erwähnen, daß diese Forscher vorsichtig und klug genug waren, keinen Bericht über das Experiment zu veröffentlichen; sie beschlossen, weitere Beweise abzuwarten, bevor sie an die Öffentlichkeit treten würden. Doch privat erzählten sie Bekannten davon . . . Und diese erzählten es wieder Bekannten – und die wieder. Der Kreis schloß sich: die Geschichte kam aus anderen Quellen zu mir. Meine Studenten versicherten mir, sie wüßten, nachgewiesen durch Experimente in einem sehr bekannten wissenschaftlichen Labor, von einer berühmten PK-Versuchsperson, der es gelinge, einen Lichtstrahl zu biegen . . .*

FAKTEN UND FIKTION IN DER WISSENSCHAFT

Man betrachte mich wegen meiner kritischen Äußerungen im vorangegangenen Abschnitt bitte nicht als Feind der Parapsychologie. Wenn die Tatsache, daß ich mein ganzes bisheriges Leben als Erwachsener der ASW-Forschung widmete, als Beweis nicht genügen sollte, kann ich eine Episode aus meinem Leben – die einzige dieser Art, derer ich mir

---

* Einige weitere persönliche Erfahrungen, die ich mit Fehlern und Betrügereien in der ASW-Forschung machte, sind in meinem Buch *Telepathie und Hellsehen* (Ariston Verlag) beschrieben.

bewußt bin – anführen, aus der sich meine Voreingenommenheit *für* die Parapsychologie ablesen läßt. Sie veranschaulicht zudem einen Prozeß, der in der Parapsychologie viel zu häufig abläuft – oft bei weit geringerem Bemühen um Wahrheit und oft auch aus ganz einfach spekulativen Gründen.

Um die *Wahrheit zu verzerren,* braucht man nicht rundheraus zu lügen. Man kann stillschweigend lügen. Es genügt, bestimmte Aspekte zu betonen, die eine Bestätigung der eigenen Ansicht sind, und gegenteilige Argumente auszulassen oder abzuschwächen. Achten Sie einmal darauf, wie in Zeitungen die Überschrift oder die Auswahl der Illustrationen den Sinn eines Artikels verzerren können. Es ist ganz natürlich, daß wir betonen, was unsere Ansicht bestätigt, denn dies interessiert uns mehr; und wir neigen dazu, Widersprüchliches zu übergehen.

Im Jahr 1969 schrieb ich für die bekannte Zeitschrift *Psychic* einen Artikel über die Parapsychologie in der UdSSR. Damals machte die sowjetische Parapsychologie Schlagzeilen. Die Öffentlichkeit wollte Genaueres erfahren, und ich besaß neue, authentische Informationen, weil ich die meisten russischen Parapsychologen persönlich kannte und sie nicht lange zuvor in ihren Laboratorien interviewt hatte.

Unter anderem beschrieb ich ein Experiment in Langstrecken-Telepathie zwischen Leningrad und Moskau. Das Experiment wies insofern besondere Züge auf, als die physiologische Überwachung eine wichtige Rolle spielte, was damals etwas Neues war. Die Nachricht, die telepathisch übertragen werden sollte, war nach dem Morsealphabet verschlüsselt. Der Sender in Moskau konzentrierte sich fünfzehn bis fünfundvierzig Sekunden lang auf eine stark gefühlsgeladene Situation (um die »Punkte« und »Striche« der Botschaft anzuzeigen). In Leningrad wurden die Hirnströme des Empfängers mit einem Elektroenzephalographen aufgezeichnet, und diese Aufzeichnungen (EEG) analysierte man später. Ich schloß die Beschreibung des Experiments mit dem Satz: »Die russischen Autoren behaupten, es sei ihnen gelungen, die übermittelte Botschaft aus der EEG-Aufzeichnung des Empfängers zu dechiffrieren.«*

---

* Wer den ganzen Artikel liest, wird feststellen, daß ich sorgfältig darauf achtete, das Gesamtbild nicht zu verzerren, und daß in anderen Artikelteilen die kritischen Ermahnungen sich die Waage halten mit den gebotenen Informationen. Der Artikel wurde in dieses Buch nicht aufgenommen, obwohl er noch immer aktuell ist, weil er methodische Versuche veranschaulicht, doch war das Experiment auch von schwerwiegenden methodischen Mängeln belastet.

Ich hätte eigentlich etwas hinzufügen müssen, wodurch das Experiment möglicherweise in ganz anderem Licht erschienen wäre. Als ich in Leningrad mit einer Wissenschaftlerin gesprochen hatte, die an dieser Forschung beteiligt war, L. P. Pawlowa, hatte sie mir gesagt, sie ärgere sich über die verfrühte Publicity, die das Experiment gefunden habe, weil es unvollkommen und dilettantisch sei und in diesem Stadium eine Veröffentlichung nicht gerechtfertigt gewesen sei. Vor allem war die »übermittelte« Botschaft sehr kurz, sie bestand aus einem einzigen Wort, das nur drei Buchstaben zählte! Was noch viel schlimmer war: das Experiment wies schwere methodische Mängel auf.

Um die ganze Untersuchung zu einer gültigen Forschungsarbeit zu machen, müßte es eine notwendige methodische Voraussetzung gewesen sein, daß die mit der Analyse und Entschlüsselung der EEG-Aufzeichnung betraute Person die Botschaft nicht kannte. Das war jedoch nicht der Fall. G. A. Sergejew, der die EEG-Aufzeichnung analysierte, kannte die Botschaft, die übermittelt werden sollte, im voraus, und er adaptierte das Auswertungsverfahren so, daß das Ergebnis mit der Botschaft übereinstimmte.

Dies war absolut unzulässig, und deshalb konnte man das Experiment unmöglich als schlüssig betrachten. Ich schrieb: »Die russischen Autoren behaupten . . .« Damit sagte ich nichts Unwahres. Sowjetische Autoren behaupteten das wirklich. Doch durch das Weglassen wichtiger zusätzlicher Informationen wurde die Wahrheit verzerrt.

Schaue ich heute zurück, glaube ich immer noch, daß ich gute Gründe gehabt hatte, das zu schreiben, was ich geschrieben hatte, auch wenn ich mich nicht mehr genau erinnere, ob oder inwieweit ich diese Gründe damals in meine *bewußten* Überlegungen einbezog. Heute sehe ich drei Hauptgründe, die mich einigermaßen entschuldigen:

1. Ich durfte mit gutem Grund annehmen, daß die einleitende Untersuchung in absehbarer Zeit fortgesetzt und abgeschlossen würde, daß weitere Forschungsarbeiten unter viel besseren Bedingungen stattfänden. Als man die Versuche später einstellte, änderte dies die Situation natürlich einschneidend; aber ich hatte nicht erwartet, daß so etwas geschähe.

2. Ich wollte mit meinem Artikel die Aufmerksamkeit der amerikanischen Öffentlichkeit auf neuartige Forschungsmethoden lenken (die später glücklicherweise von der amerikanischen Parapsychologie übernommen wurden). Ich wollte diese besondere Forschungsrichtung

hervorheben, die ich für einen der gangbarsten, vielversprechendsten Wege zur praktischen Anwendung von ASW hielt und noch halte. Natürlich konnte ich, wenn ich andere dazu ermutigen wollte, dieselbe Richtung einzuschlagen, die Forschungsarbeiten nicht in entmutigender Weise darstellen.

3. Außerdem hatte ich das Gefühl, daß das verbreitete Interesse an der sowjetischen Parapsychologie, das damals herrschte, der parapsychologischen Forschung in anderen Ländern die *dringend benötigte* Unterstützung einbringen könnte. In dieser Situation hätte jede Bloßlegung eines grob unwissenschaftlichen Vorgehens seitens sowjetischer Parapsychologen eine ungünstige Auswirkung auf die Parapsychologie insgesamt gehabt. Und eine detaillierte Beschreibung unvollkommener Verfahren gehört eigentlich in eine Abhandlung, die darauf abzielt, korrekte wissenschaftliche Methoden zu lehren – wie das vorliegende Buch.

Ich bedaure nicht, daß ich den Artikel damals so geschrieben habe. Er erfüllte seinen Informationszweck und war zudem in seinen schwächsten Passagen noch immer viel objektiver und genauer als viele vergleichbare Berichte aus Wissenschaft, Politik oder Wirtschaft. Dennoch, die Episode liefert ein Beispiel dafür, wie selektives Berichten das korrekte Bild von Ereignissen verzerren kann. Dies passiert sogar, wenn die Absichten ehrlich sind. Man stelle sich einmal vor, was erst geschieht, wenn die Absichten nicht ehrlich sind, wenn vorsätzlich übertrieben wird (von den Verfassern, die ihre Feststellungen aufblähen, um ihnen größere Bedeutung zu geben, und von Berichterstattern, die ihre Geschichten interessanter machen wollen).

Die Wurzeln allen Übels sind gewöhnlich verfrühte, übereilte Schlußfolgerungen (aus dilettantischen Experimenten, bei denen ein wichtiges Detail übersehen wird), die von ihren Urhebern voll Selbstvertrauen verkündet und voll Eifer in entstellter Form veröffentlicht werden. Um der Parapsychologie gerecht zu werden, muß man jedoch sagen, daß dies in jedem Wissenschaftszweig gelegentlich vorkommt. Wie viele reiche Geldgeber wurden doch beispielsweise in früheren Zeiten von »Erfindern« genarrt, die versprachen, ein Perpetuum mobile zu bauen oder aus unedlen Metallen Gold herzustellen! Oder wie viele sensationelle Heilmethoden wurden doch in unserer Zeit begeistert begrüßt – und bald vergessen, nachdem sich herausstellte, daß sie unwirksam waren oder sogar schädliche Nebenwirkungen hatten.

Wir achten die Leistungen der Wissenschaft und sehen in der

Aussage eines Wissenschaftlers bereitwillig eine Garantie für Wahrheit und Ehrlichkeit. Es läßt sich jedoch kaum feststellen, wie oft die Resultate wissenschaftlicher Untersuchungen absichtlich gefälscht wurden, so daß sie aggressiven kommerziellen oder politischen Interessen dienten.

Auch auf anderen Wissensgebieten begegnen wir – neben echten Irrtümern – Dilettanten, absichtlichem Betrug oder verfrühten, aus der Luft gegriffenen Schußfolgerungen. Dies sage ich hier nicht, um die Wissenschaft herabzuwürdigen. Es ist nur eine Warnung und ein Hinweis, daß wir überall im Weizen Spreu finden können.

Es scheint mir interessant, hier zur Illustration den ältesten belegten wissenschaftlichen Betrug anzuführen — er stammt aus der Zeit des alten Roms: Kaiser Claudius schickte einmal eine Expedition nach Arabien, um einen Kentauren[1] fangen zu lassen, da man meinte, dieser komme dort vor. (Bemerken Sie die Ähnlichkeit mit modernen Geschichten über den schrecklichen Schneemenschen Yeti oder das Ungeheuer von Loch Ness? Nach zweitausend Jahren sind wir unseren Vorfahren noch viel ähnlicher, als wir zugeben wollen – sogar *panem et circenses*[2] stehen heute noch, wenn auch in etwas modifizierter Form im Mittelpunkt des Interesses der breiten Öffentlichkeit.)

Die Expeditionsteilnehmer konnten das nicht existierende Geschöpf natürlich nicht fangen; da sie aber den Zorn des Kaisers fürchteten, töteten sie ein junges Pferd und vereinigten den Kadaver mit der Leiche eines eingeborenen Gefangenen, konservierten beides in einem großen Behälter – dem Bericht zufolge in Honig – und erfreuten den Kaiser mit ihrer »Beute«. Sie erklärten, der Kentaur habe die Unbilden der Rückreise nicht ausgehalten und sei gestorben. Die Expedition galt trotzdem als erfolgreich; der Leichnam des »echten Kentauren« war eine Sensation und wurde noch lange nach Claudius' Tod bewundert.

Über Fälle *wissenschaftlichen Betrugs* könnten Bände geschrieben werden. In moderner Zeit waren beispielsweise die Archäologie und die Paläontologie ein fruchtbares Gebiet für Mystifikationen verschiedener Art.

Folgende Episode, die sich im 18. Jahrhundert in der deutschen Universitätsstadt Würzburg zutrug, weist einige amüsante Züge auf:

---

[1] Ein Mischwesen aus der Mythologie mit dem Kopf, den Armen und dem Oberkörper eines Menschen, dazu dem Leib und den Beinen eines Pferdes.

[2] »Brot und Zirkusspiele«, ein politisches Schlagwort, das die irdischen Wünsche der armen Bevölkerung im alten Rom umriß.

Professor J. B. A. Beringer, dessen paläontologische Interessen seinen Kollegen damals etwas seltsam vorgekommen sein mögen, hatte im örtlichen Steinbruch eigenartige Steine mit den Abdrücken verschiedener Insekten und Tiere gefunden. Später fand er sogar Steintäfelchen mit merkwürdigen Konstruktionen, wie Bildern, die an Sonne und Sterne erinnerten. Man hielt sie für Fossilien, und sie erregten sofort weltweites Aufsehen. Nachdem Professor Beringer eine Vielzahl dieser Gegenstände gesammelt hatte, schrieb er ein umfangreiches Buch, in dem er seine Funde eingehendst schilderte. Das Buch, das 1726 erschien, fesselte sofort die Gelehrten an berühmten Universitäten. Später im selben Jahr jedoch, als Beringer die Stätte seiner phantastischen Funde wieder aufsuchte, in der Hoffnung, weitere wichtige Entdeckungen zu machen, stieß er auf ein »Fossil« mit seinem eigenen versteinten Namen! Man ermittelte, daß die ungeheuerliche Komödie, die den vertrauensvollen Professor lächerlich machte, von zweien seiner Universitätskollegen mit Hilfe einiger übermütiger Studenten inszeniert worden war ...

Eine berühmte anthropologische Fälschung fand Eingang in die Sammlungen des British Museum – und in viele Lehrbücher: der Piltdown-Mensch.

Ein Amateurarchäologe namens Charles Dawson überraschte 1912 die Wissenschaft mit der Entdeckung eines Schädels, der von einem prähistorischen Menschen zu stammen schien. Das offenbar hohe Alter des Schädels, bei dem menschliche und affenartige Züge seltsam kombiniert waren, versprach das Wissen über die Vorgeschichte des Menschen zu revolutionieren. Hunderte Museen auf der ganzen Welt stellten Kopien des einmaligen Fundes aus, der Dawson berühmt machte und ihm den Respekt prominenter Wissenschaftler eintrug. Man hielt seine Entdeckung für eine neue Spezies des prähistorischen Menschen, für das »missing link« zwischen Menschen und Affen ... Dem Entdecker zu Ehren erhielt die Spezies den wissenschaftlichen Namen *Eoanthropus dawsoni*.

Wenige Jahrzehnte später vermochte man mittels moderner Forschungstechniken zu beweisen, daß der Fund eine Fälschung war. Dawson hatte einen fossilen Menschenschädel mit dem Kiefer und den Zähnen eines neuzeitlichen Affen (Orang-Utan) kombiniert. Er fügte die Fragmente voll Geschick so zusammen, daß jene Teile fehlten, die den Ursprung der Knochen hätten sofort verraten können. Er schliff Teile der Zähne ab, um ihre Form zu verändern, und behandelte das ganze Gebilde mit Chromsalzen, um den Knochen ein älteres Aussehen zu geben.

Nach dem Tode von Charles Dawson im Jahre 1916 wurde klar, daß seine ganze wissenschaftliche Laufbahn auf Betrug beruht hatte. Die Piltdown-Schädelfälschung stellte keineswegs einen Einzelfall dar. Schon Dawsons erstes großes historisches Werk, das Jahre vor der »Entdeckung« des Schädels seinen wissenschaftlichen Ruhm begründet hatte, erwies sich als Plagiat: es war aus einem hundert Jahre früher erschienenen unbekannten Buch abgeschrieben worden.

Als ähnliches Beispiel aus der Biologie läßt sich die traurige Geschichte von Dr. Paul Kammerer anführen. Dieser Wiener Biologe versuchte zu beweisen, daß Eigenschaften, die ein Individuum während des Lebens erwarb, an die nächste Generation weitergegeben werden konnten. In mühsamen Experimenten gelang es ihm, Kröten *(Alytes obstetricans)*, die nur auf dem Lande leben, an das Leben im Wasser anzupassen. Im Jahre 1909 verkündete er, daß sich bei diesen angepaßten Kröten besondere Organe entwickelt hätten, die nur im Wasser lebende Krötenarten aufwiesen. Laut Kammerer besaßen auch die nachfolgenden Generationen diese Organe. Als Beweis für seine Entdeckung führte er interessierten Wissenschaftlern ein Krötenexemplar vor, das er in einer Flasche mit Konservierungsflüssigkeit aufbewahrte und bei dem ein solches neues Organ deutlich zu sehen war.

Nach jahrelangem Leben im Ruhm beging Kammerer 1926 plötzlich Selbstmord. Ein anderer Biologe, dem es nicht gelang, Kammerers Entdeckung in seinem Labor zu wiederholen, untersuchte dessen Spezimen. Zur Bestürzung aller Beteiligten fand er heraus, daß das neue Organ eine künstliche Veränderung an der Haut der Kröte war; und diese Veränderung war bewußt herbeigeführt worden, durch Injektion von Tusche. Es ließ sich nicht feststellen, auf wen der Betrug zurückging – ob Kammerer selbst betrogen hatte oder ob er nur ein unschuldiges Opfer gewesen war, das die unverantwortliche Fälschung eines Assistenten übersehen hatte. Jedenfalls machte Kammerer der für ihn so schmerzlichen Situation auf tragischste Weise ein Ende.*

Sogar eine exakte Wissenschaft wie die Physik blieb nicht verschont. Allerdings war der Fall, der hier geschildert werden soll, kein Betrug im eigentlichen Sinn des Wortes, sondern ein ehrlicher Versuch, unter erschwerten Bedingungen die Wahrheit zu demonstrieren. Doch der

---

* Eine gut lesbare Wiedergabe der Geschichte von Dr. Paul Kammerer findet sich bei Arthur Koestler: *Der Krötenküsser* (Wien, München, 1972).

Makel der Mogelei haftet dieser amüsanten Episode noch heute an:

Der berühmte Physiker André M. Ampère (1775–1836), einer der bedeutendsten Erfinder auf dem Gebiet der Elektrizität und des Magnetismus*, führte einmal vor einem wissenschaftlichen Komitee ein Experiment durch, um seine jüngste Entdeckung zu demonstrieren. Das Gerät war primitiv, und die Nadel, die sich bewegen sollte, um den demonstrierten Effekt zu zeigen, reagierte nicht. In diesem kritischen Moment stieß Ampère sie heimlich mit dem Finger an. Nach einer Weile, als das Gerät repariert war und das wiederholte Experiment erwartungsgemäß verlief, verkündete Ampère stolz: »Dieses Mal, meine Herren, bewegt sie sich wirklich von selbst!«

Der berühmte Philosoph und Psychologe William James (1842–1910) berichtet ebenfalls von einem Fall, wo er in einer zwingenden Situation zu »ehrlichem Betrug« verleitet wurde:

»Ich mußte einmal ein Herz beaufsichtigen, über dessen Physiologie Professor Newell Martin eine populärwissenschaftliche Vorlesung hielt. Dieses Herz, das einer Taube gehörte, trug einen Anzeigestrohhalm, der einen sich bewegenden, stark vergrößerten Schatten auf die Leinwand warf, während das Herz pulsierte. Wenn man bestimmte Nerven stimulierte, sagte der Professor, würde das Herz auf bestimmte Art reagieren, die er beschrieb. Doch das arme Herz war bereits zu weit hinüber, es blieb zwar ordnungsgemäß stehen, als der Stillstandsnerv stimuliert wurde, aber damit war es am Ende seiner Lebenskraft. Da mir die Demonstration unterstand, war ich entsetzt über das drohende Fiasko.

Zu Überlegungen blieb keine Zeit; und plötzlich imitierte ich mit dem Zeigefinger unter einem Teil des Strohhalms, der den Schatten warf, spontan und automatisch die rhythmischen Bewegungen des Herzens, die mein Kollege angekündigt hatte. Ich verhinderte, daß das Experiment scheiterte; dadurch rettete ich nicht nur meinen Kollegen (und die Taube) vor der Demütigung, die ohne meine Geistesgegenwart sein (und ihr) Los gewesen wäre, sondern ermöglichte den Hörern auch das richtige Verständnis des Themas. Der Vortragende stellte eine Behauptung auf; und das Fehlverhalten eines halbtoten Herzspezimens durfte den Eindruck, den seine Worte hinterließen, nicht zerstören. Das Versagen des Herzens wäre von den Hörern mißverstanden worden und hätte den Vortragenden Lügen gestraft. Es war ohnehin schwer genug, ihnen das Thema zu erklären; so daß ich sogar jetzt, da ich

---

* Die elektrische Stromstärke, Ampere, ist nach ihm benannt.

ruhigen Blutes schreibe, versucht bin zu glauben, ich hätte völlig richtig gehandelt. Ich hatte im Sinne der höheren Wahrheit gehandelt.« [1]

Was die ehrlichen Irrtümer oder die falschen Schlußfolgerungen aus ungenügendem Wissen anbelangt – sie ebnen praktisch jeder Wissenschaft den Weg.

In der Wissenschaft müssen wir unsere Schlußfolgerungen notgedrungen auf der Basis des beschränkten Wissens unserer Zeit ziehen. Spätere Entdeckungen werden unser Wissen ausweiten und unsere Irrtümer korrigieren – und so die Menschheit Schritt für Schritt näher zur *Wahrheit* führen. Ziehen wir aus beschränktem Wissen allgemeine Schlüsse, laufen wir immer Gefahr, Fehler zu machen. Wenn wir mit unseren Schlußfolgerungen vorsichtig sind, versuchen wir nur, das Risiko so gering wie möglich zu halten.

Wir können den dornigen Pfad der Wissenschaft an einigen Theorien aus der Geschichte der Parapsychologie illustrieren, die seinerzeit großes Aufsehen erregten, aber im Test der Zeit kritischer Prüfung nicht standhielten. Interessant ist, daß diese Theorien gewöhnlich parallel liefen zu Entwicklungen in der Physik.

Ab dem Ende des 18. Jahrhunderts, als die Physiker den Magnetismus und die Elektrizität zu erforschen begannen, wurde die Vorstellung, es gebe verschiedene seltsame »Fluida«, sehr populär. Man betrachtete die Elektrizität und den Magnetismus als eigenartige Fluida.[2] Und man erwog allen Ernstes, das Licht durch den »Lichtäther« zu erklären. Es ist deshalb nicht verwunderlich, daß auch bei Versuchen, andere Phänomene zu erklären, Flüssigkeitstheorien eine Rolle spielten. Allgemein geglaubt wurde auch, im und um den menschlichen Körper träten besondere unsichtbare Kräfte auf. Diesen Glauben stützte der Brauch, Heilige mit einem Heiligenschein darzustellen. Da niemand die wahre Natur der Elektrizität und des Magnetismus kannte, hielt man die seltsamen Kräfte, die man in lebenden Organismen vermutete, für animalische Formen dessen, was man sonst als »mineralische« Elektrizität und Magnetismus beobachtete.[3]

Das allgemeine Interesse am Magnetismus führte zur Formulierung

---

[1] Erstveröffentlichung in *The American Magazine*, Oktober 1909.

[2] Sogar heute noch sprechen wir vom elektrischen »Strom«, über den manchmal, gemäß dem alten Irrtum, als Beschreibung gesagt wird, er fließe vom positiven zum negativen Pol, was der tatsächlichen Elektronenbewegung widerspricht.

[3] L. Galvani (1737–1798), berühmt durch seine bahnbrechenden Experimente mit der elektrischen Stimulierung von Froschbeinen, glaubte ursprünglich, er habe die *tierische* Elektrizität entdeckt.

und Verbreitung der Lehre vom sogenannten »tierischen Magnetismus« durch Franz Anton Mesmer (1734 bis 1815) und seine Anhänger. Sogar die Praktiken dieser Bewegungen wurden vom Wissen der Öffentlichkeit über den Magnetismus in der Physik bestimmt. Das Magnetisieren von Eisenstäben durch Darüberstreichen mit einem Magneten imitierte man durch magnetische Striche über den Körper; mit diesen Strichen wollte man Menschen »magnetisieren« und sie so in einen Zustand versetzen, den man für eine »magnetische Trance«* hielt.

Auch Carl von Reichenbach (1788 bis 1869) behauptete, ein Fluidum entdeckt zu haben, das er als »Od-Kraft« bezeichnete; er glaubte, diese Kraft sei in den Nord- und Südpolen bzw. den rechten und linken Händen der Menschen unterschiedlich.

Als die Physiker dann die fluidischen Theorien durch (für die breite Masse) schwerverständliche mathematische Beschreibungen von Kraftfeldern ersetzten, verloren die fluidischen Theorien bei der Öffentlichkeit an Beliebtheit. In der Erklärung der Trancezustände ersetzte man sie vorübergehend durch neue Theorien, worin sich der unzureichende Wissensstand über unbewußte Geistesprozesse spiegelte. Mit dem Wiederaufleben des Glaubens an übernatürliche Wesen (genauer gesagt: an die überlebenden »Geister« der Toten), die angeblich in den Körper der in Trance versunkenen Person eindrangen (oder ihn »besaßen«), entstand der moderne Spiritismus und verbreitete sich dank des großen allgemeinen Interesses sehr rasch.

Dennoch hielt sich die fluidische Theorie weiter. Nach Weiterentwicklung der Elektrotechnik, bereits um 1890, wurden Versuche unternommen, die fluidische Ausstrahlung von lebenden Körpern und anderen Gegenständen durch »Radiographie«, die später völlig in Vergessenheit geriet, zu demonstrieren; und erst vor relativ kurzer Zeit wurde diese Ausstrahlung in Form der Kirlian-Fotografie »wiederentdeckt«. Man erlangte Bilder, auf denen von den wiedergegebenen Gegenständen Strahlungen auszugehen schienen, die Blitzen ähnelten – doch diese äußere Ähnlichkeit war auch schon alles. Die Blitze, fälschlicherweise als Abbildungen unbekannter Fluida gedeutet, sind lediglich chemische Effekte, die der elektrische Strom auf der fotografischen Platte hervorruft.

---

* Heute würde man ihn als »Hypnosezustand« bezeichnen. Ironischerweise zeigte sich, daß die Strichbewegungen tatsächlich wirksam sind – wenn auch nicht zum »Magnetisieren« des menschlichen Körpers, so doch als Methode zur Einleitung der Hypnose.

Um 1900, nach den bahnbrechenden Entdeckungen von Röntgenstrahlen und Radioaktivität, rückte der neue Begriff »Strahlung« in den Brennpunkt des öffentlichen Interesses, und es brach wieder einmal eine Epidemie aus: Neuartige »Strahlungen« wurden entdeckt, so die N-Strahlen (Blondlot) und die X^x-Strahlen (Ochorowicz). Alle diese »Entdeckungen« waren sehr kurzlebig. Spätere Forschungen bestätigten sie nicht. Doch die Erinnerung daran ist in der okkulten Literatur noch immer lebendig, dort sind sie als Tatsachen hingestellt, die von der Wissenschaft vernachlässigt oder »unterdrückt« wurden. An die Bekanntgabe der Entdeckung wird erinnert, das Fehlen späterer Bestätigungen dagegen ist nirgends vermerkt.

Die Wissenschaft »unterdrückt« nicht absichtlich Fakten. Es stimmt zwar, daß Wissenschaftler ziemlich konservativ sind und zögern, neue Entdeckungen zu akzeptieren. Aber ihr Widerstand (der von unserem Standpunkt manchmal schmerzlich übertrieben erscheint) stellt sicher, daß wir festen Boden unter den Füßen behalten und zwischen soliden, beständigen Tatsachen und Traumfiktionen zu unterscheiden vermögen.

Eine wissenschaftliche Entdeckung wird erst akzeptabel durch eine unabhängige Untersuchung seitens anderer, wenn diese Untersuchung eine Bestätigung erbringt

- durch Wiederholung,
- durch Einbettung in eine weltweit akzeptierte Theorie,
- durch daraus gezogene Schlußfolgerungen, die neue wertvolle Entdeckungen ankündigen,
- durch Anwendung in der Praxis.

Man kann in jeder Wissenschaft absichtlich Betrug, unbegründete Schlußfolgerungen und auch ehrliche Fehler finden, dennoch ist die Erkenntnis schmerzlich, daß in der Parapsychologie Dilettantismus und Übertreibung eine chronische Krankheit zu sein scheinen. Die Gründe allerdings sind verständlich.

Die Parapsychologie befindet sich noch in einem frühen Entwicklungsstadium, und das systematische Wissen ist nicht groß. Der Reiz des Geheimnisvollen, der von ihr ausgeht, lockt viele Amateure an, die unzureichende methodische Schulung haben und zu dilettantischer Experimentation neigen. Gleichzeitig schreckt das Fehlen von Geldmitteln viele Berufswissenschaftler ab, die lieber eine sichere Laufbahn in anderen, besser fundierten Wissenschaftszweigen einschlagen. Die Parapsychologie ist ein Gebiet der Pioniere, gleichzeitig aber auch der

Hobbyparapsychologen, denen es an Wissen und genauester Aufmerksamkeit für wichtige Details (sowohl in Experimenten als auch im logischen Überlegen) mangelt, die jedoch ein Übermaß an Begeisterung, Selbstvertrauen und messianistischem Eifer haben. Last not least zwingt chronische Geldknappheit die Parapsychologen zur Lancierung von Projekten, die sozusagen werbewirksam sind und versprechen, das nötige Geld einzubringen.

Den Unterschied zwischen Fakten und Fiktion in der Parapsychologie können wir anhand eines Beispiels aus jüngster Zeit veranschaulichen, über das viel geschrieben wurde: das telepathische Experiment in Apollo 14.

Wir dürfen einräumen, daß dieses Experiment Publicity verdiente, weil es vermutlich der *erste* ASW-Test während eines Raumflugs war. Unbestätigten Gerüchten zufolge sollen freilich die Russen bereits 1963 einen ASW-Test zwischen zwei Raumschiffen gemacht haben, als die erste Frau im Weltraum, Walentina Tereschkowa, und Walery Bykowsky die Erde umkreisten. Was die Öffentlichkeit über den ASW-Test in Apollo 14 weiß, unterscheidet sich freilich sehr vom wirklichen Geschehen.

In der Vorstellung der Öffentlichkeit verlief das Experiment äußerst erfolgreich. Es wurde von Parapsychologen so gepriesen: »Diese monumentale Tatsache muß immer im Vordergrund stehen, wie das Ergebnis des Tests auch ausfallen mag. Schließlich war die Fracht, welche die Santa Maria 1492 heimtrug, unwichtig.« [1]

Die allgemeine Presse jubelte: »Astronaut Mitchells historisches ASW-Experiment an Bord von Apollo 14 beim Mondflug . . . brachte den Menschen in seinem Versuch, den innersten Kern der menschlichen Natur und die Geheimnisse des Universums aufzuspüren und zu begreifen, viel weiter als bis zum Mond.« [2]

Mitchell selbst sagte in ziemlich verschleiernder Form: »Die Ergebnisse waren statistisch signifikant, nicht weil einer der Empfänger eine hohe Zahl direkter Treffer erzielte, sondern weil die Zahl der Treffer erstaunlich niedrig lag. Die statistische Wahrscheinlichkeit, so wenig Treffer zu machen, betrug etwa 3000:1. Dieser negative ASW-Effekt . . . liefert einen guten Beweis für Psi.« [3]

---

1 *Parapsychology Bulletin,* Nr. 19, Winter 1971, Seite 4.
2 *Psychic,* Juni 1971 (Band 2, Nr. 6), Seite 1.
3 Edgar D. Mitchell, in: *Psychic Exploration* (Hrsg. John White), Putnam, N. Y. 1974, Seite 34.

Das Experiment wurde zwar gerühmt, aber es war falsch geplant, schlecht durchgeführt und kläglich ausgewertet worden. Was hatte sich an Bord von Apollo 14 wirklich zugetragen?

Persönliches Interesse an ASW hatte den Astronauten Mitchell bewogen, während des Mondfluges einen ASW-Test zu machen. Das generelle Verfahren sollte folgendermaßen ablaufen: Mitchell würde Papierzettel vorbereiten, auf denen jeweils 25 Zahlen von 1 bis 5 in zufälliger Reihenfolge standen (für jeden geplanten Telepathieversuch eine andere Reihenfolge), und mit ins Raumschiff nehmen. Die Versuche sollten an sechs vorher vereinbarten Tagen stattfinden, immer während der ersten Stunde der eingeplanten Ruhezeit. An jedem Tag sollten dem Empfänger auf der Erde telepathisch 25 Symbole übermittelt werden. Mitchell wollte immer einen Papierzetttel mit 25 Zahlen auswählen, willkürlich jeder Zahl ein ASW-Symbol zuteilen, die Zahlen auf dem Zettel in eine Folge von Symbolen umändern und sich darauf konzentrieren, diese Symbole den Empfängern auf der Erde zu senden. An dem Test nahmen vier Empfänger teil.

Bei der tatsächlichen Durchführung traten zahllose Schwierigkeiten auf, die zur Folge hatten, daß vom ursprünglichen Plan weitgehend abgewichen wurde:

1. Wegen der unerwarteten Änderungen im Flugplan und weil seine »offiziellen« Pflichten während des Flugs verständlicherweise Vorrang hatten, konnte Mitchell nicht genau zu den vorgesehenen Zeiten »senden«.

2. Er konnte nicht einmal alle Tests durchführen, die er hatte machen wollen. Statt an sechs Tagen, vermochte er nur an vieren zu senden, also nur vier Serien zu je 25 Symbolen. An den beiden restlichen Tagen führte er seinen Teil des Experiments nicht durch, wogegen die Empfänger auf der Erde ihre Tips abgaben.

3. Die Teilnehmer auf Erden erfüllten ihre Aufgaben in dem Experiment ebenfalls nicht mit der erwarteten Disziplin. Nur zwei der vier Versuchspersonen zeichneten, wie vereinbart, alle sechs Serien auf (während Mitchell lediglich vier sendete). Und nur *eine* dieser beiden tat es zu den vereinbarten Zeiten. Die zweite notierte zwar sechs Serien, wich aber beträchtlich vom vorgesehenen Zeitplan ab (sie zeichnete zwei Serien an falschen Tagen auf!). Die dritte Versuchsperson notierte lediglich eine Serie, die vierte ganze zwei Serien. Doch die vierte gab dem Unternehmen eine besondere Dimension. Obwohl sie ihre experimentellen Pflichten nicht erfüllte, ließ sie gegenüber der Presse die Information durchsickern, daß sie an dem Weltraum-ASW-

Experiment teilnehme. Da diese Versuchsperson ein professioneller Hellseher war, besaß die sensationelle Nachricht für sie natürlich besonderen Werbewert.

Als man nach Mitchells Rückkehr von dem Raumflug die Testdaten zusammenstellte, hatte man alles andere als ordnungsgemäße Experimentalaufzeichnungen. Ein Telepathie-Experiment war durchgeführt worden, bei welchem der Sender und die Empfänger zu verschiedenen Zeiten, an verschiedenen Tagen und manchmal überhaupt nicht agiert hatten. Nun tauchte das nächste Problem auf: Wie sollte (und *konnte)* man solche Daten auswerten? Voraussetzung für die Gültigkeit eines Experiments ist, daß die Auswertungsmethode bei der anfänglichen Planung festgelegt wird und die Auswertung dann wirklich nach der vorher bestimmten Methode erfolgt; in diesem Experiment dagegen suchte man die Methode *nach* Erhalt der Daten.

Mitchell arbeitete bei der Auswertung mit zwei parapsychologischen Forschungszentren zusammen, und schließlich ging man nicht nach einer, sondern nach *drei verschiedenen Methoden* vor:

Bei Methode 1 wurde die Abfolge der übermittelten Symbole mit jener der empfangenen Symbole verglichen. Das führte zur Eliminierung der letzten beiden Serien von den Versuchspersonen A und B sowie aller Daten von den Versuchspersonen C und D. Somit blieben zur Auswertung nur 200 Versuche, wobei sich 51 Treffer ergaben, 11 mehr, als die Zufallserwartung betrug. Die Chancen, daß dieses Ergebnis durch Zufall auftrat, betrugen magere 1:20.

Bei Methode 2 verglich man die von den Empfängern verzeichneten Versuche mit jenen aus der zeitlich nahegelegendsten Sendeserie. Wegen Aufzeichnungsfehlern mußten zwei Versuchsserien eliminiert werden.* Die Analyse erbrachte 59 Treffer bei insgesamt 273 ausgewerteten Versuchen, rund 14 Treffer weniger als die Zufallserwartung. Die Chancen für ein Zufallsauftreten dieses Ergebnisses standen 1:25.

Gemäß den allgemein akzeptierten Normen statistischer Auswertung (siehe Seite 190) liegen beide Ergebnisse im Zufallsbereich und zeigen folglich keine ASW an.

Mitchell erarbeitete selbst eine weitere Auswertungsmethode:

Bei Methode 3 verglich er im Grunde die Empfangsserien mit den Sendeserien desselben Kalendertages, doch er ließ auch zu, daß Emp-

---

* Diese beiden ausgeschiedenen Versuchsserien wurden bei der Bewertung nach der Methode 3 als Fehler gezählt, sie waren als solche dort sehr genehm, denn sie vergrößerten die negative Abweichung.

fangsserien des vorausgegangenen oder des nachfolgenden Tages mit gewertet wurden, wenn der Zeitunterschied nicht mehr als 13 Stunden ausmachte. Zur Rechtfertigung dieses Schrittes brachte er das Argument vor, unter den Bedingungen des Weltraumexperiments könnte der ASW-Effekt sich über die Datumsgrenze hinaus erstrecken. Das Verfahren war ziemlich irregulär, aber es trug dazu bei, das Ergebnis statistisch signifikant zu machen. Insgesamt wurden 300 Versuche berücksichtigt, unter denen man nur 35 Treffer fand. Dies ist eine negative Abweichung von 15, was nach den gültigen Regeln einer Zufallschance von 1:3000 entspricht.[1] Dieser Wert könnte auf das Vorhandensein von ASW hindeuten – wäre da nicht die Tatsache, daß das Auswertungsverfahren den Daten angepaßt wurde, was unzulässig ist.

Ein weiterer Kommentar erübrigt sich. Angesichts der geschilderten kläglichen Bedingungen kommen wir um den Schluß nicht herum, daß *während des Weltraumexperiments keine ASW wirkte.*[2]

[1] Das willkürliche Vorgehen bei dieser Auswertung erlaubte, daß gelegentlich Empfangsserien, welche die Empfänger an zwei verschiedenen Tagen aufzeichneten, mit Sendeserien ein- und desselben Tages verglichen wurden. Außerdem konnten auch die Empfangsserien eines einzigen Tages mit Sendeserien verglichen werden, die von verschiedenen Tagen stammten. Auf diese Weise konnte man höchst negative Serien mitzählen und eine sehr positive Serie ziemlich willkürlich auslassen. Zusammen mit den beiden Aufzeichnungsirrtümern, die man als Fehler zählte (siehe Fußnote S. 39), steigerte diese »künstliche« Auswertung die negative Abweichung signifikant. Die logisch gerechtfertigte Zählung lautete: 41 Treffer in 275 Versuchen. Mit einer Abweichung von – 14 ist dieses Ergebnis statistisch *nicht* signifikant.

[2] Eine genauere Beschreibung des Experiments enthält das *Journal of Parapsychology*, Juni 1971 (Bd. 35, Nr. 2), Seiten 89–107.

3. Herausforderung der wissenschaftlichen Methode

Im Lauf der Jahrhunderte entwickelte die Wissenschaft spezielle Verfahren und Vorkehrungen zur effektiven Erlangung von Informationen (durch Beobachtung oder Experimentation) und zur Auswertung erhaltener Informationen.

Die Wissenschaft ist im Grunde keine geordnete Sammlung von Kenntnissen über das Universum, sondern eher ein methodischer Prozeß der Erlangung gültigen und nützlichen Wissens. Die Neugierde des Wissenschaftlers und seine hartnäckige, hingebungsvolle Suche nach Wahrheit bilden nur den Anfang. Wirklich zur Wissenschaft wird seine Arbeit erst durch die Anwendung wissenschaftlicher Methoden.

Diese Anwendung muß man lernen, genau wie jede andere Fertigkeit. Das Studium zahlreicher Bücher und eine oft jahrelange Schulung sind notwendig, bis der Wissenschaftsstudent tatsächlich eine Summe notwendigen Wissens erlangt, das durch mühselige Anstrengungen unzähliger Generationen angesammelt wurde, und bis er die Techniken beherrscht, die im Lauf der Jahrhunderte immer wieder erprobt und verbessert wurden.

Wir werden nun versuchen, in gedrängter Form die wichtigsten Regeln des Spiels darzustellen, das da »Wissenschaft« heißt. Diese Regeln werden nicht nur bei unseren Beobachtungen maßgebend sein, sondern auch die Strategie unseres Forschens und last not least unser Denken beherrschen. Soll unser Engagement in der Parapsychologie wirklich fruchtbar sein, werden wir uns an die Spielregeln halten müssen.

DER NACHWEIS VON ASW- UND PK-LEISTUNGEN

Bei allen unseren Untersuchungen möchten wir zuerst sicherstellen, daß wir tatsächlich mit ASW oder PK arbeiten. Führen wir deshalb die Kriterien auf, anhand derer wir die beiden Funktionen identifizieren werden:

ASW

Wir akzeptieren ein Phänomen als einen Fall von ASW, wenn die folgenden beiden Bedingungen *gleichzeitig* erfüllt sind:

1. Die Erfahrung muß eine gültige Information (gültiges Wissen) über die Außenwelt liefern.
2. Die Information muß durch einen Kanal erhalten werden, der nichts mit den somatischen Sinnen und rationaler Folgerung zu tun hat.

Beachten Sie bitte: Der Inhalt der Information ist wichtig, nicht die Form der Erfahrung.

PK

Wir akzeptieren ein Phänomen als Fall von PK, wenn die folgenden beiden Bedingungen *gleichzeitig* erfüllt sind:

1. Wir müssen den stichhaltigen Beweis haben, daß ein wirklicher objektiver Effekt erzielt wurde.
2. Dieser muß unter Bedingungen erzielt worden sein, die jede bekannte physikalische Energie als Effektursache ausschließen.*

Denken Sie daran, *beide* Bedingungen müssen immer gleichzeitig erfüllt sein. Nur dann können wir eine Beobachtung als ASW oder PK akzeptieren. Allerdings wird das Ganze oft durch die Tatsache kompliziert, daß Psi auch im täglichen Leben, neben den anderen Sinnen, wirkt. Wenn Sie beispielsweise, einem plötzlichen Impuls folgend, an der Kreuzung rechts abbiegen und den Parkplatz finden, den Sie dringend brauchen, könnte das ASW gewesen sein; es könnte sich aber auch um reinen Zufall gehandelt haben oder Ihr Bewußtsein erspähte einen freien Platz, unmittelbar bevor Sie abbogen. Wenn Sie eine erfolgreiche geschäftliche Entscheidung treffen, könnte diese lediglich aus Ihrer fachmännischen Analyse der Marktsituation resultieren, doch es könnte Ihnen auch Ihre ASW geholfen haben.

Praktisch gesehen ist es natürlich nicht sehr wichtig, ob Ihre erfolgreiche Entscheidung auf normalen Mitteln, auf ASW oder auf der Kombination von beidem beruhte. Doch wenn wir die ASW untersuchen, wenn wir mehr über sie erfahren möchten, dürfen wir unsere

* Wir sollten hier vielleicht genauer ausführen: . . . jede *heute* bekannte physikalische Energie – denn die Physik entwickelt sich weiter, und wir dürfen damit rechnen, daß sie irgendwann in der Zukunft auch den Faktor aufnimmt, der für ASW und PK verantwortlich ist. Natürlich würde diese Aufnahme mehr erfordern als die bloße Ausweitung der bekannten physikalischen Gesetze; sie würde zu einer dramatischen Änderung in unserem Verständnis der physikalischen Wirklichkeit führen.

Schlüsse einzig aus Beobachtungen ziehen, in denen wir das reine Phänomen isoliert haben. Wenn normale Ursachen beigemischt sind, können wir keine zuverlässigen Folgerungen über ASW oder PK ziehen – genau wie man die Eigenschaften reinen Wassers nicht messen kann, wenn man salziges Meerwasser analysiert.

Bei ASW-Experimenten läßt sich die Sinneswahrnehmung relativ leicht ausschalten, wenn der Experimentator die Bedingungen in allen Einzelheiten festlegt. Stellen Sie als Experimentator beispielsweise der Versuchsperson die Aufgabe, den Inhalt von undurchsichtigen Päckchen zu benennen, dann können Sie dafür sorgen, daß die Päckchen wirklich undurchsichtig sind und daß ihr Gewicht, ihre Größe oder Form nichts über den Inhalt verraten. Doch sogar unter scheinbar einfachen Bedingungen schleichen sich oft Fehler ein. So kann die Versuchsperson, wenn Sie den Inhalt kennen, aus Ihren unfreiwilligen Reaktionen, während Sie ihr beim Beschreiben ihrer Eindrücke zuhören, Rückschlüsse ziehen. Die Versuchsperson kann Ihr gesteigertes Interesse bemerken, wenn sie recht hat, oder Anzeichen Ihrer Enttäuschung, wenn sie sich auf der falschen Spur befindet. Da sich ASW-Impressionen gewöhnlich schrittweise entwickeln und weitere Einzelheiten hinzukommen, während die Versuchsperson ihre Impressionen schildert, besteht immer die Gefahr, daß die Versuchsperson den Hinweisen folgt, die Sie ihr durch unfreiwillige bestätigende oder negative Zeichen geben. Beispiel: »Dieser Gegenstand gehört einem Mann . . .« (Wenn Sie das hören, verrät Ihr Verhalten – Zögern, Stirnrunzeln – Unzufriedenheit mit der Antwort.) ». . . Nein, jetzt bekomme ich es besser zu fassen – er gehört einer Frau.« (Ihre Aufforderung: »Sagen Sie mir mehr über die Frau«, kann nun bereits die stillschweigende Bedeutung haben: Ja, was Sie sagen, stimmt.)

Es ist schwer, ein wirklich »undurchdringliches Gesicht« zu machen. Deshalb ist es immer sicherer, wenn der Experimentator die richtige Antwort nicht kennt.

Und natürlich sollten wir, wenn es geht, immer danach trachten, die Versuchsperson zwischen mehreren feststehenden Möglichkeiten wählen zu lassen: Wie ist die Farbe – schwarz oder weiß? Welche Zahl von zehn Einerziffern ist angegeben? usw. Die so erhaltenen Ergebnisse lassen sich leicht statistisch auswerten.

Wenn man dagegen der Versuchsperson erlaubt, ihre Impressionen frei zu berichten, ergeben sich ernste Bewertungsprobleme: Subjektivität des Urteils, wenn vage Aussagen gemacht werden, dazu statistische Schwierigkeiten. (Beispiel: Wenn Sie die Aussage erhalten:

»Der Eigentümer dieses Gegenstandes ist nicht sehr jung«, bei welchem Alter fängt man an zu rechnen?) In einer solchen Situation ist es besonders wünschenswert, ständig und genau Protokoll über den ganzen Verlauf der Sitzung zu führen. Wenn irgend möglich, sollte man das Experiment auf Band aufnehmen oder, besser noch, mit dem Videorecorder aufzeichnen, damit man später in allen Einzelheiten rekonstruieren kann, was gesagt und getan wurde, damit man nach möglichen Faktoren suchen kann, die nicht parapsychischen Ursprungs sind und das Ergebnis beeinflußt haben könnten. Es ist nicht sicher, sich nur aufs Gedächtnis zu verlassen!

Bei telepathischen Experimenten auf kurze Entfernung besteht immer die Gefahr, daß Ihre Versuchspersonen geheime Kommunikationskodes benutzen. Der Sender berührt beispielsweise wie nebenbei bestimmte Teile seines Körpers und signalisiert so die richtige Antwort. Andere Geheimkodes können das Quietschen mit dem Stuhl, zeitliche Verzögerungen in der Antwort oder eine andere Formulierung der Fragen sein. (Indem Sie auf eine vorher vereinbarte Weise fragen, können Sie der Versuchsperson die richtige Antwort signalisieren; zum Beispiel: Was ist das? Was ist in dieser Schachtel? Sagen Sie mir nun, was ist in dieser Schachtel? Oder in der nächsten? usw.)

In psychoskopischen oder »psychometrischen« Experimenten – dem »Lesen« der Geschichte eines Gegenstandes, welchen die Versuchsperson in den Händen hält – kann der Gegenstand selbst manchmal Hinweise auf die richtige Antwort geben. Beispiel: Eine Uhr oder ein Ring kann durch ihre Art und Form verraten, ob der Eigentümer ein Mann oder eine Frau ist; eine Waffe läßt sofort an Gewalt denken usw. Gegenstände, die psychometrisch erforscht werden sollen, müssen der Versuchsperson in verschlossenen Behältern gegeben werden, und der Experimentator darf ihre Geschichte nicht kennen.

Wenn die Versuchsperson die Verwendung einer Augenbinde gegen visuelle Hinweise vorschlägt, muß man dies als unzureichend ablehnen. Augenbinden, so eindrucksvoll sie auch aussehen mögen, sind *nie* eine Garantie für die völlige Ausschaltung des Gesichtssinns. Es gibt für die Versuchsperson immer eine Möglichkeit, durchzuspitzen, beispielsweise durch den Schlitz, der regelmäßig zwischen Augenbinde und Nase entsteht. Soll der Gesichtssinn ausgeschaltet werden, verwenden Sie am besten undurchsichtige Verpackungen oder legen das Zielobjekt hinter einen dichten Wandschirm.

Durch rationales Folgern aus Wissen, das die Sinne liefern, läßt sich leicht ASW imitieren. Soll beispielsweise die Versuchsperson eine Reihe

Zielobjekte erraten, die alle in gleicher Zahl vorhanden sind, und sagt man ihr nach jedem Raten, ob sie recht hatte oder nicht, kann sie ausrechnen, welche Zielobjekte übrigbleiben, und so das Trefferergebnis verbessern.

Auch Zufälle können gelegentlich ASW vortäuschen. Deshalb müssen die Aussagen der Versuchsperson immer ausreichend detailliert und so zahlreich sein, daß der Zufall ausgeschaltet wird. Beispielsweise sagt die Aussage zu wenig: »Sie hatten vor kurzem ein unangenehmes Erlebnis?« Außerdem kann, wenn es stimmt, Ihr Gesichtsausdruck das verraten haben. Und bei zwei Möglichkeiten ist es ja nicht schwer, richtig zu raten: Mann oder Frau.

Wenn Sie von der spektakulären Leistung eines Mediums hören, kann es sich um einen ausgewählten und wiederholt berichteten glücklichen Treffer handeln. (Betreibt jemand mediale Beratung, macht er zwangsläufig früher oder später richtige Aussagen – und sei es nur durch Zufall; und niemand preist seine Fehlschläge groß an, warum nicht lieber von den Erfolgen sprechen?)

Bedenken Sie auch, daß die Versuchsperson vielleicht schärfere Sinne oder bessere Beobachtungsgabe oder mehr Wissen hat, als Sie vermuten. Professionelle Hellseher stellen – zur Ergänzung ihrer scharfen Beobachtungsgabe und ihrer praktischen Menschenkenntnis – häufig Nachforschungen über ihre Kunden an, bevor sie eine Sitzung durchführen, oder sie lassen die Kunden durch einen Komplizen unauffällig interviewen.

Experimente, bei denen PK mitspielen soll, bereiten gewöhnlich viel mehr Schwierigkeiten als ASW-Experimente. Die meisten PK-Phänomene, wenn auch nicht alle, können von einem auf der Bühne auftretenden Trickkünstler imitiert werden. Folglich müssen Sie, wenn Ihre Versuchsperson die Experimentalbedingungen kontrolliert, immer mit Betrügereien rechnen. Mit Taschenspielertricks kann man unglaubliche Illusionen erzeugen.

In dieser Situation gibt es nur eines: den Darbietenden sorgfältig zu beobachten, im voraus auf das Phänomen vorbereitet zu sein, das man zu sehen erwartet, und nicht zuzulassen, daß man abgelenkt wird, auch nicht für den Bruchteil einer Sekunde. (Artisten, die Taschenspielertricks anwenden, verlassen sich darauf, daß es ihnen gelingt, Beobachter abzulenken.) Zeichnen Sie die Darbietung mit dem Videorecorder auf, wenn Sie können, und analysieren Sie sie später auf irgendwelche Anzeichen von Tricks. Bitten Sie dann um eine Wiederholung des Phänomens unter gleichen Bedingungen und versuchen Sie schließlich,

Ihre eigenen Bedingungen einzuführen, die Sie als zuverlässig ansehen. Vor allem sollten Sie tunlichst jeden physischen Kontakt (wie Berühren) zwischen der Versuchsperson und dem zu beeinflussenden Gegenstand ausschließen.

Auch wenn Sie die Bedingungen genügend kontrollieren, um Betrügereien auszuschalten, bliebt noch ein ungeheuer weiter Bereich normaler physikalischer Faktoren, die das untersuchte Phänomen herbeiführen können und leicht übersehen werden.

Diese Faktoren unterscheiden sich bei den verschiedenen Phänomenen sehr. So kann man fotografische PK-Effekte (»Gedankenfotografie«)* durch doppelte Belichtung imitieren, durch fremde Gegenstände in der Kamera, unrichtige Handhabung des fotografischen Materials (Berührung mit Chemikalien, Schweißspuren, wenn das Filmmaterial mit den Fingern angefaßt wird) oder unrichtige Bearbeitung (falsche Zeiten beim Entwicklungsvorgang, nicht kontrollierte Temperatur von Lösungen usw.).

Bei einigen »Poltergeist-Phänomenen« kann der beobachtete Effekt (wie das Erklingen seltsamer Geräusche) durch schwankende Höhen des Grundwassers verursacht werden, durch das Trocknen von Holzbalken, durch Ausdehnung oder Zusammenziehung bei Temperaturwechseln, innere Spannung in Materialien usw.

Bewegung von Gegenständen, die als PK-Effekte hingestellt werden, haben oft normale Ursachen. Winzige Einflüsse normaler physikalischer Kräfte lassen sich nur schwer ganz ausschalten. Es kann sich um thermale Bewegungen von Molekülen handeln, um schwache elektrostatische Kräfte, seismische Beben und häufig sogar um unkontrollierte Luftströme. Diese treten unter Umständen selbst in geschlossenen Räumen auf, wenn die Wände unterschiedliche Temperaturen haben. (Der Temperaturunterschied, den das Atmen des Experimentators oder die Wärmeausstrahlung seines Körpers hervorruft, genügt unter Umständen bereits, um den Effekt hervorzurufen.) In einer der neueren Pseudoentdeckungen behauptete das »Medium«, es lade Holzzündhölzer mit Magnesium (indem es mit einem Magneten darüberstrich) und lasse sie dann auf das magnetische Feld reagieren. Doch der Effekt wurde durch winzige Eisenspäne erzeugt, die während des Vorgangs die Holzoberfläche verschmutzten.

Bei PK-Effekten an bewegten Gegenständen, wie in Würfel-

---

* Bilder und chemische Veränderungen auf dem fotografischen Material, die angeblich durch geistige Konzentration hervorgerufen werden.

experimenten, müssen wir mögliche Unvollkommenheiten in der Form der Würfel oder der Lage des Schwerpunkts berücksichtigen.

Wenn PK angeblich auf den elektrischen Stromkreis wirkt, können Veränderungen in den Leitbedingungen (Widerstand an Kontaktpunkten, Luftfeuchtigkeit usw.) die ungewöhnlichen Erscheinungen hervorbringen, in denen man leicht fälschlicherweise ein Psi-Phänomen sieht.

Bei behaupteten PK-Effekten auf einem Tonband (wie den sogenannten Raudive-Stimmen*) müssen wir auch die Möglichkeit in Betracht ziehen, daß das Gerät als Antenne wirkt und Meldungen aufnimmt, die von einer Rundfunkstation oder einem Amateursender gesendet werden.

Wenn wir PK-Effekte auf biologische Objekte betrachten, stoßen wir auf die immense Komplexität der Prozesse in den lebenden Organismen. Diese Komplexität steigert die Vielfalt der Faktoren, die unsere Ergebnisse beeinflussen können, ungeheuer. In derartigen komplexen Situationen müssen wir unsere Schlüsse immer auf *Kontrollexperimente* (siehe S. 76) stützen: Wir arbeiten mit zwei Gruppen unter absolut gleichen Bedingungen, wobei wir versuchen, nur eine der Gruppen psychisch zu beeinflussen. Das Auftreten des PK-Effektes wird dann durch den beobachteten Unterschied in den Ergebnissen der beiden Gruppen angezeigt (wenn physikalische Faktoren zuverlässig ausgeschaltet wurden).

In Experimenten mit dem Wachstum von Pflanzen müssen wir die möglichen Einflüsse von Unterschieden in der Temperatur, der Feuchtigkeit (sowohl der Luft als auch des Bodens), in den Lichtbedingungen, den Eigenschaften des Bodens, im Vorhandensein von Mineralspuren usw. ausschalten.

Bei Heilexperimenten, wo PK der Erwartung zufolge zur Heilung beiträgt, werden die Ergebnisse beeinflußt und kompliziert durch psychologische Faktoren (psychosomatische Effekte), biologische Faktoren (wie die immunologische Reaktion) oder die Wirkung einer gleichzeitig erfolgenden regulären medizinischen Behandlung usw.

Wegen der großen Vielfalt der Effekte, die als PK dargestellt werden, müssen wir jede einzelne Situation nach ihren Besonderheiten beurteilen und alle denkbaren physikalischen (Psi nicht beinhaltenden) Faktoren, die mitspielen können, in Betracht ziehen.

---

* Töne, die angeblich ohne Anwendung der normalen Aufzeichnungstechniken auf Tonband aufgezeichnet werden. (Siehe K. Raudive: *Breakthrough*, Taplinger, New York 1971.)

Als allgemeine Regel sollte gelten, daß wir besonders wachsam sein müssen, wenn die Versuchsperson ein Bühnendarsteller, ein professionelles Medium ist oder wenn wir irgendeinen anderen Grund zu dem Argwohn haben, sie könnte von der Motivation her betrugsanfällig sein.

Natürlich nehmen wir auch in streng methodischen Experimenten nichts für selbstverständlich. Wir dürfen uns nie auf die Vertrauenswürdigkeit einer Versuchsperson verlassen – auch wenn diese absolut ehrlich erscheint. Wir müssen die Experimentalbedingungen immer so anlegen, daß jede Möglichkeit betrügerischer Manipulation *ausgeschlossen* ist. Aus diesem Grund müssen wir darauf bestehen, daß die Experimentalbedingungen immer vom Experimentator festgelegt werden.

Pseudoentdecker und Hobbyforscher, die sich Selbsttäuschungen hingeben, machen in dieser Hinsicht oft genauso viele Schwierigkeiten wie wirkliche Betrüger. Im Gegensatz zu letzteren sind die ehrlich. Sie glauben aufrichtig, daß sie psychische Effekte erzeugen, doch in ihrer eifrigen Begeisterung lassen sie nicht genügend experimentelle Disziplin walten und erlegen sich daher keine strengen Bedingungen auf. Wenn man sie zur Disziplin aufruft, sind sie meist beleidigt.

Viele Experimentatoren arbeiten am liebsten mit Menschen, die durch ihre Psi-Fähigkeit bekannt geworden sind. Es scheint bequemer (man braucht keine Zeit und Mühe darauf zu verwenden, Versuchspersonen auf ihre Tauglichkeit zu prüfen), doch dieser Eindruck täuscht oft. Das Arbeiten mit Menschen ohne besondere ASW-Erfahrung erbringt häufig Ergebnisse, die vielleicht weniger spektakulär sind, dafür aber größeren wissenschaftlichen Wert besitzen. Da solche Menschen auch keine vorgefaßte Meinung über die Wirkungsweise ihrer Psi-Kräfte haben, akzeptieren sie bereitwillig alle Bedingungen, die ihnen der Experimentator auferlegt.

Menschen dagegen, die Psi-Praktiken routinemäßig darbieten, haben oft ihre eigenen Rituale, die erfüllt werden müssen, damit ihre Fähigkeit wirkt.

Dies erschwert die Forschung. Wie kann man mit Sicherheit sagen, ob die von der Versuchsperson verlangten Bedingungen

1. mit den Psi-Funktionen zu tun haben,
2. von der Versuchsperson gewohnheitsmäßig eingehalten werden (wenn sie zu der Überzeugung gelangt, daß Psi bei ihr nur unter eben diesen Bedingungen funktioniert) oder

3. nur der Schlauheit der Versuchsperson entspringen, weil sie ihre betrügerischen Praktiken erleichtern?

In der großen Zeit der physikalischen Mediumschaft, als sich in den Séanceräumen Gegenstände bewegten, angeblich ohne von jemandem berührt worden zu sein, als »materialisierte« Formen erschienen und andere seltsame Effekte beobachtet wurden, verlangten beispielsweise die meisten Medien Dunkelheit im ganzen Raum und dazu einen geschützten Bereich, ein »Kabinett«, hinter Vorhängen. Solche Bedingungen mußten ja zu Mogeleien verführen. Als Folge davon ist die Geschichte der physikalischen Phänomene gespickt mit Betrugsfällen.

Das zur Verteidigung vorgebrachte Argument lautete: Die physikalischen Phänomene der Mediumschaft werden vom Licht zerstört. Das klingt recht einleuchtend. Man erhält auch keine guten Bilder, wenn man normales Fotomaterial bei Tageslicht entwickelt. Man mußte sich den Bedingungen unterordnen, unter denen die Phänomene funktionierten. Leider aber machten die von den Medien geforderten Bedingungen eine genaue Beobachtung unmöglich, und deshalb erbrachte diese Forschung während langer Jahrzehnte keine schlüssigen Ergebnisse.

Man erzielte kaum mehr als einige Hinweise darauf, welche Phänomene vielleicht durch PK hervorgerufen werden könnten; allerdings erhielt man umfangreiches Beweismaterial über Betrügereien von Medien und die unvorstellbare Gutgläubigkeit mancher Beobachter. Alle physikalischen Medien wurden irgendwann bei Schwindeleien ertappt (vielleicht bildet die einzige Ausnahme D. D. Home).* Und sogar namhafte Beobachter, die auf ihren Spezialgebieten Überragendes leisteten, wurden leicht Opfer von Schwindeleien, zu deren Aufdeckung sie nicht gerüstet waren.

Einfalt und Glaubensbereitschaft können die Menschen jede Logik vergessen machen. Dies läßt sich an einem dramatischen Beispiel aus der Frühzeit der physikalischen Mediumschaft veranschaulichen. Die Argumente mögen heute absurd erscheinen, aber der Fall wurde damals, als die Materialisation von Geisterphantomen ein ebenso beliebtes Thema war wie in den frühen siebziger Jahren die Kirlian-Foto-

---

* Der vielleicht nur schlauer war als andere. (Wer kann heute mit Sicherheit sagen, was vor hundert Jahren in privaten Zirkeln wirklich geschah?) Home war gewöhnlich Ehrengast bei geselligen Zusammenkünften. Und wer wollte es da wagen, ihn durch strenge Kontrollen zu »beleidigen«? Die Experimente, die William Crookes mit ihm machte, stehen zu isoliert da, und die beobachteten Phänomene sind zu seltsam, als daß man sie ohne Zögern akzeptieren könnte.

grafie oder das Biegen von Löffeln, ernsthaft erörtert. Hier das Beispiel: Das Datum: 9. Dezember 1873. Schauplatz: Dunkler Séanceraum mit dem Medium Florence Cook und mehreren Teilnehmern, darunter William Volckman. Die Teilnehmer wurden angewiesen, das Medium oder die Geistformen nicht ohne Erlaubnis zu berühren. Angeblich konnte dies das Medium töten! Die Versammelten gerieten in seltsame Erregung über die undeutlichen Erscheinungen von »Geistern«, die sich »materialisierten«, in voller Körperlichkeit umhergingen, Teilnehmer berührten und verschiedene andere Possen vollführten. William Volckman wurde mißtrauisch; als ihn der »Geist« bei der Hand faßte, griff er fest zu und schlang der Erscheinung den Arm um die Taille, wobei er laut verkündete, er halte das Medium (das im Kabinett sein sollte). In dem anschließenden Gerangel befreiten E. E. Corner (der künftige Ehemann des Mediums) und ein weiterer Freund der Familie Cook die »Erscheinung« gewaltsam aus Volckmans Griff, und der Freund geleitete den »Geist« ins Kabinett. Nach einiger Zeit, als der Tumult sich gelegt hatte, fanden die Versammelten das Medium Florence Cook im Kabinett (es war also an der Berührung nicht gestorben).

Ganz offensichtlich hatte sich das Medium in betrügerischer Weise als Geist verkleidet, war im Schutz der Dunkelheit unter den Teilnehmern umhergegangen und hatte seine Tricks gespielt. Trotz allem wurden heldenhafte Versuche gemacht, die spiritistische Version des Phänomens zu retten. Man konstruierte die Hypothese, es könne sich wirklich um einen echten Fall von Materialisation des Geistes gehandelt haben, wobei die gesamte Substanz (!) des Mediumkörpers in die Geistesform transferiert worden sei.

Was ist glaubhafter: Daß das Medium einfach in der Dunkelheit aus dem Kabinett trat – oder daß es in die Geistesform »transmaterialisiert« wurde? Folgende Weisheit spricht für sich selbst: Bleiben Sie immer sachlich-nüchtern. *Akzeptieren Sie die einfachste, vernünftigste Erklärung* (siehe S. 57).

Dennoch, einige Anhänger der fadenscheinigen Theorie erheben Einwände: Man kann nicht sagen, daß es keine Geister gebe. Man beweise uns, daß es keine Geister gibt! Man beweise, daß der Körper Florence Cooks nicht in die Geistform transmaterialisiert wurde!

Das ist natürlich eine absolut falsche Art der Argumentation. Dieser Fehler, den Menschen ohne besondere Schulung in wissenschaftlichen Methoden häufig begehen, führt uns zur Formulierung folgender

Regel: *Akzeptieren Sie nur als Tatsache, was zweifelsfrei bewiesen worden ist.**

Gegenüber jeder Behauptung oder Theorie kann man nur eine der folgenden beiden Haltungen einnehmen:

1. Sie ist bewiesen, deshalb akzeptieren wir sie als Tatsache. Doch alles, was nicht bewiesen worden ist, muß immer so lange als nicht existent betrachtet werden, bis der Beweis dafür erbracht ist.

2. Sie ist nicht bewiesen, aber auch nicht widerlegt worden. Sie ist *möglich*. Wenn uns die Behauptung zusagt, akzeptieren wir sie als Tatsache und fordern von Ihnen den Beweis, daß wir unrecht haben. Das ist eine wissenschaftlich nicht erlaubte Umkehrung der Beweislast!

Beachten Sie: Einer wissenschaftlichen Einstellung entspricht einzig die unter Punkt eins skizzierte Haltung. Was lediglich »möglich« ist, kann *nur* als Arbeitshypothese dienen; als versuchsweise vorgebrachte Möglichkeit einer Erklärung, die nur dem Zweck dient, zu weiterer Forschung oder Untersuchung anzuregen. Im übrigen hat eine solche Arbeitshypothese keinen Wert, und wir dürfen sie nicht mit Behauptungen verwechseln, deren Richtigkeit schon bewiesen wurde.

Wenn Sie irgendeine unbewiesene Theorie vorbringen, ist es *Ihre* Pflicht zu beweisen, daß die Theorie richtig ist, nicht die Pflicht anderer, Ihnen zu beweisen, daß Sie unrecht haben.

Wenn Sie irgendeinen Vorfall durch das Auftreten von Geistern erklären wollen, ist es *Ihre* Pflicht zu beweisen, daß Geister existieren; es ist nicht die Pflicht Ihrer Gegner, die Nichtexistenz der Geister zu beweisen.

---

* Zugegeben: es kann, je nach Standpunkt, Meinungsunterschiede darüber geben, was wir als ausreichendes Beweismaterial ansehen, das uns »zweifelsfrei« beweist, daß wir im Besitz der Wahrheit sind.
Die verschiedenen Philosophen formulierten recht unterschiedliche Kriterien für den Begriff »Wahrheit«: klare und deutliche Ideen (Descartes); Korrespondenz zwischen Wissen und Objekt (G. W. F. Hegel); Ökonomie des Denkens (E. Mach); generelle Bedeutung (A. A. Bogdanow); worauf sich letztlich alle Suchenden einigen (P. Dewey); was immer sich in der Glaubensweise als gut erweist (W. James); was sich in praktischer Anwendung als nützlich erwiesen hat (K. Marx) usw. Allgemein kann man die Wahrheit als Übereinstimmung zwischen Geist und Sein, also der Erkenntnis mit der Wirklichkeit, ansehen.
Je ungewöhnlicher das Phänomen ist, desto stärker fordert es im allgemeinen das etablierte Wissen in seiner Gesamtheit heraus, desto gewichtiger sind die Konsequenzen, desto stichhaltigere Beweise werden gefordert.
Doch die Forderungen ändern sich im Lauf der Zeit, je mehr relevantes Wissen sich ansammelt. Die Behauptung, sie hätten eine Karte von der Mondrückseite, ist heute akzeptabel; noch vor fünfzig Jahren war sie absurd.
In der Wissenschaft kennen wir generell nie die »absolute Wahrheit«. Wir nähern uns ihr vielmehr schrittweise – vielleicht mit gelegentlichen Abweichungen (wenn eine falsche Theorie vorübergehend als richtig akzeptiert wird).

Genauso ist es, wenn Sie einen Hellseher oder ein Medium beobachten, die des Betrugs verdächtig sind, *deren* Pflicht zu beweisen, daß sie echte Phänomene hervorzubringen vermögen. Der Hellseher oder das Medium haben kein Recht, Ihnen den Beweis abzuverlangen, daß (und wie) sie betrügen oder daß sie *keine* echte ASW-Leistung erbringen.

Will ein Medium ernst genommen werden, *muß es den Beweis liefern,* daß es über echte Fähigkeiten verfügt. Zu diesem Zweck muß es die Bedingungen akzeptieren, die ihm der Experimentator, um jede Betrugs- oder Fehlermöglichkeit auszuschließen, in gutem Glauben vorschreibt. Akzeptiert es die Aufforderung, unter strengen Kontrollbedingungen zu arbeiten, nicht, besitzt seine Leistung keinen authentischen Wert. Angesichts nicht kontrollierter Leistungen kann man nicht beurteilen, ob jemand über ASW-Gaben verfügt oder nicht. Solche Experimente sind *in jedem Fall für die Wissenschaft nutzlos* – so wunderbar die angeblichen Leistungen auch sein mögen.

Das kleinere Übel ist immer, eine möglicherweise begabte Versuchsperson abzulehnen und zu verlieren, als durch Betrug hereingelegt zu werden. In der Wissenschaft hat eine einzige nachgewiesene Tatsache einen unvergleichlich größeren Wert als Hunderte unbewiesener Möglichkeiten oder ungetesteter Spekulationen. William James verlieh dieser Regel mit sehr knappen Worten Ausdruck: »Es ist weit besser, viel zu wenig zu glauben als nur ein wenig zu viel.«

Schließlich sollten wir noch eine weitere wichtige Regel beherzigen: *Achten Sie in allen Ihren Urteilen auf Tatsachen, die Ihre Meinung widerlegen!*[1]

Bedenken Sie: Jede Tatsache, die Ihrer Ansicht widerspricht, ist viel wichtiger als Tatsachen, die Ihre Ansicht stützen. Im Gegensatz zu dem unhaltbaren Sprichwort machen Ausnahmen die Regel *ungültig!*[2]

DIE REGELN GENAUER BEOBACHTUNG

Ein Neuling in der Parapsychologie macht seine ersten praktischen Erfahrungen oft auf dem Gebiet der Auswertung von Berichten über spontane Beobachtungen paranormaler Phänomene. Der erste Schritt

---

[1] In diesem Zusammenhang sollte erwähnt werden, daß Claude Bernard (1813–1878), einer der größten Physiologen des 19. Jahrhunderts, empfahl, wir sollten Experimente nicht in erster Linie durchführen, um unsere Ansicht zu bestätigen, sondern mit der Einstellung, wir würden unsere Ansicht kontrollieren, um festzustellen, ob sie richtig sei.

[2] Das Sprichwort »Ausnahmen bestätigen die Regel« hat seinen Ursprung in einer falschen Übersetzung des lateinischen Sprichwortes »Exceptio regulam probat«. (Richtige Übersetzung: Die Ausnahme stellt die Regel *auf die Probe.)*

bei dieser Untersuchung ist das Interviewen von Zeugen. Dabei untersuchen wir, was von jemand anderem beobachtet wurde, der ein erfahrener Beobachter sein kann oder auch nicht, der Gründe zur Abänderung einiger Details haben kann, der sogar die ganze Geschichte erfunden haben kann (um von sich reden zu machen, sich wichtig zu fühlen oder persönlichen Gewinn zu erzielen).

Unsere Situation hier ist jener eines Gerichts nicht unähnlich, das über Schuld oder Unschuld zu entscheiden hat. Wir müssen nicht nur die berichtete Geschichte so vollständig wie möglich zusammenbekommen, sondern auch die Glaubwürdigkeit der Zeugen bewerten. Hier einige Tips darüber, was man berücksichtigen sollte, bevor man ein Urteil über die Zuverlässigkeit einer Zeugenaussage fällt.

1. Zuallererst versuchen wir die Persönlichkeit des Zeugen zu bewerten – ob er zum Fabulieren neigt, ob er erregt oder nüchtern-realistisch, ob er gefühlsbetont oder intellektgesteuert ist, ob er sich wichtig machen möchte oder ob ihm die Geschichte irgendwelche Vorteile einbringt. Wenn er in der Angelegenheit Privatinteressen verfolgt und der Bericht seinen Zwecken dient, haben wir allen Grund, seine Glaubwürdigkeit anzuzweifeln.

2. Wir fragen, ob er selbst Zeuge des Ereignisses war oder es von einer anderen Person gehört hat. Berichte aus zweiter Hand sind von Natur aus weniger glaubwürdig.

3. Wir fragen, ob der Zeuge sofort nach der Beobachtung eine vollständige Aufzeichnung (Notizen) gemacht hat. Oder ob er die Beobachtung wenigstens einer anderen Person berichtete (erkundigen Sie sich, wann er es tat, und lassen Sie sich von dieser Person Einzelheiten nennen). Ist zwischen Beobachtung und Bericht viel Zeit verstrichen, nimmt die Glaubwürdigkeit ab. Das Gedächtnis kann uns üble Streiche spielen: Wir alle neigen dazu, eine Geschichte zu ändern, um unsere Ansicht zu untermauern oder um die Geschichte interessanter zu machen; wir neigen dazu, Einzelheiten auszulassen, die nicht sehr interessant für uns sind, und andere hinzuzufügen, die uns gefallen.

4. Wir prüfen die Genauigkeit der Beobachtung: wie detailliert sie ist und ob sie keine Diskrepanzen aufweist.

5. Wir fragen, ob die Beobachtung plötzlich gemacht wurde oder ob man darauf vorbereitet war. Unerwartete Beobachtungen sind gewöhnlich weniger zuverlässig.

6. Wir bitten um irgendeinen objektiven Beweis, um irgend etwas, das als Spur des beobachteten Phänomens zurückblieb, falls es so etwas gibt.

7. Wir versuchen, das wirkliche Erlebnis des Zeugen von seinen Folgerungen, Schlüssen, Meinungen und Urteilen zu trennen.

8. Schließlich stellen wir fest, ob andere Beobachter eine *unabhängige* Bestätigung der Geschichte geben.

9. Wenn wir einen Fall spontaner PK untersuchen, suchen wir gründlich nach möglichen physikalischen Ursachen des Phänomens. Betrifft der Bericht ASW, kontrollieren wir, ob der Wahrnehmende die Information nicht auf normale Weise durch die Sinne oder durch rationales Folgern erhalten oder ob er – in Fällen angeblicher Präkognition – das Eintreffen des Vorhergesehenen nicht beeinflußt haben kann.

Denken Sie daran: ASW wird leicht imitiert durch: 1. Zufälle, 2. Übertreibung in Berichten und 3. selektives Berichten (wenn Erfolge erwähnt und Fehlschläge weggelassen werden).

Doch wie dem auch sei, die Untersuchung spontaner Fälle erbringt unter Umständen nichts als interessante Kuriositäten. Wir können daraus, ohne gewichtige zusätzliche Beweise zu haben, keine verläßlichen Schlüsse ziehen. Gewöhnlich gibt uns eine derartige Untersuchung nur einen Hinweis auf die Richtung, in der wir experimentell forschen können. Und es wird immer die experimentelle Untersuchung sein, die uns die solidesten Beweise liefert.

Wenn wir mit einer neuen Versuchsperson zu arbeiten beginnen, sind wir mehr oder weniger reine Beobachter des Geschehens. Wir experimentieren nicht im eigentlichen Sinn des Wortes; wir machen uns vielmehr mit der Situation vertraut; wir beobachten, was die Versuchsperson zu bieten hat.

Scharfe Beobachtung wird deshalb der erste Schritt in unserer Arbeit sein. Wir wollen, daß die Beobachtung so genau und fruchtbar ist, wie die Bedingungen es zulassen. Soll unsere Beobachtung wirklich wissenschaftlich sein, muß sie mehrere *Merkmale* aufweisen:

In erster Linie wollen wir, daß sie reich an *sachbezogenen Fakten* ist. Dies bedeutet, daß wir auf das zu erwartende Phänomen vorbereitet sein und wachsam auf alle wichtigen Details achten müssen. Sachkenntnis und Fachwissen auf dem Gebiet der Beobachtung sind sehr wichtig, tunlichst auch Schulung in ähnlich gearteten Beobachtungen. Dann weiß man, wonach man Ausschau halten, worauf man achten muß. Ein Beispiel aus dem täglichen Leben: Wenn ein Arzt einen Patienten untersucht, wird er viele wichtige Details bemerken, die dessen Anwalt übersehen würde.

Wir sollten auch immer versuchen, dasselbe Phänomen mehrmals zu beobachten. *Wiederholte Beobachtung* lenkt unsere Aufmerksamkeit gewöhnlich auf Einzelheiten, die uns zuvor entgangen waren.

Einige meiner Leser sagen vielleicht, das alles verstehe sich doch von selbst. Zugegeben, das sollte es wirklich! Darum muß dieser Punkt immer wieder hervorgehoben werden – damit er wirklich für alle Leser selbstverständlich wird. Denken Sie daran: eine gute Beobachtungsfähigkeit – distanziert und sachlich-nüchtern, objektiv und vorurteilslos – muß zum integrierten Bestandteil unserer Persönlichkeit werden.

Besonders mühsam ist in der Parapsychologie die Erforschung von Poltergeistfällen*, weil die Phänomene überraschend auftreten, in Abwesenheit eines Beobachters oder wenn der Beobachter nicht darauf vorbereitet ist, sie zu erleben. Gewöhnlich wird der aus dem Phänomen resultierende Effekt beobachtet – ein verschobenes Möbelstück oder ein zerbrochener Gegenstand –, nicht jedoch der Beginn der Bewegung.

Auch manche Demonstrationen angeblicher PK-Phänomene sind schwer zu beobachten, weil sie zu sehr Zauberdarbietungen auf der Bühne ähneln. Trickreiche Artisten verstehen es, die Aufmerksamkeit der Beobachter abzulenken, während sie ihre Manipulationen durchführen. Deshalb ist Erfahrung in Zauberdarbietungen sehr nützlich beim Beobachten angeblicher PK-Phänomene: der Fachmann weiß, worauf er achten muß, um Tricks auszuschalten.

In zweiter Linie wollen wir, daß unsere Beobachtung *präzise und exakt* ist. Leider bleibt sie beschränkt und unterliegt Irrtümern.

Schwer zu kontrollieren sind zufällige Irrtümer, weil sie überraschend vorkommen, wenn irgendein neuer, unkontrollierter Faktor zufällig die Beobachtung beeinflußt. Im täglichen Leben passieren solche Fehler beispielsweise, wenn wir uns bei einer Messung versehentlich täuschen. (Darum sollten wir, wollen wir präzise messen, immer mehrere unabhängige Messungen vornehmen und den Durchschnittswert errechnen.)

Bei Psi-Untersuchungen kann es vorkommen, daß die Versuchsperson durch Raten zufällig einen spektakulären Treffer erzielt. Sie identifiziert vielleicht eine mehrstellige Zahl in einer Lotterie richtig. Es kann Zufall sein, und der Erfolg wiederholt sich nie, aber wir schreiben dieses richtige Raten möglicherweise voreilig der ASW zu.

Denkbar ist auch, daß wir die Aussagen der Versuchsperson falsch hören oder aufzeichnen. Oder wir können einen wichtigen Faktor

---

* Störungen physikalischer Natur – Geräusche, Bewegungen von Gegenständen –, die angeblich ohne erkennbare physikalische Ursache auftreten.

übersehen, der relevant für unsere Schlußfolgerungen ist (sagen wir, Schwindeleien eines trickreichen Artisten).

Benutzen wir in unserem Experiment eine mechanische Aufzeichnungsvorrichtung, dann können verschiedene zufällige Einflüsse – wie Spannungsänderungen im Stromnetz, Schmutz oder Rost an den beweglichen Teilen usw. – Auswirkungen auf die Schlußaufzeichnung haben.

Schutz vor Fehlern dieses zufälligen Typs bietet die mehrmalige Wiederholung der Beobachtung unter *gleichen* Bedingungen.

Sehr gefährlich sind systematische Fehler. Im täglichen Leben treten sie beispielsweise auf, wenn wir auf einer ungenauen Waage wiegen.

Bei Psi-Experimenten kann ein systematischer Fehler beispielsweise auftreten, wenn Sinneshinweise oder methodische Irrtümer das Ergebnis verzerren. Stellen Sie sich vor, wir verwenden in einem ASW-Test ASW-Karten als Zielobjekte. Die Versuchsperson weiß, daß je fünf Karten in dem Pack von fünfundzwanzig Karten dasselbe Symbol tragen. Wenn wir ihr sagen, ob sie bei einem bestimmten Versuch erfolgreich war, vermag sie zu folgern, welche Symbole noch in dem Pack verblieben, und die Zahl der richtigen Antworten durch rationalen Rückschluß zu steigern. Routinierte Kartenspieler tun das regelmäßig beim Spielen; sie merken sich, welche Karten bereits gespielt wurden, und entwickeln ihre Strategie entsprechend.

In telepathischen Experimenten mit der Übermittlung von Zahlen kann es vorkommen, daß der Sender und der Empfänger dieselbe Zahl besonders gern mögen, sagen wir die 3. Wählt der Sender die zu übermittelnden Zahlen ohne besondere Vorsichtsmaßnahmen (wie der Anwendung eines Zufallsverfahrens), dann wählt er mehr Dreien, und genauso wird der Empfänger verfahren, wodurch die Zahl der richtigen Antworten sich erhöht, ohne daß ASW im Spiel ist.

Oder stellen Sie sich ein Experiment vor, in dem Sie eine Zeichnung machen, ihre Gedanken darauf konzentrieren und eine Gruppe von Menschen (»telepathische Empfänger«) auffordern, Ihre Gedanken zu lesen und dieselbe Zeichnung anzufertigen. Wenn Sie die Psychologie der Menschen kennen, werden Sie erwarten, daß die Mehrheit der Gruppe in dieser Situation ein Haus oder einen Baum zeichnet. Deshalb wählen Sie absichtlich einen Baum als Zielobjekt, und Sie können sicher sein, daß mehrere der Teilnehmer einen Baum zeichnen und so ein ASW-Erfolg vorgetäuscht wird.

Um Fehler dieses Typs zu vermeiden, müssen Sie die Beobachtung unter *anderen* Bedingungen wiederholen. Benutzen Sie beispielsweise unterschiedliche Zahlen und ändern Sie sie in zufälliger Reihenfolge, wählen Sie unterschiedliche Zeichnungsmotive, Versuchspersonen usw.

Dann gibt es noch individuelle Fehler, die charakteristisch sind für jeden Beobachter. Sie treten sehr häufig auf und nehmen die verschiedensten Formen an.

In Alltagssituationen wird unsere Beobachtung durch die Unvollkommenheit unserer Sinne und durch eine Begrenztheit unserer Reaktionen eingeschränkt. Wir sind beispielsweise nicht in der Lage, sehr schnelle Bewegungen genau zu beobachten; oder wenn wir auf irgendeine akute Situation sofort reagieren sollten, wird unsere Reaktion verzögert, weil es einige Zeit dauert, bis das Signal unsere Nervenbahnen durchläuft.

Höchst wichtig ist die Tatsache, daß unsere Haltung unsere Beobachtung beeinflußt. Nicht nur der Grad unserer Aufmerksamkeit (deren Fehlen uns bedeutsame Einzelheiten übersehen läßt), sondern auch unsere allgemeine Einstellung zum beobachteten Objekt.

Jeder Beobachter bringt Fakten, die seine Meinung stützen, besondere Aufmerksamkeit entgegen und neigt dazu, widersprechende Details zu übersehen. Wir betrachten jedes Ereignis im Licht unserer Überzeugungen, Theorien und Gewohnheiten und stimmen unsere Interpretationen entsprechend ab. Wenn wir beispielsweise ein Medium untersuchen und dieses unser Mißtrauen weckt, sind wir prädisponiert, verdächtige Merkmale an seiner Darbietung scharf zu beobachten. Findet es dagegen einen Weg, unser Vertrauen zu gewinnen, läßt unsere Wachsamkeit nach, und wir übersehen möglicherweise seine Betrügereien.

PRÄZISES URTEILEN IST WICHTIG

Wenn wir sicher sind, daß wir eine gültige Beobachtung eines Psi-Phänomens gemacht haben, folgt der nächste Schritt: die Auslegung. Wir wollen mehr über seine Bedeutung in Erfahrung bringen. Auch hier befinden wir uns auf einem Gebiet, auf dem häufig gegen die wissenschaftliche Methode verstoßen wird.

Die erste Regel, an die wir uns halten müssen, lautet: *Versuchen Sie immer, die Beobachtung anhand dessen zu erklären, was bekannt ist, auf die einfachste mögliche Weise.* Erfinden Sie nie neue Erklärungsprinzipien, wenn sich das beobachtete Phänomen durch alte, vertraute Theorien erklären läßt.

Ein Beispiel für die Verletzung dieses Prinzips ist der Glaube an die spiritistische Theorie. Sehen wir uns einmal folgende Beobachtung an: Ein Medium spielt in Trance sehr überzeugend die Rolle meines verstorbenen Großvaters, es sagt, aus ihm spreche der Geist meines Großvaters zu mir, und es liefert schließlich richtige Informationen über etwas, das nur mein Großvater wußte und dessen Richtigkeit man erst später feststellt. (Nach Anwendung der Kriterien 1 und 2* erkennen wir diesen Fall als ASW an.)

Im 19. Jahrhundert nun schien die spiritistische Erklärung ziemlich akzeptabel. Es herrschte ein verbreiteter, religiös motivierter Glaube an Geister und übernatürliche Wesen. Das psychologische Wissen war seinerzeit so beschränkt, daß man hypnotische Phänomene, suggerierte Persönlichkeitsänderungen oder automatische Bewegungen nicht zu erklären vermochte.

Kamen zu diesen seltsamen Dingen auch noch ASW-Phänomene hinzu, fiel es schwer, nicht an übernatürliche Kräfte zu denken. Damals schienen die Zeugnisse über den »Geist« ziemlich glaubhaft.

Heute sind wir glücklicherweise in einer besseren Position. Die Weiterentwicklung der Psychologie lieferte uns eine natürliche Erklärung für diese seltsamen geistigen Phänomene. Wir können jetzt zur Erklärung der oben angeführten Beobachtung zwei Theorien vorbringen:

1. Es handelt sich wirklich um den Geist meines Großvaters (genau wie das Medium behauptet); er erinnert sich noch an die Information, die er uns durch die Vermittlung des Mediums gab.

2. Es handelt sich um einen Fall von ASW. Das Medium erhielt die Information auf Grund seiner eigenen ASW, doch sein Glaube an Geister führte dazu, daß es sie erfuhr, als sei es in den Geist des Großvaters verwandelt. (Wir können auch sagen: Das Medium hatte einen »Traum«, daß es der Geist des Großvaters sei.)

Wie sollen wir uns nun zwischen diesen beiden Theorien entscheiden? Ganz einfach. Theorie Nr. 1 führt ein neues Prinzip zur Erklärung des Phänomens ein: Geister toter Menschen. Im Gegensatz dazu führt Theorie Nr. 2 das Phänomen auf etwas zurück, das wir bereits kennen: ASW. Wir wissen, daß ASW als Gabe lebender Personen auftritt. Dies wurde in Laboruntersuchungen bewiesen. Auch die Forschung auf dem Gebiet der Hypnose und Suggestion hat gezeigt, daß wir gelegentlich subjektiv das Gefühl haben können, wir seien in eine andere Person verwandelt. (Dies kann in einem Traum geschehen, künstlich durch

---

* Siehe Seite 41 f.

hypnotische Suggestion herbeigeführt werden, es geschieht Schauspielern auf der Bühne und tritt gelegentlich als psychiatrisches Problem auf.)

Andererseits konnte trotz der Fortschritte der Wissenschaft bisher die Existenz von Geistern nicht bewiesen werden. (Das Erlebnis selbst wird fälschlicherweise als »Beweis« für Geister hingestellt.) Im Gegenteil: die Fortschritte der Wissenschaft brachten alle Versuche zur Bewahrung des Übernatürlichen als Erklärung seltsamer geistiger Phänomene um deren Glaubwürdigkeit. Das »Übernatürliche« hat im wissenschaftlichen Bild der Welt keinen Platz.

Wir ziehen darum folgenden Schluß: Theorie Nr. 2 (ASW) erklärt das Phänomen voll und ganz auf dem Hintergrund unseres derzeitigen Wissens. Im Gegensatz dazu postuliert Theorie Nr. 1 die Existenz von Geistern, deren Existenz nie bewiesen wurde. Diese Theorie führt ein neues, unbekanntes Prinzip ein, welches die Frage nur unnötig kompliziert. Deshalb halten wir uns an das Prinzip der Ökonomie des Denkens und *akzeptieren die einfachere ASW-Theorie als die richtige Erklärung.*

Dies soll keineswegs besagen, daß Geister nicht existieren können. (Wie sollte man das Nichtvorhandensein beweisen?) Vielleicht gibt es sie wirklich. Vielleicht in anderer Form, als die spiritistische Theorie behauptet. Vielleicht wird die Wissenschaft, wenn sie sich noch weiter entwickelt hat, deren Existenz, vermutlich in völlig anderer Form, beweisen. Alles gut und schön – aber das sind nur *Möglichkeiten;* wenn wir wissenschaftlich sein wollen, können wir uns nicht mit Spekulationen befassen. Für uns muß die Feststellung genügen, daß es keinen triftigen Grund und keinen Beweis für die Existenz von Geistern gibt.

Ein anderes Bild böte sich, hätten wir eine Beobachtung, die sich mit Theorie Nr. 2 nicht erklären ließe. Dann würden wir Theorie Nr. 1 erwägen müssen oder eine andere, die besser zu den Fakten paßt. (Sicherheitshalber müßten wir, wegen der Einmaligkeit der Behauptung, trotzdem noch weitere Bestätigungen verlangen – siehe Anmerkung in Fußnote Seite 51.) Doch bisher wurde keine derartige Beobachtung gemacht.

Beachten Sie den Ablauf der von uns angestellten Überlegungen:

Zuerst denken wir an die natürlichste Erklärung: wir denken (angesichts der Seltsamkeit des Phänomens) an Betrug oder Fehler in unserer Beobachtung.

Als zweites, wenn Betrug oder Fehler die Beobachtung nicht hinlänglich erklären, denken wir an ASW.

Und erst als drittes zögen wir, wenn sich auch ASW als unzureichend erwiese, andere Erklärungen wie Geister in Betracht.

Außerkörperliche Erfahrungen (AKE) stellen uns vor sehr ähnliche Probleme: Wir können das Gefühl haben, unseren Körper zu verlassen und an einen fernen Ort zu reisen, und liefern dann Informationen über Ereignisse an diesem Ort, die wir normalerweise nicht wissen konnten. Wieder werden zwei Erklärungen geboten:

1. Unsere »Seele« (oder unser »Astralleib«) verläßt den physischen Körper, reist wirklich an den fernen Ort und nimmt dort die Ereignisse wahr.

2. Es handelt sich ebenfalls um eine Art Traum, eine Illusion, eine lebhafte geistige Bildvorstellung. Wir erfahren durch ASW (wie auch immer deren Mechanismus sein mag) von dem Ereignis, doch unsere Erfahrung wird von dem Gefühl begleitet, wir befänden uns außerhalb unseres Körpers.

Natürlich können wir das Gefühl haben, außerhalb unseres Körpers zu sein, beispielsweise wenn wir träumen, daß wir in einem Raumschiff fliegen. Die außerkörperliche Erfahrung als solche ist somit nichts Ungewöhnliches. Die Existenz der ASW ist bewiesen – nicht jedoch die Existenz von Astralleibern. Deshalb akzeptieren wir, denselben Überlegungen folgend wie im oben geschilderten Geister-Beispiel, Erklärung Nr. 2 als die richtige.

Scheinbare »Erinnerungen an früheres Leben« vermögen aus ähnlichem Grund keinen Beweis für die Reinkarnation zu liefern – ob die Erinnerungen nun spontan sind oder experimentell durch hypnotische Regression herbeigeführt wurden. Richtige Informationen über Ereignisse aus der Vergangenheit könnten mittels ASW erhalten werden. Diese Informationen kann man als »Erinnerung« erleben; tatsächlich erfährt man ASW-Informationen häufig auf diese Weise. Warum sollten wir dann in derartigen Erlebnissen Beweise für die Reinkarnation oder Erinnerungen an ein früheres Leben sehen?

Eine seltsame Frage werfen hier die Fälle auf*, wo Narben einer Person mit Wunden übereinstimmen, die in der angeblichen »früheren Inkarnation« erhalten wurden. Doch selbst wenn wir zugestehen, daß der Forscher sich vor einer Irreführung (dies ist die erste, einfachste Erklärung, an die wir denken) hütete, vermögen solche Narben die Rein-

---

* Siehe beispielsweise I. Stevenson: *Twenty Cases Suggestive of Reincarnation*, Proceedings of the American Society for Psychical Research, New York, Band XXVI, 1966.

karnation nicht zu beweisen. ASW konnte dazu benutzt worden sein, eine Person in der Vergangenheit, deren Wunden mit den vorhandenen Narben übereinstimmen, auszuwählen und zu beschreiben. Es gibt keinen unabhängigen Beweis für die Reinkarnation, und wir wollen in unsere Überlegungen kein neues, überflüssiges Prinzip aufnehmen. Deshalb finden wir auch hier die ASW-Erklärung akzeptabler.

Eine zweite wichtige Regel, gegen die oft verstoßen wird, lautet: *Ziehen Sie nur jene Schlüsse, die sich aus den beobachteten Tatsachen zwangsläufig ergeben!* Gehen Sie nie darüber hinaus!

Wenn wir Schlußfolgerungen ziehen, dürfen wir uns nicht nur von Äußerlichkeiten des Phänomens leiten lassen, die irreführend sein können; wir müssen auch Erwägungen über seine innere Natur mit einbeziehen.

Zugegeben: das kann schwierig sein, wenn wir nur unvollkommenes Wissen über das Phänomen besitzen. In der Geschichte der Wissenschaft finden wir zahllose Beispiele für f a l s c h e S c h l u ß f o l g e r u n g e n, die von berühmtesten Wissenschaftlern gezogen wurden – einfach weil sie nicht das notwendige umfassende Wissen, das ein richtiges Urteil erlaubte, besaßen. Und die Schlußfolgerungen wirkten so verlockend . . .

Auch wir haben keine Sicherheit, daß wir diese Fehler völlig vermeiden können – so aufrichtig unsere Bemühungen sein mögen. Doch wenn wir die Gefahr kennen und vorsichtig sind, läßt sich wenigstens das Risiko, das wir eingehen, in Grenzen halten. Sehen wir uns darum etwas genauer an, wie sich sogar größte Wissenschaftler irrten. Wir werden es uns anhand von vier ausgewählten Beispielen aus verschiedenen Epochen in der Geschichte der Wissenschaft vergegenwärtigen.

Zur Zeit des Kopernikus (1473 bis 1543) vermochten viele Menschen die Theorie nicht zu akzeptieren, daß die Erde sich um die Sonne drehe. Es widersprach nicht nur den Lehren der katholischen Kirche, sondern auch ihrer täglichen Erfahrung. (Jedermann sah, wie die Sonne die Erde umrundete, wie sie morgens im Osten auf- und abends im Westen unterging.)

Sogar die Astronomen verteidigten diesen Standpunkt, wenn auch mit differenzierteren Argumenten. Der berühmte Tycho Brahe (1546 bis 1601) beispielsweise akzeptierte die Theorie nicht, weil er in seinen Messungen die Sternenparallaxe nicht finden konnte. (Während die Erde sich um die Sonne dreht, verändert sie ihre Position jedes halbe Jahr um ungefähr 300 Millionen Kilometer. Man kann zu Recht erwarten, daß die Sterne in leicht verschobenen Winkeln gesehen werden, wenn man sie zuerst im Sommer und dann im Winter betrachtet. Genauso ist es, wenn man einen einzelstehenden Baum aus einiger Entfernung ansieht und dann ein paar Schritte zur Seite geht. Man sieht ihn aus einer anderen Richtung, vor einem anderen Hintergrund.)

Brahe vermochte keine Änderung zu entdecken. Seine Haltung war deshalb scheinbar vernünftig – es sei denn, daß er einen voreiligen Schluß gezogen hatte, welcher über das hinausging, was Brahe auf Grund der gemachten Beobachtungen rechtfertigen konnte. Er unterließ es, die Möglichkeit in Betracht zu ziehen, daß die Sterne zu weit weg sind und deshalb die Parallaxe zu gering ist, als daß sie mit den groben Instrumenten meßbar wäre, die ihm zur Verfügung standen. (Kehren wir zu unserem Beispiel zurück: Wenn der Baum zu weit weg ist, dann ist die Richtungsänderung zu gering, und wir werden sie nicht bemerken.)

Oder nehmen wir die alte Theorie, mit welcher die Chemiker des 18. Jahrhunderts die Verbrennung zu erklären versuchten. Sie glaubten, daß während des Verbrennungsprozesses eine hypothetische Substanz, die sie »Phlogiston« nannten, den brennenden Gegenstand verlasse. Diese Erklärung schien auf den ersten Blick einleuchtend. Wenn man die Flammen sieht, hat man sofort den Eindruck, daß wirklich irgend etwas den brennenden Gegenstand verlasse und sich in Luft auflöse. (Heute wissen wir natürlich, daß die Verbrennung ein Oxydationsvorgang ist und die Flammen aus aufsteigenden Gasen bestehen, die so heiß sind, daß winzige Ascheteilchen und Kohlenstoffpartikelchen zum Glühen kommen und Licht ausstrahlen.)

Die Wissenschaftler wogen damals die Asche und verglichen ihr Gewicht mit dem Gewicht des ursprünglichen Brennmaterials. Da die Asche – nach dem Verbrennen von Holzklötzen – weniger wog, nahm man dies als weitere Bestätigung der Theorie, daß etwas das Material verlasse. Gelegentlich jedoch stellte man fest, daß die Asche schwerer war als das ursprüngliche Material (bei Metallen, deren Oxyde in der Asche verbleiben). Dies schien der Phlogiston-Theorie zu widersprechen. Doch die Theorie wurde mittels Logik gerettet, indem man behauptete, Phlogiston habe ein negatives Gewicht (!).

Die richtige Erklärung des Phänomens fand man erst, als A. L. de Lavoisier (1743 bis 1794) etwas in Betracht zu ziehen begann, das die Wissenschaftler vor ihm übersehen hatten: das Gewicht *aller* Stoffe (einschließlich der Gase), die beim Verbrennungsprozeß entstanden.

Als nächstes können wir zwei Beispiele aus der modernen Physik nehmen. Die Möglichkeit, Materie in Energie umzuwandeln, die sich aus der Relativitätstheorie ergab und durch die Freisetzung der Atomenergie überaus deutlich demonstriert wurde, führte einige Interpreten zu Schlüssen, worin sie ebenfalls über das logisch Gerechtfertigte hinausgingen.

Wandelt man Materie in Energie um, dann verschwindet die »Substanz«, sie wird unsichtbar, ungreifbar; wir könnten sagen, sie »löst sich auf« in Energie.

Die gerechtfertigte Folgerung aus dieser Beobachtung lautet, daß Energie eine andere Form der Materie ist (ähnlich verhält es sich, wenn Eis zu Wasser schmilzt, das verdunstet; Eis und Dampf sind lediglich andere Formen des Wassers). Doch die Philosophen, die in dieser physikalischen Tatsache eine Bestätigung ihrer religiösen Überzeugung finden wollten, gingen über die gerechtfertigte Schlußfolgerung hinaus: sie identifizierten Energie mit dem angenommenen geistigen Aspekt der Welt und folgerten, daß sich Materie in Geist auflöse.

Den entgegengesetzten Prozeß, wenn Energie in Materieteilchen umgewandelt wird – wenn sich z. B. energetische Photonen in Elektronen und Positronen verwandeln –, verglich man mit der Schaffung des Universums durch Gott.

Die Tendenz der modernen Physik, sich bei der Beschreibung von Naturgesetzen immer mehr auf die mathematische Gleichung zu verlassen (statt auf das sensorische Bild der Welt, wie wir es im täglichen Leben gewahren), schien diese Ansicht zu stützen und führte zu Folgerungen, die noch weiter über das hinausgingen, was die Fakten rechtfertigten. Mathematische Gleichungen müssen als das angesehen werden, was sie sind: ein Werkzeug zur Beschreibung von Naturereignissen. Statt dessen betrachtete man sie als äußerste Realität und dachte sich die Materie als »aufgelöst in mathematische Gleichungen«. Ein Verfechter dieser Ansicht, James Jeans (1877 bis 1946)* konnte deshalb sagen, das Universum erinnere ihn nicht sosehr an eine leblose Maschine, sondern sehe eher aus wie der Gedanke eines Mathematikers.

Dieses letzte Beispiel veranschaulicht deutlich, in welchem Ausmaß Schlüsse aus beobachteten Tatsachen und die Auslegung der letzteren je nach der philosophischen Ausrichtung eines Menschen gefährlich beeinflußt sein können.

---

* Englischer Mathematiker und Physiker, bekannt durch seine populärwissenschaftlichen Bücher über Astronomie (z. B. *Der Weltenraum und seine Rätsel*, Stuttgart 1931).

In der Physik der Elementarteilchen trug sich etwas Ähnliches zu. Heisenbergs Indeterminanzprinzip schränkt die Präzision von Maßen ein: Bei einem Elektron beispielsweise können wir entweder seine Geschwindigkeit oder seine Position präzise messen – nicht aber beides gleichzeitig. Bei steigender Präzision im Messen des einen Parameters wird der andere immer unpräziser.*

Bei der Ungenauigkeit von Maßen wiederum können wir das künftige Verhalten eines einzelnen Elementarteilchens nicht präzise vorhersagen. Dieser Mangel an Vorhersagbarkeit führte die Physiker zu unbegründeten Folgerungen. Die Physiker hätten einfach zugeben können, daß das Verhalten des Elektrons völlig gesetzlich ist, aber wir – als Beobachter – nicht über die Mittel verfügen, sein Verhalten präzise zu messen und vorherzusagen. Statt dessen argumentierten sie, der Mangel an Vorhersagbarkeit liege in der Natur des Elektrons, das »freien Willen« auszuüben scheine.

In der Geschichte der Wissenschaft ließen sich natürlich noch viele ähnliche falsche Schlüsse finden. Der Glaube, daß das Licht nur mit irgendeiner Wellensubstanz (einem »Lichtäther«) zu erklären sei, oder die Auffassung, Bewegung sei in Wirklichkeit eine Folge einzelner statischer Zustände, die als solche nicht existieren könnten, sondern von einem sich bewegenden Agenten (einer »Primärkraft«) aufrechterhalten werden müßten, ließen sich als weitere wichtige und bekannte Beispiele aus der älteren Geschichte der Naturwissenschaft zitieren.

Diese Beispiele sollten uns ein wenig trösten. Wir ersehen daraus, daß sogar die angesehensten, »exaktesten« Wissenschaften bei ihrer Suche nach der Wahrheit im dunkeln tappten und noch tappen. Jetzt ist es um so interessanter für uns zu prüfen, wie voreilige und ungerechtfertigte Schlüsse die jüngsten bekannten Bewegungen in der Parapsychologie oder ihren Randgebieten beeinflußten.

Nehmen wir beispielsweise ein typisches Telepathie-Experiment: Wir machen eine Zeichnung, sehen sie an, und die Versuchsperson in einem anderen Raum versucht eine ähnliche Zeichnung zu machen. Setzen wir einmal voraus, daß wir keine methodischen Verstöße begehen (wie auf Seite 56 erwähnt: Wahl eines Baumes) und daß das Experiment er-

---

* Dieses Merkmal läßt sich anhand des folgenden Beispiels graphisch veranschaulichen: Stellen Sie sich vor, wir befinden uns in einem dunklen Raum und versuchen, die sich bewegende Billardkugel aufzuspüren, indem wir sie mit einer anderen Billardkugel treffen. Wenn wir sie treffen, wissen wir, wo sie sich in dem Moment befand, aber wir wissen auch, daß der Stoß ihre Richtung und Geschwindigkeit änderte; deshalb sind wir nicht in der Lage, vorherzusagen, wo wir die Kugel beim nächsten Versuch finden werden.

folgreich ist. Wir ziehen darum den Schluß, daß wir ein erfolgreiches Telepathie-Experiment durchgeführt haben: daß die Versuchsperson unsere Gedanken richtig empfangen hat.

Diese Schlußfolgerung wäre um 1920 als unanfechtbar angesehen worden. Damals akzeptierte die Mehrheit der Parapsychologen[1] als demonstrierte Tatsache nur das, was wir heute »Telepathie«[2], also Gedankenlesen, nennen (nicht aber Hellsehen). Die Fortschritte im Funkverkehr und die Entdeckung der elektrischen Aktivität des lebenden Gehirns lieferten ein gutes Modell für Telepathie: ein bestimmtes Gehirn würde elektromagnetische Signale senden und das andere Gehirn diese Signale empfangen, wobei es arbeitete wie ein Funkgerät.

Für das Hellsehen gab es kein ähnliches Modell, und das führte zu dem (falschen) Schluß, daß Telepathie entweder das einzig Mögliche oder zumindest viel einfacher sei als Hellsehen. Deshalb legte man das oben genannte Experiment als ein Telepathie-Experiment aus. Dieser Schluß war jedoch nicht gerechtfertigt. Wir wissen heute, daß Telepathie und Hellsehen nur zwei Formen ein und derselben Funktion sind – der ASW – und daß sich beide Formen gleich einfach (oder auch gleich schwierig) praktizieren lassen.

Heute können wir uns zwei gleichermaßen mögliche Alternativen vorstellen. Das erfolgreiche Experiment wurde erzielt:

durch Telepathie – der Empfänger liest die Gedanken des Senders und kümmert sich nicht um das Bild;

durch Hellsehen – der Empfänger kümmert sich nicht um die Gedanken des Senders und nimmt das Bild direkt wahr.

Verlief nun aber das Experiment unter guten experimentellen Sicherheitsvorkehrungen tatsächlich erfolgreich, so dürfen wir lediglich eines mit Sicherheit folgern, nämlich daß ASW am Werk war. Jede zusätzliche Aussage darüber, wie die ASW funktionierte und welcher

---

[1] Oder die »psychischen Forscher«, da damals die »Parapsychologie« in den englischsprachigen Ländern »psychische Forschung« hieß.

[2] Noch 1920 bestand keine Einigkeit in der Erklärung dieses Phänomens. Einige glaubten, es funktioniere durch Vermittlung der Geister, andere erklärten es lieber so wie wir heute: als Fähigkeit des lebenden Menschen.
Doch fast übereinstimmend sah man in irgendeiner Form der Übermittlung von Geist zu Geist die Ursache des Phänomens. Die Möglichkeit, daß ASW zum direkten Erkennen objektiver Ereignisse eingesetzt werden könnte (worunter wir heute Hellsehen verstehen), ließ man außer acht. Für Fälle, wo wirklich ASW Informationen über ein objektives Ereignis lieferte, bevorzugte man die Erklärung, die Informationen seien telepathisch aus dem Geist von jemandem abgezapft worden, der Kenntnis von dem Ereignis hatte.
Den Ausdruck »Hellsehen« gebrauchte man gewöhnlich anders: für das »Sehen in Visionen«.

Kanal benutzt wurde, geht über das hinaus, was man legitimerweise folgern darf.

Während der späten sechziger und der siebziger Jahre wurden der Öffentlichkeit in den USA wie auch in anderen Ländern diverse Kurse und Seminare für geistige Entwicklung, geistige Kontrolle, Bewußtseinserweiterung (man benutzte noch andere ziemlich phantasievolle und vage Bezeichnungen) angeboten. Die Kursleiter schöpften oft aus den Entdeckungen der Psychologie und Parapsychologie und versuchten, eine akzeptable Lebensphilosophie sowie brauchbare Praktiken für das tägliche Leben zu entwickeln.

Die Zentralfrage vieler dieser Lehren galt und gilt der N a t u r d e r W i r k l i c h k e i t. So konnte man hören (ich gebe frei wieder): Es gibt keine objektive Welt um Sie, es gibt keine objektive Wirklichkeit; Sie schaffen die Wirklichkeit, in der Sie leben, durch Ihre Phantasie, durch Ihre Wünsche (und natürlich auch durch Ihre Aktionen). Sie erschaffen die Wirklichkeit.

Zugegeben, dieser Standpunkt hat einiges Ermutigendes, er ist in seinen Konsequenzen jedoch auch gefährlich egozentrisch. Gefährlich wäre es auch, wenn diese philosophische Spekulation in der Praxis wörtlich genommen würde. Sie ist übrigens nichts Neues. Ein Philosophiestudent wird darin eine modernisierte Version der Ideen erkennen, die vor Jahrhunderten von G. Berkeley (1685 bis 1753) gelehrt wurden. Wenden wir uns nun selbst diesem Standpunkt zu, um aufzuzeigen, welche rationale Basis er hat und wo die Argumente die Grenzen gerechtfertigter Folgerungen überschreiten.

Die moderne psychologische Forschung hat gezeigt, daß so immaterielle Dinge wie unsere Gedanken wirklich unsere Umwelt beeinflussen können. Wir beeinflussen andere Menschen durch Suggestion. Wir vermögen sie zu beherrschen, indem wir ihr Denken aggressiv manipulieren – durch Propaganda, Überredung oder andere raffinierte psychologische Mittel. Zu diesem Zweck entwickelte man die Werbung zu einer regelrechten Wissenschaft. Wir können durch unser Denken – bis zu einem gewissen Grad – unser eigenes Schicksal beherrschen. Positives Denken, wenn wir an unseren Erfolg glauben und uns selbst vor unserem inneren Auge als erfolgreich sehen, läßt uns härter arbeiten, läßt uns mit größerem Selbstvertrauen, mehr Fleiß, Entschlossenheit und Begeisterung ans Werk gehen, und unsere Erfolgsaussichten steigen.

Dazuhin zeigt die Parapsychologie, daß wir auch psychische Kräfte beherrschen können; daß unsere Gedanken ungeahnte neue potentielle

Kräfte haben. Unter anderem ist PK ein neues Instrument, durch das wir unsere Umgebung mittels reiner Gedankenkraft zu beeinflussen vermögen. Vergessen wir jedoch nicht, daß unsere psychischen Kräfte im allgemeinen wenig entwickelt und darum ziemlich schwach sind; wir versprechen uns eher große Möglichkeiten in der Zukunft.

Natürlich können wir unsere Umwelt beeinflussen. Nur gut für uns! Aber hiermit enden unsere gerechtfertigten Folgerungen bereits. Die erwähnte philosophische Spekulation geht einen unzulässigen Schritt weiter: Sie trennt uns von der uns umgebenden Welt und räumt stillschweigend ein, daß unseren seelisch-geistigen Kräften keine Grenzen gesetzt sind (was nicht zu rechtfertigen ist, weil wir das nicht wissen). Von hier ist es nur ein kleiner Schritt zu der Behauptung, daß wir die Welt um uns schaffen. Allem Anschein nach liegt der Unterschied nur in einem einzigen Wort: »schaffen« statt »beeinflussen«.

Es kann durchaus sein, daß in einigen Jahrhunderten oder Jahrtausenden die Menschen feststellen werden, daß sich der Einsatz unserer seelisch-geistigen Kräfte, einschließlich ASW und PK, gewaltig ausgeweitet hat. Dann, und nur dann, wird eine neue Philosophie, die dem neuen Wissen Rechnung trägt, wissenschaftlich gerechtfertigt sein. Derzeit dürfen wir jedoch Schlüsse nur aus dem Wissen ziehen, das wir wirklich besitzen.

Die wissenschaftliche Einstellung ist: Wir können unsere Umwelt beeinflussen, weil wir *ein Teil davon* sind. Wir sind ein Teil davon mit unseren Körpern, mit unserem Geist. Deshalb vermag sogar unser Denken unsere Umwelt zu beeinflussen. Zudem lernen wir, diesen Einfluß besser und wirksamer auszuüben. Doch es ist anmaßend zu glauben, daß wir die Umwelt durch unser Denken oder unser Wahrnehmen schaffen. (Wer wollte durch sein Denken einen ankommenden Zug schaffen oder auslöschen und sich auf die Schienen setzen?)

Eine weitere Erörterung des Themas erübrigt sich. Das Gesagte half uns erneut aufzuzeigen (siehe auch Seite 63), wie unsere Glaubensüberzeugungen – unsere philosophischen oder religiösen Neigungen – uns suggestiv beeinflussen und sich auf unsere Überlegungen auswirken können. Das Gesagte half uns auch veranschaulichen, wie leicht es ist, Schlüsse zu ziehen, mit denen man den sicheren Grund wissenschaftlich erlaubter Schlußfolgerung verläßt.

Seien Sie auf der Hut! Die Gefahr ist sehr wirklich, allgegenwärtig und liegt ständig auf der Lauer. Besonders groß ist sie jedoch, wenn wir extrapolieren, von gesicherten Tatsachen weiter ausgreifen und versuchen, Urteile zu fällen, die über unsere unmittelbare Erfahrung hinausgehen.

Ein weiteres Beispiel für ungerechtfertigte Schlußfolgerungen ist in den Experimenten von Cleve Backster zu finden (siehe auch S. 22). Sie liefern uns gleichzeitig die Möglichkeit, das vorsichtige, schrittweise Vorgehen bei der Auswertung experimentellen Beweismaterials zu veranschaulichen.

Beginnen wir mit der Beschreibung dessen, was Backster beobachtete:

Er hatte eine Pflanze an einen elekrischen Stromkreis angeschlossen. Stromschwankungen wurden von einem Polygraphen aufgezeichnet. Sobald er feindselige Gedanken gegenüber der Pflanze hatte, trat in der Aufzeichnung eine deutliche Veränderung ein, was vermuten ließ, daß die Pflanze auf seine Gedanken reagierte. Backster folgerte, die Pflanze habe eine besondere Sensibilität, dank welcher sie in der Lage sei, die Gedanken des Experimentators zu erspüren.

Mit Sicherheit schließen können wir nur (wenn wir voraussetzen, daß das Experiment so durchgeführt wurde, wie es Backster schildert), daß eine Stromschwankung stattfand, die das Gerät aufzeichnete. Alles andere ist reine Ableitung – die vielleicht gerechtfertigt ist, möglicherweise aber auch nicht.

Die Stromschwankung wurde beobachtet, während Backster feindselige Gedanken hegte. Folgt daraus zwangsläufig, daß ein ursächlicher Zusammenhang zwischen seinen Gedanken und der Stromschwankung bestand? Nicht unbedingt. Beide Ereignisse konnten durch bloßen Zufall gleichzeitig ablaufen. Wir müssen als erstes einen regulären Zusammenhang zwischen zwei Ereignissen nachweisen. Wir müssen die Beobachtung wiederholen, um herauszufinden, ob folgende beiden Bedingungen erfüllt sind:

1. Phänomen B (Stromschwankung) tritt immer auf, wenn Phänomen A (feindseliger Gedanke) vorhanden ist.

2. Phänomen B tritt nicht auf, wenn Phänomen A nicht vorhanden ist.*

Als nächstes können wir fragen: Was vermag eine solche Strom-

---

* Ist der Einfluß zu schwach oder finden zu komplizierte Wechselwirkungen statt, die das Phänomen verdunkeln, verlangen wir, daß diese Bedingung wenigstens in einer signifikanten Zahl von Fällen erfüllt ist.

schwankung zu verursachen? Die Antwort wird in diesem Fall lauten: Eine Veränderung des elektrischen Widerstandes im Stromkreis.*

Was die Ursache der Veränderung des elektrischen Widerstandes angeht, so können wir annehmen, daß unter den gegebenen Umständen der elektrische Widerstand der Kabel und des Aufzeichnungsgerätes konstant blieb und die Veränderung irgendwo an dem Punkt auftrat, wo die Pflanze in das System einbezogen wurde. Wir sehen sofort, daß es dort zahllose Faktoren gibt, die für die Veränderung verantwortlich sein konnten. Hätten wir eine genaue Beschreibung der Experimentalvorrichtung und der -bedingungen, fänden wir möglicherweise noch andere oder müßten einige der aufgezählten ausschalten. Doch folgende Faktoren treten sehr deutlich zutage:

1. Wenn eine Kabelverbindung locker war, konnten Erschütterungen (wie von einer gehenden Person, einer zufallenden Tür oder dem Straßenverkehr) beträchtliche Veränderungen verursachen. Diese Möglichkeit ließe sich durch sorgfältigen Bau der Anlage reduzieren.

2. Die Veränderung konnte an dem Verbindungspunkt auftreten, wo die Elektrode das Blatt berührte.

3. Auch der Teil der Pflanze, der in den Stromkreis einbezogen wurde, konnte seinen Widerstand geändert haben.

Eine ganze Reihe von Einflüssen, die sich auf einen der beiden letzten Faktoren (2. und 3.) oder auf beide auswirkten, sind denkbar:

A. Veränderung im elektrolytischen Medium, das den Kontakt zwischen der Elektrode und der Pflanze herstellte (Austrocknen, elektrolytische Veränderungen usw.).

B. Gießen der Pflanze (was natürlich leicht kontrolliert werden konnte).

C. Auswirkungen der Luftfeuchtigkeit (ziemlich schwer zu kontrollieren, da sogar der Atem des Experimentators die Ursache gewesen sein konnte).

D. Bewegungen der Pflanze führten möglicherweise dazu, daß einige Blätter sich berührten und den Stromkreis änderten (beispielsweise durch Zugluft, wenn der Experimentator die Tür öffnete und eintrat, ebenso durch ein vorbeistreichendes Haustier).

E. Es besteht die Möglichkeit, daß der Stromkreis (einschließlich der Pflanze) als Antenne wirkte und elektromagnetische Wellen auffing.

F. Veränderungen in den elektrischen Ladungen des Systems Pflanze

---

* Eine weitere Erklärung könnten Voltschwankungen im Stromnetz sein, aber der Einfachheit halber nehmen wir an, daß die Stromzufuhr konstant ist.

– Maschine (beispielsweise wenn ein Haustier vorbeiging, dessen Fell kurz zuvor gebürstet worden war).

G. Wir können uns noch eine Reihe weiterer störender Einflüsse vorstellen, die nicht sehr wahrscheinlich, aber möglich sind: daß ein Insekt die Elektrode berührte, Veränderungen in der Ionisierung der Luft usw.

H. Und natürlich besteht die Möglichkeit einer besonderen »psychischen« Sensibilität der Pflanze (diese Möglichkeit darf man erst zuletzt in Betracht ziehen).

Wir wissen bereits, daß eine neue Theorie erst akzeptiert werden kann, wenn altbekannte Theorien eine Beobachtung nicht zu erklären vermögen (siehe S. 57). Deshalb müssen, bevor wir die neue Theorie »H« akzeptieren, alle anderen Erklärungsmöglichkeiten ausgeschlossen sein. Aus den veröffentlichten Berichten ersehen wir nicht, inwieweit dies sichergestellt wurde. Wir wissen lediglich, daß Backster sich für die Theorie »H« entschied. Nehmen wir aus Gründen der weiteren Diskussion einmal an, Backster sei berechtigt gewesen, das zu tun: Die Beobachtung ist wiederholt gemacht und alles ausgeschaltet worden, was eine andere Erklärung zuließe. Trotzdem bleibt die Situation komplizierter, als wir bisher zugegeben haben, denn die Theorie »H« eröffnet zwei unterschiedliche Möglichkeiten:

a) Es liegt wirklich eine Sensibilität der Pflanze vor – man könnte dann sagen, die Pflanze habe »telepathisch« die Gedanken des Beobachters gelesen.

b) Der PK-Einfluß des Beobachters wirkte auf die Pflanze (oder vielmehr auf das System Pflanze – Apparat), wogegen das System nur ein passiver Aufspürer *seines* psychischen Einflusses war.

Wir müssen also, sogar wenn wir die Theorie »H« akzeptieren, zwischen diesen beiden Möglichkeiten – also zwei unterschiedlichen Theorien – unterscheiden. Welche zutrifft, sollte experimentell nachgewiesen und nicht einfach durch die Festlegung auf jene Möglichkeit, die uns besser gefällt, behauptet werden. Leider sehe ich beim gegenwärtigen Wissensstand in der Parapsychologie keinen Weg, ein Experiment zu planen, durch das eine gerechtfertigte Entscheidung zwischen den beiden Möglichkeiten herbeizuführen wäre. Nur indirekt, durch Folgern aus unserem derzeitigen Wissen über ASW und PK, können wir sagen, daß Theorie b) weit besser in das derzeitige Bild von Psi – das derzeit als Fähigkeit des Menschen und vielleicht noch höherer Säugetiere erscheint – passen würde.

Trotzdem scheuten sich die Verbreiter von Backsters Ideen nicht, sogleich weitere ungerechtfertigte Behauptungen aufzustellen: Pflanzen reagieren auf menschliche Gedanken, folglich haben sie ein Empfindungsvermögen, ein Bewußtsein; sie spüren Ihre Gedanken und verstehen Sie – sprechen Sie deshalb sanft mit Pflanzen ...

Natürlich haben Pflanzen ein Empfindungsvermögen: sie reagieren auf Licht, Schwerkraft, Feuchtigkeit; sie können sogar auf Geräuschreize reagieren. Aber das heißt nicht, daß die Pflanze Musik »liebt«. Einige Pflanzen – wie Mimosen oder insektenfressende Pflanzen – haben ein besonderes Empfindungsvermögen. Dies alles ist der Biologie bekannt. Es ist nichts Neues und wahrlich nichts, was man als »paranormal« ansehen könnte.

Backster berichtete auch über ein Experiment, durch welches er seinen PK-Einfluß auszuschalten und so das Empfindungsvermögen der Pflanze zu isolieren versuchte. Winzige lebende Organismen (Meereskleinkrebschen) wurden in Abwesenheit des Experimentators, angeblich durch eine automatische Vorrichtung, in kochendes Wasser gekippt, und sein Gerät reagierte auf ihren Tod. Wieder wurde eine neue Erklärung vorgebracht: Der Pflanze »taten die sterbenden Freunde leid«.

Diese Beobachtung läßt sich jedoch mit einer sehr einfachen Gegenhypothese erklären: Will man lebende Organismen in kochendes Wasser kippen, muß man kochendes Wasser haben – vermutlich in einem Behälter mit Deckel, der zum Hineinkippen der Kreaturen geöffnet wird. Das Vorhandensein kochenden Wassers bringt jedoch eine weitere Variable ins Spiel, die starken Einfluß auf das Gerät ausüben und zu äußerst schwer kontrollierbaren Fehlern führen kann.

Außerdem besteht, selbst wenn Sie den Einfluß der Feuchtigkeit sorgfältig ausschalten, immer noch die Möglichkeit, daß der abwesende Experimentator durch ASW den Moment erfährt, in welchem die Krebschen getötet werden, und seine PK benutzt, die Pflanze oder die Einheit Pflanze – Gerät zu beeinflussen. Diese Erklärung verträgt sich weit besser mit dem, was wir über ASW und PK wissen, als die Vermutung »telepathischer« Fähigkeiten der Pflanze.

Damit soll es genug sein. Ich werde nicht versuchen, hier die Frage des Backster-Effekts zu lösen. Bis jetzt wurden nur ungenügende Informationen darüber veröffentlicht, und es ist weitere exakte Forschung nötig, bevor man irgendeine seiner Behauptungen akzeptieren darf. Doch unsere Erörterung half uns veranschaulichen, *wie sorgfältig wir vorgehen müssen, bevor wir aus unseren eigenen Beobachtungen und Experimenten einen gültigen Schluß ziehen können.*

Zuerst müssen wir wissen, was auf dem Gebiet, dem wir uns zuwenden, bereits bekannt ist. Sonst laufen wir Gefahr, »Amerika zu entdecken« und dann festzustellen, daß es längst entdeckt ist.

Sodann müssen wir unsere Beobachtungen und das verwendete Gerät analysieren und eine erschöpfende Liste aller möglichen Ursachen aufstellen, die für unsere Beobachtungen verantwortlich sein könnten. Wir müssen alle verfügbaren Hypothesen auswerten, versuchsweise jene akzeptieren, die am sachlichsten, am *wenigsten* »revolutionär« sind und sich mit den vorhandenen wissenschaftlichen Kenntnissen am besten vereinbaren lassen. (Wenn Sie sich nicht sicher sind, geben Sie lieber experimentelle Mängel oder ungenügendes Wissen zu, als zu voreilig eine falsche Entdeckung publik zu machen.)

Angesichts neuer Erklärungen erweist es sich als nützlich, wenn wir unsere Beobachtung mit einem oder mehreren Freunden diskutieren können. Richten sich ihre Meinungen gegen unsere Theorie – um so besser! Widersteht unsere Theorie der Kritik, ist dies ein Maßstab für ihren Wert.

Wenn wir dann mehrere gegensätzliche Theorien haben, müssen wir uns zwischen ihnen entscheiden. Das geschieht entweder durch weitere Auswertung unserer Beobachtung und Erkenntnis von Merkmalen, welche die falschen Theorien ausscheiden, oder durch Planung und Durchführung von Experimenten, die eine Entscheidung herbeiführen.

Auf diese Weise werden die falschen Erklärungen eine nach der anderen eliminiert. Nur so gelangen wir zu einer gesicherten, soliden, dauerhaften Entdeckung.

DIE VERSUCHSANORDNUNG

Nun sind wir soweit, daß wir die Rolle eines Experiments in der Wissenschaft erörtern können.

Folgende Definition wird uns dabei von Nutzen sein: *Das Experiment ist die Frage, die wir an die Natur richten.* Wir dürfen immer damit rechnen, daß das Ergebnis des Experiments irgendeine Frage beantworten, ein Problem lösen, zwischen vorhandenen Möglichkeiten entscheiden wird.

Ein echtes Experiment führen wir jedoch nicht durch – gleichgültig, welch raffinierte Vorrichtungen wir benützen –, wenn wir nur mit unseren Instrumenten hantieren und voll Aufregung darauf warten, was »heute passieren« wird.

Tatsächlich lassen sich zwei Kategorien von Experimenten unterscheiden:

1. Vorbereitungs- oder Forschungsexperimente, bei denen die Versuchsanordnung ziemlich leger ist und die eine erste Hilfe bieten, wenn man auf ein neues, unbekanntes Phänomen stößt. Hier wiederholt man im wesentlichen die gemachten Beobachtungen und verändert gelegentlich einige Bedingungen, um zu sehen, was dann geschieht. Oder man kann, einer momentanen Eingebung folgend, eine neuerliche Analyse von Daten versuchen, um festzustellen, ob sich irgendeine neue Regel findet. Auf diese Weise erlangt man eine *gewisse Orientierung* in unbekanntem Territorium und eine Vorstellung davon, was bei der weiteren Untersuchung in etwa zu erwarten steht. Dies ist tatsächlich der einzige Zweck von Forschungsexperimenten. Streng genommen sind sie keine richtigen Experimente, und aus ihnen dürfen keine endgültigen Schlüsse gezogen werden.

2. Schlüssige oder bestätigende Experimente, die Experimente im wirklichen Sinn des Wortes sind, die alleingültige Antworten auf die gestellten Fragen liefern und zuverlässige Schlüsse erlauben. Wenn im vorliegenden Buch von Experimenten gesprochen wird, ist die Rede von dieser Kategorie, von wirklichen Experimenten. Sie müssen zweckmäßig, diszipliniert und methodisch sein.

Beim wirklichen Experiment ist die *Vorausplanung unabdingbar.* Der Experimentator muß die Frage kennen, die er beantwortet haben möchte. Sie könnte beispielsweise lauten: Wird ASW funktionieren, wenn man die Versuchsperson in einen Faradaykäfig setzt? Oder: Wie wirkt sich die Temperatur in der Umgebung der Versuchsperson auf ihre ASW-Leistung aus? Wie wird ihre Leistung durch ihr Selbstvertrauen oder dessen Fehlen beeinflußt? Wie durch Training? Welche Rolle spielt das Material des Abdeckschirms bzw. spielt es überhaupt eine? Beeinflußt der Abstand des Zielobjekts vom Abdeckschirm die Leistung? Kann die Leistung der Versuchsperson so eingesetzt werden, daß sie meinem besonderen Ziel dient? Läßt sich ihre Leistung modifizieren? Die Fragen nehmen für einen Wissenschaftler kein Ende.

Gemäß Ihrer Frage planen Sie dann das Experiment, das die Antwort bringen soll. Sie können Freunde und Mitarbeiter zu Rate ziehen, ebenso Ihre Versuchsperson, aber die Verantwortung für eine gute Versuchsanordnung liegt allein bei Ihnen.

In der Regel wird es auf Ihre Frage zwei oder mehr verschiedene Antworten geben. Dann muß Ihr Experiment so angeordnet sein, daß es klar zwischen ihnen unterscheidet. Sie müssen es so planen, daß jede der verschiedenen Antworten zu einem anderen Ergebnis führt. Und Sie müssen im voraus wissen, welches Ergebnis oder welche Ergebnisse Sie erwarten und wie Sie diese in jedem einzelnen Fall auslegen wollen.

Eine solche Planung ist nicht immer leicht. Manchmal benötigt man dazu eine Menge Findigkeit. Aber dies gehört zum Faszinierendsten an der wissenschaftlichen Arbeit: die richtige Kombination von Bedingungen zu erfinden, so daß die Natur schließlich gezwungen wird, zu antworten und ihre Geheimnisse preiszugeben.

Ihr Plan muß den gesamten Ablauf des Experiments erfassen:

1. Die Ausrüstung und das Zubehör, die erforderlich sind.

2. Alle Verfahren, Stufe für Stufe. Sie müssen im voraus zu erkennen versuchen, welche Einflüsse Ihr Experiment stören könnten, und angemessene Vorkehrungen dagegen treffen.

3. Sie sollten sich im vorhinein aller möglichen Ergebnisse bewußt sein, die Sie erhalten können, und der Bedeutung jedes einzelnen Ergebnisses für Ihre Frage.

4. Dasselbe gilt für die Auswertungsmethode. Sie müssen im voraus genau festlegen, wie Sie die Ergebnisse auswerten und nach welchen Kriterien Sie Ihre Schlüsse ziehen werden.

Alle diese Schritte sind wichtig. Wenn Sie klare Fragen stellen, werden Sie klare Antworten erhalten.

Wir sollten jedes Experiment zu einer förmlichen Angelegenheit machen und immer daran denken, daß es etwas Ernstes ist. Darum müssen wir stets unseren Experimentalplan genau aufschreiben, damit er für uns als Führung dienen kann und als beständiges Dokument für spätere Verwendung erhalten bleibt. Anschließend *müssen wir uns in allen Einzelheiten an den Plan halten.*

Ändern Sie das Verfahren im Lauf des Experiments unter keinen Umständen. Es ist nicht zulässig, aus einer Eingebung des Augenblicks heraus Änderungen vorzunehmen – Änderungen etwa folgender Art: »Was wird passieren, wenn ich dies versuche . . .?«; oder: »Was passiert, wenn ich das Verfahren nochmals ändere?«

Dies dürfen Sie nur in den Vortests (siehe Seite 73) machen, die der allgemeinen Orientierung dienen und einfach aufzeigen sollen, womit man rechnen und welche künftigen Experimentalpläne man aufstellen kann. Ein solcher Test gibt aber immer nur Hinweise auf die Themen der künftigen Forschung oder liefert diese Themen. Legitime, gültige Schlußfolgerungen lassen sich daraus nicht ziehen.

Ihre endgültigen Schlußfolgerungen können Sie nur aus formellen, sorgfältig durchgeführten Experimenten ziehen. Natürlich können und werden sich im Verlauf dieser Experimente neue Fragen stellen; sie stellen sich die ganze Zeit. Aber dann müssen Sie Selbstdisziplin üben; Sie müssen Ihr Experiment so durchführen, wie Sie es geplant haben, und mit den neuen Fragen bis zum nächsten Experiment warten (das Sie durchführen, nachdem Sie Zeit hatten, es entsprechend zu planen und vorzubereiten).

Daß diese Regeln strikt eingehalten werden müssen, kann nicht genügend betont werden. Doch die Einhaltung allein genügt nicht.

Während des Experiments *müssen wir alles genau und vollständig aufzeichnen,* was für die Schlußfolgerung, um die es uns geht, wichtig ist. Wir dürfen uns nicht auf unser Gedächtnis verlassen, denn es kann uns täuschen. (Die Verwendung einer automatischen Aufzeichnungsvorrichtung bringt uns viele Vorteile.)

Die Aufzeichnung stellt ein dauerhaftes Dokument über unsere Arbeit dar; sie dient bei der Planung weiterer Experimente als Gedächtnisstütze und später möglicherweise als Grundlage für einen offiziellen Bericht – wenn die Ergebnisse unserer Forschung sich als wertvoll genug erweisen, um veröffentlicht und anderen Menschen zur Kenntnis gebracht zu werden.

Aber selbst wenn wir glauben, die Aufzeichnung nur für unsere eigene Verwendung vorzunehmen, müssen wir uns folgendes zur Regel machen: Der Bericht hat so detailliert und vollständig wie möglich zu sein. Es ist äußerst wichtig, daß *alle* Beobachtungen aufgezeichnet werden. Nicht nur jene, die widersprechend sind. Wir wissen bereits, daß Ergebnisse, die unserer Theorie widersprechen, wichtiger sind als jene, die sie stützen (siehe Seite 52).

Parapsychologische Experimente haben – im Gegensatz zu den Experimenten auf anderen Wissenschaftsgebieten – besondere Merkmale. Eines davon, das bei unserer Planung besonders wichtig ist, besteht darin, daß die Versuchsperson keine unabhängig unter Beobachtung stehende Einheit bildet. Die Versuchsperson und der Beobachter (Experimentator) beeinflussen sich vielmehr gegenseitig.

Wenn ein Physiker, Chemiker oder Biologe ein Experiment durchführt, ist seine Rolle die eines außenstehenden Beobachters, der Phänomene bezeugt und beschreibt, die von ihm völlig unabhängig sind. Für einen Physiker ist der Gedanke, daß das Phänomen durch seine Persönlichkeit oder sein Nachdenken darüber beeinflußt werden könnte, schlechthin unerträglich. Die ganze geschätzte Ordnung der Natur ginge in wilder Unordnung unter. (Man stelle sich nur vor, welches

Durcheinander herrschen würde, wenn die Elektrizität in unseren Küchen sich entsprechend unseren Stimmungen verhielte!)*

Experimente im Bereich der Biologie unterscheiden sich von jenen im Bereich der Physik in einer wichtigen Hinsicht. Obwohl in der Physik oder Chemie sogar der kleinste untersuchte Gegenstand aus Milliarden von Atomen oder Molekülen besteht, können wir mit Sicherheit erwarten, daß die Experimente immer ein sehr einheitliches Ergebnis erbringen werden. In der Biologie dagegen untersuchen wir lebende Organismen, die äußerst variabel sind. Gleichzeitig betreffen die Experimente gewöhnlich nur einige wenige oder auf jeden Fall eine sehr beschränkte Zahl Individuen.

Unter diesen Bedingungen besteht eine echte Gefahr, daß die Variabilität bei den Individuen die Ergebnisse beeinflußt und das Endergebnis des Experiments verzerrt. (Wenn beispielsweise ein Versuchstier krank ist, kann es im Test apathisch reagieren.)

Die Gefahr individuell bedingter Variationen läßt sich durch ein Kontrollexperiment ausschalten, das parallel zum Hauptversuch verläuft: Wir nehmen zwei identische Gruppen von Individuen, unterwerfen eine Gruppe der Behandlung, die wir versuchen wollen, während wir die andere Gruppe genau den gleichen Bedingungen aussetzen und nur die untersuchte Behandlung wegfallen lassen. Der Einfluß der untersuchten Behandlung zeigt sich dann, wenn man den *Unterschied* zwischen den Reaktionen beider Gruppen ermittelt und prüft.

Ein Psychologe hat, im Vergleich dazu, bei seinen Untersuchungen eine noch schwierigere Aufgabe zu bewältigen. Hier kann der Untersuchende gelegentlich sogar Teil des untersuchten Prozesses werden. Ein Interview oder ein Leistungstest kann beispielsweise unterschiedliche Ergebnisse erbringen, je nachdem, ob der Untersuchende für die untersuchte Person eine angenehme Atmosphäre schafft oder nicht, ob er höflich ist und sein Aussehen sowie sein Verhalten die Versuchsperson zu einer Spitzenleistung stimulieren.

Wenn die Versuchsperson weiß, welche Art Reaktion der Experi-

---

* Nur bei Gegenständen mit extrem kleinen Dimensionen steht der Akt des Beobachtens in einer erkennbaren Wechselwirkung mit dem beobachteten Vorgang (wie charakterisiert durch Heisenbergs Indeterminanzprinzip – siehe Seite 64); dies ist jedoch ein besonderes Merkmal der Gesetze der Atomphysik und bezieht sich nicht auf die Physik des täglichen Lebens. Außerdem ist sogar hier der Beobachter von dem beobachteten Gegenstand losgelöst, und die Wechselwirkung ist auf die Natur des gegenseitigen physikalischen Austausches zwischen Elementarteilchen zurückzuführen. Wir dürfen mit Sicherheit annehmen, daß sogar hier der physikalische Vorgang völlig unabhängig vom Beobachter ist.

mentator erwartet, kann dieses Wissen ihre Antwort verändern. (Genauso erzielt man in der Biologie mit der Verabreichung eines Placebos* manchmal dieselbe Wirkung wie mit einem echten Arzneimittel.) Außerdem kann der Experimentator in seiner Auswertung der Reaktionen seiner Versuchsperson durch psychologische Faktoren beeinflußt werden – beispielsweise wenn er die Behandlung kennt, welcher die Versuchsperson unterzogen wurde. (In ähnlicher Weise gibt ein Lehrer vielleicht manchmal eine bessere Note für einen Aufsatz, von dem er weiß, daß sein Lieblingsschüler ihn geschrieben hat.)

Alle diese Einflüsse können sich auf das Ergebnis auswirken, selbst wenn wir bewußt versuchen, sie zu vermeiden. Sie sind völlig unabhängig von unserem Wollen. Doch sogar in der Psychologie gibt es Wege, eine Untersuchung unpersönlich zu gestalten. Das Interview kann mittels eines gedruckten Fragebogens und schriftlicher Antworten erfolgen; Leistungstests lassen sich unpersönlich, in genormter Form, mittels Videorecorder- oder Tonbandanweisungen durchführen. Dann spielt der Untersuchende eine ähnlich losgelöste Rolle wie in physikalischen Experimenten.

Wegen der Auswertung der Daten sollten die Experimente, falls die Gefahr besteht, daß das Ergebnis durch Wissen der Versuchsperson oder des Experimentators beeinflußt wird, unter *zweifach blinden Bedingungen* stattfinden (Doppelblindtest); d. h. es ist dafür zu sorgen, daß weder Versuchsperson noch Experimentator wissen, welche Reaktion in einem bestimmten Fall zu erwarten steht.

In der Parapsychologie sind viele Fragen, die wir stellen, psychologischer Natur. Deshalb ist bei Experimenten die Einführung zweifach blinder Bedingungen oft dringend erforderlich.

Und wegen der großen individuellen Schwankungen bei den Versuchspersonen sind häufig Kontrollexperimente nötig. Sie helfen uns, herauszufinden, welche Reaktionen für das untersuchte Phänomen charakteristisch sind – und Fehler auszuschalten, die sich aus besonderen Merkmalen irgendeiner bestimmten Versuchsperson ergeben. Wir führen dasselbe Experiment mit zwei Gruppen von Versuchspersonen durch: der Versuchsgruppe und der Kontrollgruppe. Anschließend untersuchen wir den Leistungsunterschied zwischen den beiden Gruppen.

---

* Eine biologisch unwirksame Substanz (Wasser, Zucker usw.), die dem Patienten als Tablette oder Injektion nach demselben Ritual verabreicht wird wie ein wirkliches Arzneimittel; man läßt den Patienten unter dem Eindruck, er habe das »echte Mittel« erhalten.

Natürlich müssen wir, um Fehler zu vermeiden, die durch unrichtige Auswahl entstehen, die Versuchspersonen den beiden Gruppen auf Zufallsbasis zuteilen. (Zum Beispiel: Wir stellen die Versuchspersonen den Namen nach in alphabetischer Reihenfolge auf; dann wird abgezählt, und die Versuchspersonen mit ungeraden Zahlen kommen in die eine, jene mit geraden Zahlen in die andere Gruppe.)

Folgendes Beispiel soll die Gefahren veranschaulichen, über die wir hier sprechen:

Wenn wir uns entschließen, den Einfluß von Glauben und Nichtglauben an ASW auf die ASW-Leistung zu untersuchen, wollen wir die Versuchspersonen natürlich in Gläubige und Ungläubige unterteilen und den Unterschied zwischen beiden Gruppen ermitteln. Durch dieses Vorgehen können wir jedoch eine Reihe Fehler machen, die eine negative Auswirkung auf die Qualität der Untersuchung hätten.

1. Wir könnten beschließen, die Versuchspersonen nicht in zufälliger Reihenfolge zu testen, sondern erst die Gläubigen und danach die Ungläubigen. Dies wäre ein methodischer Fehler: Indem wir die Gläubigen zuerst testen, während sie und wir (die Experimentatoren) noch frisch sind, und die Ungläubigen erst später, wenn wir alle müde und möglicherweise gelangweilt sind, bringen wir eine Variable ins Spiel, die das Ergebnis verzerren kann: die Auswirkung von Müdigkeit.

2. Wenn der Experimentator den Gläubigen sagt, daß von ihnen mehr Erfolg erwartet wird, kann die Suggestivkraft dieser Information sie zu einer besseren Leistung stimulieren. Wir kommen dann dem kombinierten Effekt des Glaubens an ASW und der Suggestiv-Stimulierung auf die Spur, während es uns doch um den Einfluß des Glaubens allein geht.

3. Wenn die Versuchspersonen wissen (möglicherweise durch eigene Untersuchungen), daß von ihnen als Gläubigen größerer Erfolg erwartet wird, besteht eine besondere zusätzliche Motivation.

4. Wenn der Experimentator weiß, daß er mit einer Gruppe von Gläubigen arbeitet, kann es sein, daß er sie anders behandelt: mit mehr Aufmerksamkeit und Begeisterung. Auf diese Weise schafft er eine günstigere psychologische Atmosphäre.

5. Wenn der Experimentator weiß, daß er die Leistung der Gläubigen auswertet und von ihnen mehr Erfolg erwartet wird, könnte es sogar vorkommen, daß er in seiner Bewertung nachsichtiger ist.

Wie wir jedoch in allen klassischen Wissenschaften gesehen haben, läßt sich das beobachtete reine Phänomen von allen störenden Einflüssen isolieren.[1] Dazu ist einzig notwendig, daß wir bei unserer Versuchsanordnung ausreichende Sorgfalt walten lassen. Leider ist die Parapsychologie in dieser Hinsicht als einzige anders.

In der Parapsychologie ist eine absolut losgelöste Beobachtung praktisch unmöglich, weil ASW physikalische Grenzen überschreitet. Der Experimentator kann zwar die physikalischen Bedingungen des Experimentes bis ins letzte Detail perfekt kontrollieren – aber ob er will oder nicht, er tritt sozusagen selbst in das untersuchte Phänomen ein und beeinflußt es durch sein Denken und andere geistige Aktivität. Bei ASW-Experimenten kann beispielsweise der Untersuchende die Versuchsperson nicht nur durch seine Ausdrucksweise, seine Reden oder sein Verhalten beeinflussen (wie in psychologischen Tests), sondern *auch telepathisch*.

Es gibt Beweise dafür, daß verschiedene Experimentatoren *beim gleichen Test* verschiedene Ergebnisse erzielten (anscheinend entsprechend ihrer Einstellung zum Test oder zu den Versuchspersonen). Schon die bloßen Gedanken des Experimentators können – sogar wenn er nicht persönlich anwesend ist! – die Leistung einer Versuchsperson im ASW-Test beeinflussen.

Wir müssen uns deshalb bewußt sein, daß wir die Versuchsperson und den Ausgang unserer Experimente folgendermaßen beeinflussen können:

1. psychologisch, indem wir die Versuchsperson ermutigen oder entmutigen, eine günstige emotionale Atmosphäre erzeugen, die richtige Motivation erreichen usw.;

2. parapsychologisch dadurch, wie wir über die Versuchsperson und das Experiment denken, welche Ergebnisse wir erwarten – sogar wenn wir unser Bestes tun, unsere Gedanken absolut geheimzuhalten.

Sehen wir der Tatsache ins Auge: dieses Merkmal macht parapsychologische Experimente[2] viel schwieriger als Experimente in

---

[1] Natürlich können wir das nur, nachdem wir die Natur dieser störenden Einflüsse kennengelernt und herausgefunden haben, wie sie zu kontrollieren sind. (In frühen Experimenten mit der Elektrizität beispielsweise störten ebenfalls unkontrollierte und damals nicht erkannte Faktoren, wie Feuchtigkeit oder Luftionisation, den glatten Verlauf der Experimente; in der Chemie oder Biologie kann auch eine unkontrollierte Verunreinigung von Materialien die Experimente beeinträchtigen.)

[2] Wir sollten hier vielleicht einfügen »derzeit«; zumal im Hinblick auf das, was in der vorhergehenden Fußnote (oben) aufgezeigt wurde. Wir könnten einräumen, daß der Unterschied zwischen der Parapsychologie und anderen Wissenschaften selbst hier nicht wirklich diametral ist: Die Parapsychologen haben einfach noch nicht herausgefunden, wie das reine Phänomen von »geistiger Verunreinigung« durch den Experimentator zu isolieren ist.

anderen Wissenschaftsbereichen. Deshalb müssen wir, wenn das Denken des Experimentators Teil des untersuchten Phänomens wird, es uns zur Regel machen, in unseren Versuchsaufzeichnungen auch dem Geisteszustand des Experimentators, seinen Stimmungen und vorherrschenden Gedanken oder Erwartungen Aufmerksamkeit zu widmen – weil diese die Versuchsperson beeinflussen können.

Bei der Planung und in Beschreibungen parapsychologischer Experimente (wie sie von Berufsparapsychologen durchgeführt werden) besteht eine Tendenz, alle physikalischen Bedingungen des Experiments genau zu schildern – als da sind: wo der Experimentator, wo die Versuchsperson, plaziert war, welches Material verwendet wurde, Größe und Standort von Abdeckschirmen, wo sich im Versuchsraum die Türen und Fenster befanden usw. Eine derartig detaillierte Beschreibung ist nützlich und wichtig, wenn es uns um den Beweis geht, daß nichtparapsychologische Faktoren ausgeschaltet wurden.

Doch wenn wir einmal einen Schritt weitergegangen sind, vom bloßen Beweis des Phänomens zu Versuchen, mehr über dieses in Erfahrung und es schließlich unter Kontrolle zu bringen, genügt die Darstellung rein physikalischer Bedingungen nicht. Viel mehr ist erforderlich. Hier liegt der Grund für ständige Klagen über die schlechte Wiederholbarkeit parapsychologischer Experimente. Es kann sein, daß Sie das Experiment genau im geschilderten physikalischen Rahmen wiederholen – aber das nützt Ihnen nichts, wenn die *delikaten psychologischen Bedingungen* in der Schilderung nicht angeführt sind. Diese Bedingungen entscheiden darüber, ob die ASW in dem Experiment funktionieren wird oder nicht.

Wir haben also gesehen, daß es nicht leicht ist, in der Parapsychologie zu forschen. Doch die Erkenntnis, daß die Parapsychologie uns dazu verhilft, tiefer in die verborgenen Geheimnisse der Natur einzudringen, ist allein schon lohnend genug und entschädigt uns zweifellos reichlich für die Mühen.

BESONDERE HINWEISE FÜR DIE ARBEIT MIT MEDIEN

Wenn wir auf dem Gebiet der Parapsychologie forschen, stehen uns im Grunde drei Möglichkeiten der Durchführung unserer Experimente zur Verfügung:

1. Wir können beschließen, mit großen Gruppen von Personen zu arbeiten, die nach eigenen Aussagen keine besonderen Psi-Gaben be-

sitzen, und ihre Durchschnittsleistung untersuchen. Wenn wir diese Forschungsrichtung einschlagen, müssen wir gewärtig sein, nur ziemlich schwache Spuren medialer Gaben zu entdecken. Doch mit einer hohen Zahl von Versuchspersonen und mit Hilfe der Statistik kann es uns dennoch gelingen, die Gesetzlichkeiten aufzuspüren, die wir suchen. Wir haben dann sogar den Vorteil, durchschnittliche Gesetzlichkeiten zu entdecken, denen nicht die individuellen Schwankungen unter den Versuchspersonen anhaften.

2. Wir können die ASW einer verfügbaren Versuchsperson durch ein geeignetes Trainingsprogramm steigern.

3. Wir können für unser Projekt eine oder mehrere Versuchspersonen verwenden, die bereits etwas Übung im Einsatz ihrer parapsychischen Gaben haben (Medien, Sensitive, Hellseher). Der folgende Rat bezieht sich auf diese dritte Möglichkeit.

Experimentieren Sie, wenn es geht, mit Versuchspersonen, die eine aufgeschlossene Einstellung zu ihren eigenen Fähigkeiten besitzen, die keine Vorurteile gegenüber Bedingungen hegen, durch welche ihre Leistungen eingeschränkt werden könnten, die sich nicht an dogmatische Glaubensüberzeugungen klammern und die kein festes Ritual haben, das sie als unerläßlich für ihre ASW-Leistungen ansehen; kurz, mit Versuchspersonen, die – genau wie Sie – *unvoreingenommen die Wahrheit suchen.*

Diese Versuchspersonen werden bereitwillig alle Kontrollbedingungen akzeptieren, die Sie ihnen im Interesse des Experiments auferlegen. Und sie werden sogar mit Ihnen zusammenarbeiten, um das Experiment strenger und zweckmäßiger zu gestalten.

Andererseits werden Sie häufig mit Personen arbeiten müssen, die sich dem Phänomen von einer gewissermaßen etablierten Perspektive, mit einer Reihe von Vorurteilen und einem ganzen Sortiment zur Gewohnheit gewordener Rituale nähern. (Spiritistische Medien sind ein gutes, aber beileibe nicht das einzige Beispiel für solche Personen.)

Jede Voreingenommenheit reduziert unweigerlich die Nützlichkeit einer Versuchsperson für wissenschaftliche Untersuchungen. Philosophische oder religiöse Vorurteile gegenüber den Phänomenen werden Ihre Versuche beeinträchtigen, die Wahrheit über diese Phänomene zu finden. Die Phänomene werden nämlich zugunsten der besonderen, bevorzugten Theorie beeinflußt sein. Auch vorgefaßte Meinungen darüber, was unter gegebenen Bedingungen möglich oder nicht möglich sei, können die Leistungen der Versuchspersonen einschränken (wenn sie glaubt, sie vermöge unter Bedingungen, die sie für ungünstig hält, nicht arbeiten). Gewohnte Rituale erfordern kompliziertere Sicherheitsvorkehrungen.

Rufen wir uns beispielsweise ins Gedächtnis, was wir schon an anderer Stelle (Seite 49) über die frühen Séancen physikalischer Medien und über den weitverbreiteten Glauben gesagt haben, daß die physikalischen Phänomene durch Licht zerstört würden. Diese Behauptung ließ sich nicht mit sehr einleuchtenden Argumenten verteidigen. (Tatsächlich gibt es in der Natur Prozesse, die durch direktes Licht zerstört werden – z. B. die Fotografie.) Doch das Experimentieren im Dunkeln verlockte zu Betrügereien, zumal die notwendigen technischen Kontrollhilfen fehlten.

In den Séancen forderten die Medien häufig die Teilnehmer auf, ungeniert zu sprechen oder zu singen. Es ist natürlich möglich – wie die Medien erklärten –, daß die konzentrierte Aufmerksamkeit der Beobachter die eigene Konzentration des Mediums beeinträchtigte oder daß das Singen dazu beitrug, in dem Zirkel eine günstige psychologische Atmosphäre zu erzeugen. (Man denke an das Singen bei Meditationsübungen.) Doch solche Aktivitäten erschwerten auch die Wahrnehmung – wenn man in dem dunklen Séanceraum bei beeinträchtigter Sicht auf verdächtige Geräusche zu horchen versuchte.

Außerdem wurde oft die Forderung erhoben, die im Kreis sitzenden Séance-Teilnehmer sollten einander bei den Händen halten. Sicherlich kann eine solche Geste geistiger Einheit und Zielgerichtetheit zu einer harmonischen Atmosphäre beitragen, aber sie macht auch die Teilnehmer bewegungslos und unterbindet den Einsatz eines Sinns, des Tastsinns.

In diesem Zusammenhang sollten wir eine Behauptung nicht ignorieren, die in der älteren Literatur über Phänomene des physikalischen Mediumismus – welche, daran sei erinnert, überaus häufig betrügerisch imitiert wurden — ziemlich oft auftaucht: die Behauptung, die Phänomene würden wegen ihrer Natur alle Situationen meiden, in denen sie direkt beobachtet werden könnten, sie würden allein schon dadurch zerstört, daß jemand sie sehe.

Nun, wenn die Phänomene den Blick des Beobachters »meiden« – was sehr unwahrscheinlich klingt –, so haben wir ja jetzt Fernsehkameras und andere technische Mittel, um sie zu registrieren. Man kann jedoch nicht von einem Wissenschaftler verlangen, daß er die Augen schließt, wenn er gekommen ist, um ein Phänomen zu untersuchen.* Ironischerweise scheinen diese Phänomene ungeachtet des ganzen Fortschritts der Technik und der Entwicklung raffinierter Beobachtungsmethoden heute noch genauso schwer faßbar wie eh und je.

Auch hier müssen wir wieder auf etwas hinweisen: Es ist unsere Pflicht als verantwortungsbewußte Experimentatoren, *mit allen Mitteln* Bedingungen einzuführen, unter denen unsere Beobachtung zuverlässig sein kann.

Wir wollen das Medium keineswegs kränken, und für das Auftreten des Phänomens ist die Aufrechterhaltung einer günstigen psychologischen Atmosphäre wichtig. Wir brauchen unter Umständen sehr viel Takt, wenn wir versuchen, die zögernde Versuchsperson zur Annahme unserer Bedingungen zu bewegen. Wir müssen freundlich und behutsam sein, dabei aber fest. Wir müssen der Versuchsperson die Gründe verständlich machen, aus denen sie sich aufrichtig bemühen sollte, die Forderungen des Experimentators zu erfüllen. Im allgemeinen gelingt es bei einigem Geschick in der Menschenbehandlung und bei genügender Aufrichtigkeit (sowohl seitens des Experimentators als auch seitens der Versuchsperson), das Experiment in einer entspannten, angenehmen Atmosphäre durchzuführen, die von gegenseitigem Verständnis geprägt ist, und dennoch strenge Versuchsbedingungen aufrechtzuerhalten.

Bei den *ersten* Kontakten mit einem neuen Sensitiven oder einer

---

* Vor mehr als einem Jahrhundert brachte der große Physiker und frühe Erforscher des physikalischen Mediumismus, William Crookes *(Quarterly Journal of Science,* 1870), die Notwendigkeit einer solchen Untersuchung sehr klar zum Ausdruck:
»Der Spiritist erzählt uns von Klopfzeichen, die in verschiedenen Teilen eines Zimmers laut werden, wenn zwei oder mehr Personen ruhig an einem Tisch sitzen. Der wissenschaftliche Experimentator hat das Recht zu verlangen, daß diese Klopfzeichen auf die gespannte Membrane seines automatischen Aufzeichnungsgeräts produziert werden sollen. Der Spiritist erzählt von Zimmern und Häusern, die von einer übermenschlichen Kraft erschüttert werden, so daß es zu Verletzungen kommt. Der Mann der Wissenschaft verlangt nur, daß ein Pendel in Schwingung versetzt werden soll, wenn es sich in einem von solidem Mauerwerk getragenen Glasgehäuse befindet.
Der Spiritist erzählt von schweren Möbelstücken, die sich ohne menschliche Einwirkung von einem Zimmer in ein anderes bewegen. Doch der Wissenschaftler hat Instrumente erzeugt, die einen Zoll in eine Million Teile gliedern; und er hat das Recht, die Richtigkeit der obigen Beobachtung anzuzweifeln, wenn dieselbe Kraft es nicht vermag, den Zeiger seines Instruments um einen jämmerlichen Grad zu bewegen.
Der Spiritist erzählt von Blumen mit frischem Tau darauf, von Obst und lebenden Organismen, die durch geschlossene Fenster und sogar solide Mauern getragen werden. Der wissenschaftliche Forscher verlangt natürlich, daß ein Gewicht (und sei es nur der tausendste Teil eines Grans) auf einer Schale seiner Waage deponiert wird, wenn der Behälter geschlossen ist.«
Interessant, wie genau diese mehr als hundert Jahre alten Worte, die sich an die damaligen PK-Demonstranten richteten, auch auf die modernen PK-Wundertäter zutreffen!

Gruppe, in der Phänomene auftreten, die wir untersuchen wollen, sollten wir immer versuchen, uns den Bedingungen der Gruppe völlig unterzuordnen. Wir müssen ihre Rituale akzeptieren und uns ihren Glaubensüberzeugungen tolerant anpassen.

In diesem Anfangsstadium wollen wir nichts beweisen; wir wollen nur sehen, was das Medium in der Gruppe zu bieten hat. Und während wir uns das ansehen, ist es wichtig, daß wir ein hartes Urteil vermeiden. Die Anwesenheit eines neuen Beobachters kann irgendeinen empfindlichen Zug in der Psychologie des Mediums beeinträchtigen, und das interessante Phänomen wird erst auftreten, wenn sich das Medium an die Gegenwart des Besuchers gewöhnt hat. Wir müssen geduldig sein, und wenn die erste Zusammenkunft sich nicht recht lohnt, darf uns dies nicht voreingenommen machen; wir müssen bereit sein, mit der Gruppe notfalls immer wieder zu arbeiten.

Ich habe bereits erwähnt, daß wir uns den Ritualen und den Glaubensüberzeugungen des Mediums, mit dem wir arbeiten, anpassen müssen. Das bedeutet, daß wir beispielsweise, wenn es Spiritist ist, das Spiel akzeptieren, mit Geistern zu sprechen; wir wenden uns an die Geister und bitten um Hilfe. (Wir können dieses Gespräch sogar dazu nutzen, die »Geister« suggestiv zu beeinflussen und sie nach Möglichkeit zu überzeugen, daß sie der Gruppe und uns helfen können, indem sie die Phänomene hervorrufen, während strenge Testbedingungen Anwendung finden.) Wir werden mit der Gruppe beten, mit ihr Hymnen singen oder auch ein anderes Ritual einhalten, das sie gewöhnlich praktiziert.

Während wir das tun, versuchen wir uns ein möglichst umfassendes Bild über die Phänomene zu machen, die in der Gruppe hervorgebracht werden können. Wir lassen uns tunlichst das gesamte Repertoire der Gruppe vorführen, alles, was bislang beobachtet wurde, und bitten sogar um etwas Neues, wenn sich die Gelegenheit dazu ergibt. Natürlich dienen diese Beobachtungen nur unserer *Vorinformation.* Wir machen uns lediglich bekannt mit dem, was im Zuge unserer Forschung zu erwarten steht. Wir ziehen in diesem Stadium keine Schlüsse. Doch die Kenntnis der Situation aus erster Hand wird uns helfen, die Aufrichtigkeit unserer Gastgeber zu beurteilen und unsere Forschungsstrategie zu planen.

Wenn wir wissen, welche Phänomene wir erwarten können, versuchen wir die Situation unter zwei Gesichtspunkten zu analysieren:

1. Wie müssen die Bedingungen geändert werden, damit man einen überzeugenden Beweis für die Phänomene erhält?

2. Wenn die Phänomene echt sind, welche Fragen werfen sie auf und welche Experimente könnten durchgeführt werden, die diese Fragen beantworten? (Die Überlegung ist wichtig, denn in diesem Stadium entscheiden wir bereits, wie wir das Medium oder die Gruppe auf die künftigen Experimente vorbereiten; und wir möchten, daß die Bedingungen, die wir einführen wollen, unseren künftigen Projekten auf bestmögliche Weise dienen.)

Der nächste Schritt besteht darin, der Versuchsperson zu helfen, ihre Leistung auch unter strengen Bedingungen zu erbringen und sie zu stabilisieren. Dies kann ein langwieriger Prozeß sein, bei dem gewöhnlich viel Takt und großes psychologisches Geschick vonnöten sind. Unser Ziel ist, unsere eigenen Versuchsbedingungen durchzusetzen, ohne die Gefühle des Mediums dadurch zu verletzten, daß wir seine Glaubensansichten zerstören. Macht die Versuchsperson keine zufriedenstellenden Fortschritte, dürfen wir nicht ungeduldig sein, sondern müssen in jedem Fall das Erreichte gesondert, für sich genommen, beurteilen, ebenso die Bereitschaft der Versuchsperson zur Mitarbeit. Zögern Sie nicht, die Experimente abzubrechen, wenn Sie feststellen, daß Sie Zeit vergeuden und sich dem Ziel, die Phänomene unter *Ihren* Versuchsbedingungen hervorzurufen, nicht wirklich nähern.

Wir sollten der Versuchsperson behutsam erklären, welche Bedingungen erreicht werden müssen, *damit das Phänomen glaubhaft wird,* und ihr gleichzeitig versichern, daß wir geduldig mit ihr arbeiten werden, um diese Bedingungen zu verwirklichen, notfalls Schritt für Schritt. Wir müssen unsere ganzen Überredungskünste und, wenn nötig, sogar unsere Suggestionskraft einsetzen, um der Versuchsperson die Phänomene verständlich zu machen und ihr das Vertrauen zu geben, daß sie fähig sein wird, unter unserer Führung eine befriedigende Leistung zu bringen. Das ist wichtig für den Abbau der Beschränkungen, denen die Leistung der Versuchsperson gelegentlich unterliegen kann.

Lassen Sie mich letzteren Punkt ausführlicher darstellen: Wenn wir dem Sensitiven einen psychometrischen Gegenstand geben und er die Geschichte dieses Gegenstandes (unter Bedingungen, die Hinweise durch die Sinne ausschließen) richtig schildert, sind wir zufrieden und akzeptieren seine Leistung als echte ASW – welches Ritual auch immer damit verbunden war.

Ist der Sensitive es gewöhnt, während des Experiments zu beten oder zu singen, lassen wir ihn ruhig gewähren. Sagt der Sensitive, daß er im Zusammenhang mit dem Gegenstand symbolische Bilder sieht und diese deutet, dann zweifeln wir seine Worte nicht an. Uns geht es einzig um die richtige Aussage über die Geschichte des Gegenstandes. Wenn die Versuchsperson glaubt, der Geist ihres Großvaters erzähle ihr die Geschichte, machen wir uns nicht das geringste daraus. Wir können dann sogar den »Geist« sehr höflich bitten, uns zu helfen, weitere Informationen zu erlangen, falls wir welche benötigen.

Bitte beachten Sie: Hier können wir die Glaubensansicht der Versuchsperson benutzen, um die Ergebnisse zu verbessern. Unser Gespräch mit dem »Geist« kann als geheime Suggestion auf die Versuchsperson wirken. Wenn wir uns den »Geist« geneigt machen, dürfen wir damit rechnen, daß er sich uns gefällig erweist, indem er bessere Ergebnisse liefert, als wir sonst erhalten würden.

Es ist allerdings ratsam, die falschen Auffassungen über die Phänomene schließlich doch abzubauen, wenn die Möglichkeit besteht, daß sie Schaden anrichten oder wenn sie störend sind.

Glaubt die Versuchsperson beispielsweise, langes Singen sei notwendig, bevor die Phänomene hervorgerufen werden können, oder wird die ASW-Botschaft durch ein zeitraubendes Verfahren mit der Alphabettafel buchstabiert, dann versuchen wir die Versuchsperson (oder ihr Unterbewußtes) *nach und nach* davon zu überzeugen, daß auch ein Verfahren angewandt werden kann, bei dem weniger Zeit verlorengeht.

Wenn sich die Versuchsperson auf die Hilfe irgendeines Geistes oder übernatürlichen Wesens stützt, sollten wir grundsätzlich bestrebt sein, sie von dieser Fessel zu befreien. Ein derartiger Glaube an eine außermenschliche intelligente Kraft kann gelegentlich Ermutigung bedeuten, wenn es der Versuchsperson an Selbstvertrauen mangelt und sie sich auf die Führung von jemand Stärkerem verlassen muß, doch gewöhnlich wirkt er beschränkend. Verläßt sich die Versuchsperson auf ein anderes Wesen, dann besteht immer die Gefahr, daß dieses Wesen launenhaft ist (obwohl sich darin nur die Launen des Unterbewußten der Versuchsperson spiegeln); es kann Bedingungen diktieren oder in einem kritischen Moment die Leistung verweigern und andere Probleme verursachen, wodurch es dem Experimentator die Kontrolle über das Experiment aus der Hand nimmt. Außerdem kann die Ungewißheit der Versuchsperson hinsichtlich der Ziele dieses Wesens jederzeit ihre ASW-Leistung beeinträchtigen.

Wenn das Medium glaubt, der »Astralkörper« verlasse bei außerkörperlichen Erfahrungen den Organismus, kann dieser Glaube natürlich genauso zu Schwierigkeiten führen. In einem Großteil der okkulten Literatur beinhaltet die Theorie vom Astralkörper den Glauben an eine

»Silberschnur«, die angeblich als Bindeglied zwischen dem Astralkörper und dem physischen Körper diene. Es wird weiter behauptet, die »Silberschnur« könne gelegentlich reißen, was ernste Folgen für den Sensitiven habe. Angst vor diesen Folgen wird sich zwangsläufig negativ auf die ASW-Leistung und die Gemütsruhe der Versuchsperson auswirken und kann in Extremfällen sogar – durch Autosuggestion – das geistige Gleichgewicht und die Gesundheit des Sensitiven gefährden. Deshalb ist es immer von Vorteil für uns und für die Versuchsperson, wenn wir solche störenden und möglicherweise sogar schädlichen Überzeugungen ausräumen.

Empfehlenswert ist die folgende Haltung; sie ist zweifellos viel praktischer, hat optimistische, stimulierende Züge und darüber hinaus den nicht zu verachtenden Vorteil, die korrekteste zu sein:

ASW ist eine Fähigkeit des normalen lebenden Menschen. Alle Menschen besitzen sie, wenn auch in verschiedenem Ausmaß, und wir versuchen sie zu vervollkommnen. Jeder Fehlschlag ist unser eigener Fehlschlag (er resultiert aus der unzulänglichen Fähigkeit, wie sie uns derzeit eigen ist), doch wir können unsere Leistung verbessern. Durch größeres Wissen und größere Praxis können wir unsere ASW zuverlässiger, stabiler, vielseitiger und wirksamer machen. Wir müssen nur Geduld haben, dazu den Wunsch, mehr zu lernen und zu erfahren, die Leistung zu steigern. Der Erfolg wird letztlich von unseren Bemühungen, unserem Fleiß und unserer Entschlossenheit abhängen. Wenn wir es ehrlich versuchen, dürfen wir auch darauf vertrauen, daß es uns tatsächlich gelingen wird.

Es gibt noch einen weiteren wichtigen Punkt, der hier angesprochen werden muß: Wenn die Versuchsperson (oder der »Geist«) während unserer Untersuchung abzuschweifen beginnt, wenn sie Aussagen zu machen oder Leistungen zu zeigen beginnt, die nichts mit dem zu tun haben, wozu sie aufgefordert wurde, bestehen wir höflich und liebenswürdig, aber *fest* darauf, daß wir die Kontrolle über das Experiment behalten müssen und die Versuchsperson sich an unsere Anweisungen zu halten hat. Wenn wir beispielsweise die Versuchsperson fragen: »Was ist in dieser undurchsichtigen Schachtel?«, und die Versuchsperson antwortet (richtig): »In Ihrer linken Tasche haben Sie ein weißes Taschentuch«, dann lassen wir diese Leistung völlig unberücksichtigt. Sie ist etwa so, als würde der Lehrer einen Schüler fragen, wieviel dreimal drei sei, und der Schüler würde antworten: »Zwei plus zwei ist vier.« Die Antwort wäre zwar richtig, aber völlig irrelevant.

Eine ähnliche Situation können wir uns in PK-Experimenten vorstellen: Die Versuchsperson behauptet, leichte Gegenstände durch Willenskraft bewegen zu können. Wenn wir ihre Leistung sehen, können wir, zum Beispiel, einen Einfluß von Luftströmen durch ihr Atmen vermuten; wir müssen dann neue Bedingungen verlangen und die Luftströme durch Abschirmung verhindern. Die Versuchsperson akzeptiert zwar unsere Forderung, einen Glassturz über den zu bewegenden Gegenstand zu stülpen, doch sie führt ein anderes Ritual ein, wie das Berühren des Glases, das eine neue Möglichkeit zur Entstehung von Luftströmen *im Inneren* des Glassturzes infolge unterschiedlicher Temperatur der Glasfläche eröffnet. Oder die Versuchsperson beginnt die Hände zu reiben, und wir vermuten Effekte statischer Elektrizität. In solchen Situationen müssen wir natürlich darauf bestehen, daß die Versuchsperson zu ihrem alten, gewohnten Verfahren zurückkehrt.

Ich habe die Erfahrung gemacht, daß die Versuchsperson, wenn sie wirklich an ihre Gabe glaubt und ehrlich wünscht, sich in einer echten Psi-Darbietung zu verbessern, dankbar jede Hilfe annimmt, von der sie mit einiger Berechtigung annehmen kann, daß sie dadurch lernt, unter strengeren Bedingungen eine bessere Leistung zu bringen.

Sehe ich dagegen Anzeichen dafür, daß die Versuchsperson

1. sich weigert, Bedingungen zu akzeptieren, die ich in der guten Absicht auferlege, ihre Leistung für die wissenschaftliche Gemeinde überzeugend zu machen,
2. einige Details ihres Verfahrens geheimzuhalten versucht (unter dem Vorwand, es handle sich um Patentrechte, oder mit anderen Entschuldigungen),
3. immer wieder Bedingungen einführt, welche die Beobachtung erschweren,
4. bei ihrer Mitarbeit in Experimenten launisch und unzuverlässig ist,

dann vermag ich einzig die Schlußfolgerung zu ziehen, daß man diese Versuchsperson nicht ernsthaft untersuchen kann und ihre Leistung für die Wissenschaft wertlos ist.

FORSCHUNGSBERICHTE

Wenn wir unser möglichstes getan haben, eine gültige Beobachtung oder ein gültiges Experiment zu machen, und wenn wir das, was dabei herauskam, einer Veröffentlichung für wert befinden, sollten wir einen offiziellen Bericht schreiben, der *im Idealfall* folgende Teile enthält:

1. Eine Übersicht über das Problem; was bereits von anderen ent-

deckt wurde, was noch unbekannt ist, was uns zu der Forschungsarbeit anregte und welches besondere Problem wir lösen wollten.

2. Welche möglichen Lösungen wir ins Auge faßten und wie wir zwischen ihnen zu unterscheiden gedachten.

3. Den genauen Plan, nach dem unser Experiment durchgeführt wurde.

4. Quellen möglicher Fehler, die wir voraussahen, und die zu ihrer Verhütung von uns ergriffenen Maßnahmen.

5. Was wir beobachtet oder gemessen haben, dazu die Ergebnisse.

6. Welche Schlußfolgerungen wir gezogen haben und warum? Für uns selbst sollten wir einen weiteren Punkt anfügen:

7. Welche neuen Fragen ergeben sich aus unserer Forschung und wie wollen wir sie angehen?

Führen Sie in Ihrem Bericht alle sachbezogenen Fakten auf, sogut Sie können. Suchen Sie, bevor Sie zu schreiben beginnen, für sich selbst die Antwort auf folgende drei F r a g e n zu formulieren:

1. Warum schreibe ich? (Ist mein Material es wirklich wert? Wie wird es den Lesern helfen?)

2. Für wen schreibe ich? (An welche Kategorie von Lesern will ich mich wenden?)

3. Wie werde ich mein Material darbieten? (Wie gestalte ich es für meine Leser so nützlich wie möglich?)

Versuchen Sie jenen, die Ihren Bericht lesen, die Möglichkeit zu geben, Ihr Vorgehen in allen Einzelheiten zu verfolgen und alle Schritte Ihrer Überlegungen bei den Schlußfolgerungen nachzuvollziehen. Und seien Sie ehrlich in Ihrem Bericht, schildern Sie alles vollständig. Man kann nicht alle Menschen die ganze Zeit täuschen – das würde man bedauern.

In der Literatur über paranormale Phänomene gibt es eine Fülle von Berichten, die gegen die Regeln der ehrlichen Darstellung verstoßen. Es wäre leicht, Tausende Fälle zur Veranschaulichung anzuführen. Ein einziges Beispiel, das zeigt, wie eine unvollständige Berichterstattung die ganze Bedeutung eines Vorfalls verzerren kann, soll für alle anderen sprechen.

Von einem Medium, Florence Cook, wird berichtet, daß ihr am Beginn ihrer Mediumschaft der »Geist« geraten habe, eine gewisse Adresse aufzusuchen, wo sie einen Menschen finde, der an der Weiterentwicklung ihrer Gaben interessiert sei. Sie ging dorthin und wurde in einen spiritistischen Zirkel eingeführt, in dem sie sich wirklich zu einem berühmten Medium entwickelte. Die Geschichte impliziert stillschweigend, daß das Medium zu einer unbekannten Person und an einen unbekannten Ort gesandt wurde. Hätte es die Adresse einer unbekannten Person erhalten, mit der es zusammenarbeiten sollte, wäre dies natürlich ein sehr denkwürdiges Ereignis gewesen (das zumindest auf eine sehr gute ASW-Leistung hindeutete). Doch für das, was sich wirklich zutrug, war keine Intervention eines »Geistes«, ja nicht einmal ASW notwendig. In der berichteten Geschichte blieben einige wichtige Einzelheiten unerwähnt: Die »geheimnisvoll mitgeteilte« Adresse befand sich in einer Straße unweit derjenigen, in der das Medium wohnte, und der dort wirkende spiritistische Zirkel hatte kurz davor in der Lokalzeitung inseriert. Wir dürfen folgern, daß die Geschichte entweder von Anfang bis Ende fabriziert war oder daß das Medium ohnehin von dem Zirkel wußte. Die Botschaft des »Geistes« dürfte dann etwa so gelautet haben: »Gehe zu der Adresse in der Nachbarschaft, der Adresse, die du in der Zeitungsanzeige gelesen und aufzusuchen erwogen hast« – eine Botschaft, die zweifellos nichts Wunderbares hat.

Wenn Sie Ihre Theorien und Ihre Schlußfolgerungen schildern, sollten Sie versuchen — tun Sie dies in allen Ihren Schriften und Ihrem Schriftverkehr –, sich in die Rolle des Lesers zu versetzen. Fragen Sie sich, ob der Leser Sie mühelos verstehen wird.

Ein häufiger Fehler von Autoren ist, daß sie beim Leser zuviel voraussetzen. Natürlich haben Sie Ihrem Problem viele Gedanken gewidmet und sind zutiefst damit vertraut. In Ihrem Geist verstehen sich viele Schlußfolgerungen von selbst – aber nicht im Geist der Leser. Gehen Sie deshalb in Ihrer Argumentation langsam vor, schauen Sie zurück und stellen Sie sich vor, wie die Leser Ihre Argumente aufnehmen werden. Geben Sie Erklärungen, wo es nötig ist. Erlauben Sie dem Leser, mit Ihrem Denken Schritt zu halten.

Denken Sie daran: der Sinn Ihrer Niederschrift ist nicht aufzuzeigen, wie klug Sie sind, sondern *mitzuteilen, was Sie taten:* was Sie erreichen wollten, welche Sicherheitsmaßnahmen Sie gegen Fehler ergriffen, wie Sie bei Ihren Schlußfolgerungen vorgingen. Es besteht kein Grund, großzutun und Fremdwörter oder gekünstelte Sätze zu gebrauchen. Ein einfacher Stil genügt völlig und erleichtert es dem Leser, Ihren Standpunkt zu begreifen, Ihre Arbeit und Ihre Überlegungen zu verfolgen, etwaige Schwächen zu kritisieren und Ihr Experiment zu wiederholen, wenn er will.

Versuchen Sie dem Leser zu helfen, Sie zu verstehen. Bedienen Sie sich einer sachlichen Sprache, machen Sie Fußnoten, wenn erforderlich, und zitieren Sie Literatur, wo immer es für den Leser wichtig ist, Ihre Informationsquellen kennenzulernen. (Aber wenn Sie Literatur zitieren, tun Sie es für den Leser und nicht etwa, um zu zeigen, was Sie alles gelesen oder in Bibliotheken gefunden haben.)

Natürlich müssen wir, um uns klar ausdrücken zu können, zuerst klar denken. Wir müssen den Gedanken, den wir mitteilen möchten, klar im Kopf haben. Klares Denken beginnt mit *klaren Begriffen,* die gut definiert sind und weltweit verstanden werden. In der Wissenschaft und im täglichen Leben kommt es immer wieder zu Mißverständnissen, weil verschiedene Völker dieselben Worte unterschiedlich verstehen.

Wenn wir etwas mitteilen, müssen unsere Ausdrücke stets eine präzise Bedeutung haben, damit sie einen präzisen Gedanken weitergeben. Wenn Sie etwas lesen oder jemandem zuhören und nicht mit ihm einiggehen, fragen Sie als erstes, ob er seine Worte im selben Sinn gebraucht wie Sie. Vielleicht liegt der Unterschied gar nicht in Ihrer beider Auffassungen, sondern in den unterschiedlichen Wörtern, die Sie benutzen, um dasselbe zum Ausdruck zu bringen; oder in dem unterschiedlichen Sinn, den Sie beide ein und demselben Wort geben. Oft liegt es tatsächlich nur an einem Wort!

In der Parapsychologie (und besonders ihren Randgebieten) bedienen sich populärwissenschaftliche Veröffentlichungen häufig attraktiver Ausdrücke, die sehr unbestimmt sind, keine präzise Bedeutung haben oder mißverstanden werden – Wörter wie »Vibrationen«, »Energie«, »geistiges Wachstum«, »Bewußtseinserweiterung«, »wissenschaftlich« usw.

Oder man spricht über die Möglichkeit des »Weiterlebens nach dem Tod« – und ist sich oft nicht klar, daß verschiedene Menschen darunter verschiedene Dinge verstehen können:

1. Das Weiterleben eines Menschen in seinem Werk oder seinen Nachkommen (das gibt es zweifellos, aber diese Bedeutung ist hier für uns nicht von Interesse).

2. Das Weiterleben eines »Geistes« (oder einer »Seele«), welcher die gesamte Persönlichkeit des Verstorbenen bewahrt. Das ist ein Weiterleben bei voller Bewußtheit im spiritistischen Sinn oder, in etwas anderer Auffassung, eine Wiederauferweckung im christlichen Sinn. Anzumerken wäre hier, daß diese Bedeutung zu einer weiteren forschenden Frage herausfordert: *Was* lebt weiter? Die Persönlichkeit, wie sie im Augenblick des Todes ist (nach dem Schwinden der Fähigkeiten des Menschen, wenn er im Alter vielleicht senil oder psychotisch ge-

worden ist)? Oder aber die Person auf dem Höhepunkt ihrer schöpferischen Kraft? Oder vielleicht eine Art Durchschnittspersönlichkeit, die alle Phasen der durchlebten Existenz beinhaltet?

3. Individuelles Weiterleben ohne Bewußtsein (z. B. eine Art schwebendes Weiterleben mit latenten Fähigkeiten, während die Persönlichkeit auf eine weitere Inkarnation wartet).

4. Das Weiterleben nur eines Fragments der Persönlichkeit (einiger Komponenten, während der Rest sich auflöst).

5. Das Weiterleben irgendeines Merkmals ohne individuelle Identifizierbarkeit – sogar mit der Möglichkeit, daß die weiterlebenden Fragmente in einer Kollektiveinheit aufgehen. (Eine solche Form des Weiterlebens dürfte für die Spiritisten, denen es um das individuelle Weiterleben geht, kaum interessant sein. Legt man diese Vorstellung dagegen als »Verschmelzen mit einer Gottheit« aus, kann sie für viele große Anziehungskraft besitzen.)

Wenn wir also über das Weiterleben – oder über andere Themen – sprechen, ist es immer klug, als erstes zu fragen: »... in welchem Sinn?«

In der Parapsychologie ist das Problem noch komplizierter, weil wir es oft mit Begriffen zu tun haben, für die es in unserer Sprache keine treffenden Wörter gibt. Nehmen wir als typisches Beispiel die Untersuchung des Bewußtseins. Wörter wie »Meditation«, »Suggestion«, »Hypnose«, »Trance« usw. bedeuten nicht nur für jeden Menschen etwas anderes, sondern jeder Begriff trägt auch viele Nuancen in sich (wie viele verschiedene Arten der Meditation oder von Trancezuständen gibt es doch!), die sich nicht in Worte fassen lassen. Introspektive subjektive Erfahrungen kann man verbal oft nur sehr schwer anderen mitteilen.*

Ironischerweise ist nicht einmal der Ausdruck »Parapsychologie« sehr glücklich, denn er impliziert zu stark, daß die Parapsychologie nur ein Zweig der Psychologie sei. Man muß sie jedoch als eigenes Wissenschaftsgebiet mit ihrem eigenen Thema und ihrer eigenen Methodologie betrachten, natürlich auch mit Verbindungen zu vielen anderen Wissenschaften, darunter zur Psychologie. Es wurden andere, ebenso

* Natürlich bestehen in jeder Wissenschaft solche Schwierigkeiten, bis sich mit zunehmendem Wissen ein angemessenes begriffliches Rahmenwerk und eine gut definierte, universell akzeptierte Terminologie entwickelt haben. Die Physik beispielsweise befand sich im 17. Jahrhundert in einer ähnlichen Lage, wie es der berühmte Disput zwischen Newton und Leibniz darüber veranschaulicht, welches das natürliche Maß der Bewegung sei: Impuls (mv) oder kinetische Energie ($^1/_2 mv^2$).

ungeeignete Bezeichnungen vorgeschlagen, wie »Metapsychologie«, »psychische Forschung«, »Psychotronik«.

Wenn Sie also Ihren Bericht schreiben, sollten Sie deshalb sicherheitshalber übertriebene Spekulationen meiden (für die Sie nur unzureichendes Beweismaterial besitzen) und sich lieber darauf konzentrieren, *in allen Einzelheiten zu beschreiben, was Sie getan und was Sie beobachtet haben.*

Denken Sie an das, was schon auf Seite 52 betont wurde: Eine unwiderlegbar bewiesene Tatsache ist in der Parapsychologie viel wichtiger als Hunderte unbestätigter Theorien.

RATSCHLÄGE AN LESER VON FORSCHUNGSBERICHTEN

Es erscheint angebracht, dieses Kapitel mit einigen Empfehlungen an die Leser dieses Buches zu beenden.

Versuchen Sie als Leser immer zu rekonstruieren, wie die Forschungsarbeit durchgeführt wurde, und achten Sie sorgfältig auf die Einzelheiten.

Seien Sie nie mit Berichten zufrieden, in denen es heißt, dieser oder jener Effekt sei unter guten – oder »wissenschaftlichen« – Bedingungen beobachtet oder etwas sei vom Verfasser bewiesen worden. Fragen Sie, unter *welchen* Bedingungen, und fragen Sie, *wie* es bewiesen wurde. Vielleicht wurde es gar nicht *wirklich* bewiesen.

Verlangen Sie die genaue Beschreibung der Bedingungen, unter denen die Beobachtung gemacht wurde, prüfen Sie, ob diese Bedingungen ausreichten; prüfen Sie ferner die Anordnung und Durchführung des Experiments, die Vertrauenswürdigkeit des Berichtenden — anhand der Sorgfalt, die er bei seinem geschilderten Versuch und seinen anderen Untersuchungen walten ließ. Versuchen Sie den Gedankengängen des Autors, die ihn zu seinen Schlußfolgerungen führten, kritisch zu folgen.

Denken Sie daran, daß Versuchspersonen betrügen können und daß gelegentlich sogar ein Versuchsleiter die Leser täuschen will. Finanzieller Gewinn, Karrierestreben, der Wunsch nach Ruhm, Hemmungen, einen früheren Fehler einzugestehen, und andere ähnliche Faktoren verleiten bisweilen gewissenlose Forscher dazu, Daten zu manipulieren und Entdeckungen zu fälschen. Und denken Sie auch daran, daß *eine veröffentlichte Entdeckung erst zur wissenschaftlichen Tatsache wird, wenn andere sie nachgeprüft und bestätigt haben.*

Beurteilen Sie anhand des Bildes, das Sie sich gemacht haben, sorgfältig:

1. Erweckt der Autor den Eindruck, ein gründlicher Forscher zu sein, der voll Verantwortungsbewußtsein nach der objektiven Wahrheit suchte – oder spielten bei ihm in dem Projekt persönliche Interessen mit?

2. Wurden die Beobachtung oder das Experiment sorgfältig geplant und durchgeführt – oder nicht?

3. Waren die Schlußfolgerungen, die der Autor zog, gerechtfertigt – oder ließ er sich zu Schlüssen hinreißen, die über das hinausgehen, was die Beobachtung aufzeigte?

Wenn der Bericht Sie entsprechend herausfordert, versuchen Sie natürlich, das Forschungsprojekt genauso zu wiederholen, wie es beschrieben wurde. Vielleicht versuchen Sie sogar, es weiterzuführen.

Zugegeben: diese Art, ein Problem anzugehen, kostet mehr Zeit; sie ist vielleicht weniger spannend als das bloße Weitererzählen unbestätigter Geschichten über Wunder und verlangt größere geistige Anstrengungen von Ihnen. Dafür aber erlangen Sie die beruhigende Sicherheit, daß Ihre Kenntnisse auf wissenschaftlichen Fakten beruhen und nicht auf Science-fiction.

4. Wie man ASW auslöst

Nach dem Aufruf zu einer kritischen Einstellung in den vorangegangenen zwei Kapiteln können wir nun zum praktischen Experimentieren übergehen. Unser ganzes Streben ist jetzt auf *das Funktionieren von ASW in unserem Experiment* gerichtet. Dies wollen wir nach bestem Wissen sicherstellen.

Der Leser wird bemerken, daß ich meine Anweisungen vom Standpunkt des Experimentators gebe, der als Außenstehender die von seiner Versuchsperson demonstrierte ASW beobachtet. Es besteht jedoch kein Grund für Sie, nicht *Ihre eigene ASW zu testen.* In diesem Fall sind Sie dann gleichzeitig Experimentator und Versuchsperson.

Es wurde bereits früher festgestellt, daß jeder Mensch über ASW-Fähigkeiten verfügt. Doch sie treten in sehr unterschiedlichen Graden auf, je nach der inneren Veranlagung eines Menschen und je nachdem, wie häufig und wie vollkommen ASW-günstige Bedingungen entstehen oder solche hergestellt werden können. Wir sollten uns deshalb darüber klar sein, daß wir bei unseren Experimenten nicht auf eine bestimmte Person angewiesen sind; aber es ist immer von Vorteil, eine gute Versuchsperson zu haben, mit der man arbeiten kann.

Nun erhebt sich die Frage: *Wie findet man eine gute Versuchsperson?* Es bieten sich mehrere Wege an, auf denen wir es versuchen können. Der erste ist die Auswahl aus der Durchschnittsbevölkerung.

Sichere Kriterien für die Wahl erfolgreicher Versuchspersonen anhand psychologischer Charakteristika oder anderer Merkmale gibt es dabei allerdings nicht. Nach den bisherigen Beobachtungen unterschieden sich die erfolgreichen ASW-Versuchspersonen stark voneinander. Sie besaßen kaum ein einziges gemeinsames Merkmal. Die ASW-Leistung scheint nicht von einem Charakterzug oder biologischen Merkmalen als solchen abzuhängen. Wichtig ist der Geisteszustand, in welchem sich die Versuchsperson zum gegebenen Moment befindet.

Dennoch zeigen manche Beobachtungen, die an besonders begabten Versuchspersonen gemacht wurden, und gewisse experimentelle Feststellungen, daß bestimmte Charaktereigenschaften bei Versuchspersonen wünschenswerter sind als andere, vermutlich weil diese Eigenschaften die Herstellung einer guten Stimmung und einer angenehmen Atmosphäre während des Experiments erleichtern.

Die Versuchsperson sollte sein: *extravertiert, lebhaft, aus sich herausgehend, entspannt, gefühlsbetont, begeistert, gut angepaßt.*

Ein anderer Ausgangspunkt unserer Auswahl kann der Ruf einer Person sein, bereits ASW-Erlebnisse gehabt zu haben – wie das bei erklärten Medien, Sensitiven, Hellsehern usw. der Fall ist.

Auch diese Art der Auswahl wirft einige ernste Probleme auf, von denen wir bereits ausführlich sprachen (Seite 81). Solche Personen knüpfen ihre Darbietungen häufig an ein bestimmtes persönliches Ritual, das unter Umständen keine guten Versuchsbedingungen erlaubt. (Natürlich trifft diese Behauptung nicht immer zu. Wir können das Glück haben, Sensitive zu finden, die im Hinblick auf ihre Fähigkeiten sehr aufgeschlossen sind und bei einem Experiment, das wir ihnen vorschlagen, aktiv mithelfen.)

Ein zweites, schwerwiegenderes Problem besteht darin, daß Erfolg in einer bestimmten ASW-Leistung keine Garantie für einen Erfolg der Versuchsperson auch bei anderen Aufgaben bedeutet. So versagen beispielsweise Versuchspersonen, die in mediumistischen Darbietungen oder als Sensitive bei Experimenten mit freier Reaktionsmöglichkeit ausgezeichnete Ergebnisse erzielen, oft völlig bei Tests, in denen Karten zu erraten sind, weil bei diesen die Spannung fehlt. Kartenratetests können langweilig sein. Die monotone Aufgabe, hunderte oder tausende Male dieselben einfachen Zielobjekte in undurchsichtigen Umschlägen zu erraten, vermag das Interesse einer Versuchsperson nicht wachzuhalten, wogegen sie vielleicht voll Begeisterung und mit Erfolg eine aus dem Leben gegriffene Aufgabe löst.

Man kann Versuchspersonen auch auf der Grundlage ihrer Leistungen in einem Test auswählen. Zu diesem Zweck führt man mit einer großen Zahl Versuchspersonen einen Pilottest durch und wählt für die nachfolgende Untersuchung jene mit den besten Ergebnissen aus. Leider verspricht das Verfahren nicht allzuviel Erfolg, weil der Pilottest noch keine Garantie dafür bietet, daß die Leistung in späteren Experimenten wiederholt werden kann.

Wir dürfen folglich den Schluß ziehen, daß Versuche zur Auswahl geeigneter Versuchspersonen nicht die erfolgsträchtigste Inangriffnahme des Problems sind. Dieser Schluß steht in Einklang mit unserer früheren Feststellung, daß jeder Mensch potentiell über ASW verfügt und daß ein Erfolg bei dem Versuch, sie zu zeigen, von Bedingungen abhängt, die wir herbeiführen, und nicht von besonderen Charakteristika der Beteiligten. Es bleibt uns also nur der – auf lange Sicht freilich vorteilhafte – Trost, daß wir mit jeder Person arbeiten können, die sich für unsere Experimente zur Verfügung stellt, so unbegabt sie uns auch im Moment erscheinen mag. Der wertvollste Aktivposten unserer Versuchsperson ist ihre Bereitschaft, sich allen Versuchsbedingungen unterzuordnen.

Die vielversprechendste Inangriffnahme des Problems besteht tatsächlich darin, bei unserer Versuchsperson *ASW zu entwickeln.* Wir werden hier nicht näher darauf eingehen, denn dieses Thema wurde in einem eigenen Buch ausführlich beschrieben: *ASW-Training, Psi-Methoden zur Weckung und Aktivierung des sechsten Sinnes.**

Als aussichtsreich bei der Arbeit mit nicht ausgewählten Versuchspersonen erweist es sich, eine derart stimulierende Experimentalsituation zu schaffen, daß die latenten ASW-Gaben der Versuchspersonen sich offenbaren. Zugegeben: ein schwieriges Unterfangen, das viel Takt und psychologisches Geschick erfordert; aber es kann sehr lohnend sein.

Wir wissen bereits eine Menge über die Bedingungen, die den ASW-Prozeß anregen. Wir wissen, daß er in hohem Maß von flüchtigen psychologischen Zuständen abhängt; unsere Aufgabe beschränkt sich also darauf, den besten Weg zur Herstellung von Psi-auslösenden Bedingungen aufzuspüren. Es ist nicht leicht, sie alle in ihrer komplexen Gesamtheit herbeizuführen; aber wenn es uns gelingt, wird die ASW in unserem Experiment ziemlich zuverlässig funktionieren.

Außerdem dürfen wir, wenn wir die ASW-Funktion von Bedingungen abhängig machen, die *wir* (als Beobachter) schaffen, hoffen, daß unsere Ergebnisse objektiver werden, besser wiederholbar und unabhängig von den Launen oder Vorurteilen der Versuchspersonen.

Bei unseren Bemühungen, die beste Experimentalsituation zu schaffen, müssen wir uns stets eines Punktes bewußt sein, auf den bereits früher hingewiesen wurde: Das Wirken der ASW wird stark beeinflußt von der psychologischen Atmosphäre, die während des Experiments herrscht, und von anderen empfindlichen psychologischen Faktoren wie Stimmung, Motivation und Einstellung der Versuchsperson. Diese Faktoren können sich von einem Tag zum anderen, von einer Stunde zur nächsten, ja sogar von Minute zu Minute ändern. Wir dürfen auch nicht vergessen, daß wir wirklich *die gesamte Experimentalsituation*

---

* Ariston Verlag, Genf 1975.

kontrollieren müssen. Damit sind natürlich die physikalischen Bedingungen des Experiments gemeint, so daß uns nicht etwa methodische Fehler unterlaufen, unter denen die Genauigkeit leidet (siehe Kapitel zwei); doch wir müssen auch die psychologischen Bedingungen kontrollieren, damit die ASW überhaupt funktionieren kann.

Diese psychologischen Bedingungen betreffen nicht nur die Versuchsperson (in Hellseh-Experimenten) oder die Versuchspersonen (in Telepathie-Experimenten), sondern – was sehr wichtig ist – auch den Versuchsleiter. Wir wissen bereits, daß der Experimentator auf sehr komplizierte Weise in die Experimentalsituation mit einbezogen wird. Er kann seine Versuchsperson durch sein Verhalten oder seine Reden beeinflussen – wenn unkontrollierte Bemerkungen, sein Gesichtsausdruck oder die »Körpersprache« seine Zweifel, Unzufriedenheit, Unfreundlichkeit oder Feindseligkeit verraten; er kann die Versuchsperson telepathisch beeinflussen, selbst wenn er sein Verhalten kontrolliert, und seine nachteiligen Gedanken können eine nachteilige Wirkung auf die Versuchsperson oder die Versuchspersonen ausüben.

Deshalb gilt alles, was im folgenden über die psychologischen Bedingungen und die zwischenmenschlichen Beziehungen gesagt wird, immer genauso für den Versuchsleiter wie für die Versuchspersonen.

Bei der Erörterung der ASW-günstigen Bedingungen ist es hilfreich, zwischen zwei Grundtypen von Experimenten zu unterscheiden: quantitativen und qualitativen Experimenten. Der Unterschied liegt nicht in der ASW-Funktion, die in den beiden Experimenttypen wirkt. Tatsächlich ist sie beide Male dieselbe, doch die Gewichte verteilen sich bei der Durchführung unterschiedlich.

Bei quantitativen Experimenten ist es unser Ziel, möglichst schnell eine große Zahl einfacher Daten zu erlangen, die man durch *Wahl unter vorher festgelegten Möglichkeiten erhält.* Die Daten werden dann statistisch ausgewertet. Wegen der Notwendigkeit, ohne störende Zeitverzögerung die große Zahl Daten zu erlangen, die für eine statistische Analyse erforderlich sind, wird dem einzelnen Versuch wenig Aufmerksamkeit gewidmet. Fehler, die im Lauf des Prozesses geschehen, kümmern uns nicht, weil wir nur am Gesamtergebnis interessiert sind und jeder einzelne Versuch das Endresultat nur in sehr geringem Maß beeinflußt.

Bei den qualitativen Experimenten andererseits ist jeder einzelne Versuch als solcher wichtig. Wir untersuchen nicht das Gesamtresultat, sondern analysieren das einzelne Auftreten von ASW aus verschiedenen Blickwinkeln. Hier liefert jeder ASW-Akt gewöhnlich viel mehr Informationen, weil es der Versuchsperson erlaubt ist, aus einer praktisch *unbegrenzten Zahl von Möglichkeiten frei zu wählen.* Deshalb muß größte Sorge dafür getragen werden, ein möglichst perfektes Funktionieren der ASW sicherzustellen. Wenn Fehler auftreten, sind sie als solche bedeutsam und lehren uns wichtige Dinge.

Quantitative Experimente haben ihre historische Bedeutung. Sie waren notwendig, als es noch das Hauptziel der parapsychologischen Forschung war, Beweise für das Vorhandensein der ASW zu erbringen. Jetzt sind sie wichtig, wenn wir die Durchschnittsleistung vieler Personen oder die Leistungstrends bei einer einzigen Person, die über einen langen Zeitraum getestet wird, untersuchen wollen. Die genaue statistische Analyse dient dann, wie in anderen Wissenschaften, als Werkzeug, das zwischen verschiedenen Hypothesen entscheiden hilft. Qualitative Experimente dagegen bewahren die Einmaligkeit und den lebensnahen Charakter der ASW-Funktion und sind viel aufregender (was zu besserer Leistung beiträgt). Sie sind wichtig, wenn wir die einzelnen Merkmale in der Leistung jeder Versuchsperson untersuchen.

Der Unterschied zwischen den beiden Forschungssituationen wirkt sich auch auf die Versuchsanordnung aus. Bei quantitativen Experimenten, durch die wir die *Durchschnitts*leistung untersuchen, ist es wünschenswert, daß wir, wann immer möglich, mit *vielen* Versuchspersonen arbeiten und Ergebnisse erhalten, die unbeeinflußt sind von der persönlichen Eigenart einzelner Versuchspersonen.

Die quantitativen und die qualitativen Forschungsprojekte sind auf unterschiedliche Forschungsziele ausgerichtet. Ähnliche Gegensätze findet man auch in anderen Wissenschaften, beispielsweise:

○ Untersuchung der Konsumgewohnheiten der Durchschnittsfamilie — Untersuchung der Gründe, warum eine bestimmte Familie einen bestimmten Kauf zu einer bestimmten Zeit tätigte;

○ Studium der menschlichen Anatomie — Gründe, aus denen in der Entwicklung eines Individuums eine besondere Anomalie auftrat;

○ Qualitätskontrolle in der Produktion eines Werks — Diagnose und Reparatur eines Defekts an einem einzelnen Erzeugnis;

○ Untersuchung der statischen Spannung in Materialien — Konstruktion einer Brücke gemäß einzelner Spezifikationen;

○ Entwicklung der Schweißtechnik — Schweißen eines einzelnen gebrochenen Maschinenteils;

○ Untersuchung der Wirksamkeit eines neuen Arzneimittels – Behandlung eines Patienten.

Methodische Ratschläge, wie in unseren Experimenten das erfolgreiche Funktionieren von ASW sicherzustellen ist, müssen deshalb für die beiden Experimentalsituationen getrennt erteilt werden. Wir beginnen mit der Beschreibung von Bedingungen, die sich bei quantitativen Experimenten empfehlen. Bei den qualitativen Experimenten, wo größere Sorgfalt auf jeden einzelnen Versuch zu legen ist, müssen diese Bedingungen ebenfalls erfüllt werden, aber wir werden außerdem einige spezielle methodische Empfehlungen geben. Bitte denken Sie daran, daß alle diese Ratschläge *sehr wichtig* für den Erfolg sind. Wenn Sie Ihr Experiment planen, sollten Sie besondere Sorge treffen, daß *alle* diese Bedingungen soweit wie möglich erfüllt werden.

Allgemeiner Rat für die Durchführung quantitativer (nur eine beschränkte Wahlmöglichkeit bietender) Experimente:

Bemühen Sie sich, eine angenehme, freundliche, harmonische und dennoch sachliche Atmosphäre zu schaffen. Um eine solche zu erreichen, müssen Sie viele Faktoren berücksichtigen, besonders die folgenden (wobei die Liste nicht unbedingt erschöpfend ist):

○ Schalten Sie alle irritierenden oder ablenkenden Einflüsse aus. Benutzen Sie einen ruhigen Raum oder einen anderen abgeschiedenen Ort. Besucher können ablenken, ebenso Lärm, scharfes Licht, auffällige Einrichtungsgegenstände.

○ Kümmern Sie sich um die psychologische Verträglichkeit der teilnehmenden Personen und bauen Sie Reibungspunkte ab. Sogar unbedachte beiläufige Bemerkungen können schädlich sein.

○ Reagieren Sie auf persönliche Probleme der Teilnehmer. Versuchen Sie eine so von Wärme erfüllte Atmosphäre zu schaffen, daß die Teilnehmer alle Probleme vergessen. Gelingt es Ihnen nicht, die Probleme oder nachteiligen Stimmungen der Teilnehmer hinreichend unter Kontrolle zu bekommen, ist es unter Umständen besser, das Experiment auf später zu verschieben. Sogar übermäßige Besorgtheit über ein etwaiges Versagen kann schädlich sein.

○ Stärken Sie das Selbstvertrauen, die Begeisterung und den Glauben an Erfolg.

○ Sorgen Sie dafür, daß alle sich entspannt, wohl, sinnvoll tätig, aber nicht gedrängt oder unter Druck gesetzt fühlen.

○ Achten Sie darauf, daß keine Müdigkeit, Deprimiertheit, Spannung oder Streßsituation aufkommen.

○ Wecken Sie bei den Teilnehmern *anhaltendes* Interesse, mit allen verfügbaren Mitteln, als da sind: besondere Motivation (vielleicht eine Belohnung[1]), Einführung neuartiger Elemente, Schaffung einer wettstreit- oder spielähnlichen Situation, vielleicht unter Hinzuziehung der Versuchsperson bei der Planung des Experiments.[2] Der Idealfall wäre, wenn Sie ständig eine bestimmte erregende Situation, glückliche Spannung und freudige Begeisterung aufrechterhalten könnten.

Es ist nicht leicht, alle diese Bedingungen gleichzeitig zu schaffen und aufrechtzuerhalten. Inwieweit es gelingt, hängt von Ihrem Geschick bei der Behandlung der Versuchsperson ab, von Ihrer Hingabe und Ihrem emotionellen Engagement für das Ziel, ein erfolgreiches Experiment durchzuführen.

Begeisterung sollte nicht nur von der Versuchsperson, sondern auch vom Versuchsleiter verlangt werden. (Denken Sie daran, Sie können die Versuchsperson auch telepathisch beeinflussen — siehe Seite 79.) Kaum etwas hilft Ihrer Versuchsperson mehr als Ihre Begeisterung, die sich gewöhnlich als ansteckend erweist – entweder durch Suggestionskraft oder auf telepathischem Weg.

Die Charaktereigenschaften, Interessen und Motivationen von Menschen, die sich als Versuchspersonen anbieten, sind sehr unterschiedlich. Auch die sozialen Bedingungen bei der Mitarbeit können stark schwanken. Wir müssen unser Vorgehen der Versuchsperson (den Versuchspersonen) anpassen, was diese wechselnden Bedingungen anbelangt – und das ist nicht immer, ja fast nie, eine simple Routineaufgabe. Bei der Schaffung von ASW-günstigen Bedingungen müssen wir oft eine Menge eigenschöpferisches Talent aufbieten.

Zusätzlicher Rat für die Durchführung qualitativer Experimente (mit freier Wahlmöglichkeit):

Bei Experimenten, in denen es uns speziell darum geht, in jedem einzelnen Versuch eine große Menge richtiger Informationen zu erhalten, stellt jedes Wirken von ASW eine getrennte Leistung dar (nicht unähnlich dem Rekordversuch im Sport) und muß mit besonderer Sorgfalt vorbereitet werden. *Zusätzlich zu den vorhin empfohlenen allgemeinen Bedingungen* trägt die folgende Spezialstrategie seitens der ASW-Versuchspersonen wesentlich zur Verbesserung der Resultate bei.

---

[1] Belohnungen für Erfolg sollten ziemlich gering sein; wenn zuviel auf dem Spiel steht, führen sie zu Spannung.

[2] Dies könnte der Mitarbeit eine neue Dimension verleihen. Die Versuchsperson fühlt sich vielleicht geschmeichelt, ist erfreut und macht möglicherweise wirklich nützliche Vorschläge. Doch Sie müssen immer daran denken (siehe Seite 73), daß stets der Experimentator die letzte Entscheidung trifft und bei verdächtigen Details der Bedingungen ein Vetorecht besitzt.

1. Die Versuchsperson sollte ihre ASW-Aufgabe ohne vorgefaßte Meinung darüber, welches die richtige Antwort sein könnte, in Angriff nehmen. Es ist wichtig, daß jede Unterordnung unter die Vernunft ausgeschaltet wird; jedes Überlegen, sämtliche Deduktionen von relevantem Wissen, sämtliche Erwartungen sind auszuschalten. Ebenso sollte jedes persönliche Engagement unterbleiben – wie der Wunsch nach einer bestimmten Antwort. Die Versuchsperson sollte an die Aufgabe herangehen, wenn sie von Selbstvertrauen erfüllt und im wesentlichen uninteressiert daran ist, welches die richtige Antwort sein könnte, doch den Wunsch hat – den *starken* Wunsch –, ihre ASW möge richtig funktionieren, und sonst nichts.

2. Der nächste Schritt sollte das Ersinnen einer Methode sein, mittels der man dem Unterbewußten der Versuchsperson diesen Wunsch einzuprägen vermag. Das Ziel der Versuchsperson muß in ihrem Gedächtnis als vorherrschender, unauslöschlicher Eindruck verankert, im tiefsten Innersten ihres Wesens verwurzelt sein, so daß es bei jeder Gelegenheit durch Assoziation auftauchen kann. Wir müssen eine starke, permanente Bindung an das Ziel erzeugen (etwas wie das Band der Liebe, wenn der geliebte Mensch unser Denken beherrscht).

Zu diesem Zweck können wir verschiedene Methoden anwenden. Gewöhnlich beinhalten sie einige Rituale, die unser Ziel symbolisieren, uns ständig an unser Ziel erinnern und als Ausdruck und Unterstützung unserer bewußten Entschlossenheit dienen. Ich werde im folgenden einige Beispiele für diese Verfahren geben, aber es steht Ihnen natürlich frei, sich auch selbst neue Techniken auszudenken, die in Ihrem besonderen Fall wirksam zu sein versprechen.

Beispiele:

Sie können Ihren Wunsch viele Male nacheinander in einem knappen Satz ausdrücken, vielleicht hundertmal oder öfter; Sie können ihn bei jeder Wiederholung lauter aussprechen; Sie können jeder Wiederholung zusätzlich Nachdruck verleihen, indem Sie die Faust aufschlagen.

Sie können den Satz, der Ihren Wunsch zum Ausdruck bringt, viele Male auf ein Blatt Papier schreiben. Dann können Sie das Blatt vor dem Schlafengehen unters Kopfkissen legen; oder Sie können es verbrennen; oder irgendein »Zauberritual« damit vollführen.

Sie können einen Rosenkranz beten und darum flehen, Ihr Ziel zu erreichen.

Als nächstes folgt die bewußte Tat – welche die Erfüllung unseres Wunsches bringen soll. Wir stellen die Frage und bitten um die Antwort. Wir tun es mit einem ruhigen, voll Selbstvertrauen erteilten Befehl, der nicht die geringste Möglichkeit zum Nichtgehorsam offenläßt, einem Wunsch, der blinde Erfüllung verlangt. Dieser Befehl kann in Worte gefaßt werden, muß es aber nicht unbedingt; Sie können ihn genauso gut ohne Worte zum Ausdruck bringen. Dazu können Sie sich einer Art hilfreicher Vorstellung bedienen und mehrere verschiedene Vorstellungsbilder ausprobieren, um herauszufinden, welches sich für Sie am besten eignet.

Beispiele:

Sie dehnen sich aus und erlangen die Macht und das Wissen des gesamten Universums.

Gott oder ein anderes übernatürliches Wesen Ihrer Wahl hilft Ihnen und enthüllt die gewünschte Information.

Sie haben das Gefühl, daß Sie sich strecken, daß Sie mit Ihren zunehmend schärferen Sinnen an die Informationsquelle reisen und dort beobachten, was Sie wissen wollen. (Noch einmal: Sie können sich andere hilfreiche Vorstellungen ausdenken; nutzen Sie Ihre schöpferische Phantasie.)

Wenn Sie den Befehl geben, widmen Sie ihm Ihre ganze, konzentrierte Aufmerksamkeit, so daß Sie alles andere vergessen. Ihr gesamtes Interesse gilt nur diesem einzigen Punkt.

4. Auf diese bewußte Aktion folgt sofort völlige Entspannung. Ihr Körper wird entspannt sein (wie er es möglicherweise schon vorher war) – oder, noch besser, Sie haben Ihren Körper vergessen. Ihr Geist ist absolut leer, Sie befinden sich in einem passiven Zustand, warten auf das Erlebnis, das Ihnen als Antwort auf Ihre Frage zuteil werden wird. Dieses Warten ist einfach ein »reines Warten« – passive Erwartung der Antwort, ohne irgendein aktives Engagement. In diesem Moment sind Sie völlig passiv, ein »Horchinstrument«. Indem Sie Ihren Geist leermachen (oder besser, selbst leer werden lassen), bereiten Sie sich lediglich vor, Sie »stimmen sich ein«. Sie dürfen kein bestimmtes Erlebnis erwarten. Sie »öffnen« sich nur und warten auf die kommende Reaktion. Sie *lassen* diese *kommen* – genau wie eine Erinnerung, die mit einemmal auftaucht, oder einen Traum, der sich Ihrem Geist aufdrängt.

5. Der letzte Schritt wird dann Ihre bewußte, rationale Analyse Ihres Erlebnisses und seiner Bedeutung sein. Diese Analyse wird auf Ihrem erworbenen Wissen darüber basieren, wie ASW funktioniert und wie sie von Ihrem Denken beeinflußt wird.

Die hier beschriebenen Bedingungen sollten ausreichen, um in Ihrem

Experiment ASW auszulösen. Natürlich gilt es zu bedenken, *daß ASW ein sehr empfindlicher Prozeß ist.* Deshalb müssen Sie, um Ihre Erfolgsaussichten zu steigern, sorgfältig darauf achten, daß Sie *alle* hier angeführten Bedingungen *so gut wie möglich* erfüllen. Je besser Ihnen dies gelingt, desto größer sind Ihre Aussichten, ein Funktionieren der ASW zu erreichen, und desto zuverlässiger wird sie funktionieren.

Einfach ist die Sache nicht; viele und zudem noch komplizierte Bedingungen müssen erfüllt werden; tun Sie jedoch Ihr Möglichstes und setzen Sie Ihre eigene Schöpferkraft und Ihr Geschick bei der Suche nach dem besten Weg zur Schaffung günstigster Bedingungen ein. Dann wird Ihnen Erfolg beschieden sein.

5. Einige praktische Experimente

Nun möchte ich Sie drängen, einige Experimente zu machen, die in diesem Kapitel beschrieben werden. Sie sollten sie streng methodisch durchführen und natürlich versuchen, bestmögliche Ergebnisse zu erzielen. Doch ein gutes Funktionieren der ASW ist *nicht* das Hauptziel dieser Experimente. Seien Sie deshalb nicht enttäuscht, wenn die ASW-Treffer niedriger liegen, als Ihre optimistischen Erwartungen Sie hoffen ließen.

Wir lernen hier in erster Linie die Technik des Beobachtens und Aufzeichnens der ASW, und dazu muß in unseren Daten nicht unbedingt ASW auftreten. (Wir können lernen, wie man Goldstaub richtig wiegt, auch wenn wir nur mit Sand üben.)

Denken Sie daran: jedes ASW-Experiment hat zwei Aspekte, die beide vom Experimentator beachtet werden müssen.

Der erste Aspekt ist natürlich der entsprechende Umgang mit den komplizierten Testbedingungen, so daß ASW auftritt. Dieser Aspekt, der zweifellos von größter Wichtigkeit ist, wurde im vorhergehenden Kapitel erörtert. Natürlich werden wir immer versuchen, die besten Bedingungen für das Funktionieren von ASW zu schaffen; und unser Geschick dabei wird sich mit zunehmender Praxis vergrößern. Doch der Zweck der Experimente, mittels derer wir die notwendige Praxis erlangen wollen, wird selbst dann erfüllt, wenn uns diese schwierige Aufgabe nicht gelingt.

Der zweite Aspekt, um den es uns hier hauptsächlich geht, ist die notwendige Praxis in den Experimentaltechniken. Wir lernen jetzt, ein Experiment ordnungsgemäß durchzuführen, ein Experiment, welches das Funktionieren der ASW – falls sie auftritt – für eine wissenschaftliche Analyse dokumentieren wird.

Es ist wichtig, daß Sie die Experimente auch tatsächlich machen – und sei es nur zu Übungszwecken. Die praktische Erfahrung mit Forschungsmethoden läßt sich durch bloße abstrakte Lektüre darüber nicht ersetzen. Dies gilt in der Parapsychologie wie in jeder anderen Wissenschaft. Die nachstehend beschriebenen Experimente sind so angelegt, daß sie leicht und ohne kompliziertes Gerät durchgeführt werden können. Und wenn Sie sie durchführen, sollten Sie sich unbedingt auch die Zeit nehmen, Ihr Ergebnis auszuwerten, wobei Ihnen die in Kapitel neun beschriebenen statistischen Verfahren helfen.

Außerdem sollten Sie es sich zur Gewohnheit machen, alle Aufzeichnungen über Ihre Experimente, zusammen mit detaillierten Schilderungen der Experimentalbedingungen, aufzubewahren und abzulegen, damit Sie später darin nachschlagen können. Vielleicht kommen Sie später auf neue Ideen, und möglicherweise ergibt sich irgendwann einmal die Notwendigkeit, Ihre Daten einer neuen Analyse zu unterziehen, sie aus einem neuen Blickwinkel zu bewerten, eine neue Entdeckung oder Hypothese zu überprüfen. Dann kann es sein, daß Ihnen die alten Daten viel nützen. (Siehe Kapitel sieben.)

Im Lauf der folgenden einführenden Experimente werden Sie die notwendige Übung in parapsychologischem Experimentieren erlangen. Sie werden lernen, sich besser vor methodischen Fehlern zu hüten und schärfer auf möglicherweise auftretende praktische Probleme zu achten, wenn Sie versuchen, die günstigsten Bedingungen für das Wirken der ASW zu schaffen.

Vielleicht wollen Sie später diese Experimente wiederholen, dann bereits mit einem Forschungsziel. Im Augenblick jedoch genügt es, die Experimente sorgfältig gemäß den Anweisungen durchzuführen. Achten Sie darauf, unter welchen Bedingungen Sie die besten Ergebnisse erzielen.

Wenn Sie sich für die Forschung auf dem Gebiet der ASW vorbereiten wollen, empfehle ich Ihnen, in drei Schritten vorzugehen:

1. Machen Sie die in diesem Kapitel beschriebenen Experimente (zur Übung).
2. Versuchen Sie, nachdem Sie veröffentlichte Berichte über wirkliche Forschungsprojekte studiert haben, einige der für Sie interessantesten Untersuchungen zu kopieren. Dies wird Sie in praktischen Kontakt mit den zeitgenössischen Forschungsbemühungen bringen. Wenn Sie die Experimente anderer kopieren, müssen Sie sorgfältig darauf achten, daß Sie sich genau an die Bedingungen der ursprünglichen Untersuchung halten.
3. Erst nach diesen beiden Schritten sind Sie soweit, daß Sie sich an eigene Forschungsprojekte wagen können.

EXPERIMENT 1: ASW-TEST MIT ZIELOBJEKTEN IN UNDURCHSICHTIGEN UMSCHLÄGEN

Erforderliches Material

Ein Satz Karten in undurchsichtigen Umschlägen.

Wahl der Zielobjekte

Als erstes müssen Sie festlegen, wie viele verschiedene Zielobjekte Sie verwenden wollen. Einige spezielle Erwägungen dürften Sie in Ihrem Entschluß beeinflussen. Wählen Sie nur zwei verschiedene Zielobjekte, dann können Sie eine ziemlich hohe Zahl (50 Prozent) richtiger Antworten durch Zufall erwarten. Für eine ungeschulte Versuchsperson ist es ermutigend, wenn sie eine relativ hohe Zahl richtiger Antworten erreicht. Andererseits wird es die Versuchsperson wegen der großen Zahl von Zufallstreffern schwierig finden, bestimmte subjektive Experimentalmerkmale zu erkennen, die mit den ASW-Treffern in Verbindung stehen könnten. (Richtige Antworten der Versuchsperson stellen immer eine Kombination von Zufallstreffern und korrekten Aussagen dar, die auf ASW zurückzuführen sind. Wenn die Zufallstreffer stark vorherrschen, werden charakteristische Merkmale wirklicher ASW-Treffer leicht übersehen.)

Ein weiterer Nachteil ist der hohe Wahrscheinlichkeitswert (1/2) jedes einzelnen Versuchs. Dies bedeutet, daß gewöhnlich eine viel längere Versuchsserie notwendig ist, damit man die gewünschte statistische Signifikanz erreicht.*

Benutzen Sie dagegen eine hohe Zahl Zielobjekte (zehn oder mehr), findet es die Versuchsperson unter Umständen schwierig, alle Möglichkeiten im Gedächtnis zu behalten. Außerdem könnte sie enttäuscht sein über die relativ niedrige Trefferzahl und den Mut verlieren. Diese Nachteile werden jedoch aufgehoben durch die relativ kleinere Zahl von Versuchen, die nötig sind, um statistische Signifikanz zu erreichen. Zudem gibt es in den Daten nur einige wenige Zufallstreffer, und deshalb kann die Versuchsperson ASW-Treffer leichter an besonderen subjektiven Merkmalen erkennen.

Gewöhnlich gelten vier bis fünf verschiedene Zielobjekte als optimale Zahl.

---

* Dies läßt sich an Tabelle C, Seite 193, veranschaulichen. Wenn wir z. B. unsere Schlußfolgerungen auf der Gesamtsignifikanz von $W = 0{,}001$ basieren lassen wollen und wenn der Versuchsperson lauter richtige Antworten gelingen, brauchen wir bei zwei verschiedenen Zielobjekten zehn Versuche. Wenn wir zehn verschiedene Zielobjekte benutzen, erreichen wir schon mit drei Versuchen dieselbe Signifikanz.

Die nächste Entscheidung betrifft die Art der Zielobjekte, die Sie verwenden wollen. Sie können beispielsweise wählen:

Normale ASW-Karten mit den Symbolen: Quadrat, Stern, Kreuz, Kreis, Wellenlinien;
verschiedenfarbig bemalte Karten;
Spielkarten;
Karten mit verschiedenen Bildern (Tarockkarten usw.);
Bilder von Autos oder Flugzeugen (wenn Sie z. B. das Interesse technisch orientierter Jungen stimulieren wollen);
Gegenstände mit starkem Gefühlsgehalt;
erotische Bilder;
Porträts (wenn Sie sich für eine zweifache Wahlmöglichkeit wie »Mann-Frau« entscheiden);
Bilder von Spielsachen oder Tieren (bei jüngeren Kindern);
Stücke aus verschiedenen Metallen (Münzen);
Bilder von Uhren mit verschiedenen Positionen der Zeiger; usw.

Es gibt eine immense Vielfalt an Zielobjekten, die Sie benutzen können. Grenzen bestehen nur in Ihrer Phantasie. Doch zweifellos werden Sie sich für Zielobjekte entscheiden, die Ihre Versuchspersonen interessieren.

Außerdem gilt es folgendes zu beachten:
Die Zielobjekte sollten sich voneinander möglichst stark unterscheiden;
die einzelnen Zielobjekte müssen gleich oft vertreten sein (von jedem Zielobjekt muß dieselbe Stückzahl vorhanden sein, sonst ist die unten angeführte statistische Auswertung nicht anwendbar).

Vorbereitung der Zielobjekte

Nehmen Sie von jedem Ihrer verschiedenen Zielobjekte die gleiche Zahl und stecken Sie jedes einzelne in einen undurchsichtigen Umschlag. Achten Sie darauf, daß die Umschläge auch absolut undurchsichtig und gleich sind und in keiner Weise etwas über den Inhalt verraten. Sie müssen dafür sorgen, daß alle Hinweise, sogar nichtvisuelle, zuverlässig ausgeschaltet sind. Sonst wäre es denkbar, daß die Versuchsperson aufgrund des Gewichts, der Form, Biegungen, Kratzer oder anderer Markierungen auf der Oberfläche usw. etwas über den Inhalt erfährt.

Nachdem Sie jedes Zielobjekt in einen Umschlag gesteckt haben, besitzen Sie einen Packen Umschläge mit Zielobjekten im Innern. Welche Gesamtzahl an Zielobjekten Sie benutzen, bleibt völlig Ihrer Entscheidung überlassen. Sie können zehn nehmen, genauso gut 100 – wenn nur alle verschiedenen Arten gleich oft vertreten sind.

Trainingssitzung

Haben Sie Ihre Zielobjekte vorbereitet, können Sie, wenn Sie wollen, mit Ihrer Versuchsperson eine oder mehrere Trainingssitzungen machen. Sie nennen der Versuchsperson die Möglichkeiten, unter denen sie wählen kann, und fordern sie auf, das Zielobjekt im ersten Umschlag zu benennen, dann im zweiten und so fort. Nach jedem Versuch sagen Sie der Versuchsperson, ob die Antwort richtig war oder nicht, und fordern sie auf zu versuchen, einige subjektive Kriterien zu finden, mittels derer sie richtige Eindrücke von falschen zu unterscheiden vermöge.

Diese Trainingssitzung soll der Versuchsperson einfach die Möglichkeit geben, »warmzuwerden« und einen Eindruck vom Verlauf des Experiments zu bekommen. Außerdem darf man immer hoffen, daß die unmittelbare Rückwirkung, ob die Antworten richtig waren oder nicht, ihr helfen wird, die Leistung zu verbessern. (Diese Gelegenheit wird sie im späteren offiziellen Test nicht haben.)

Natürlich werden die Ergebnisse der Trainingssitzungen nicht in die Testergebnisse einbezogen und nicht zum Experiment gerechnet. Bitte beachten Sie: Die Entscheidung, welche Tests Trainingssitzungen sind und welche zum offiziellen Experiment gehören, ist sehr wichtig. Diese Entscheidung müssen Sie treffen, *bevor* Sie Ihr Experiment beginnen, und Sie müssen sich strikt daran halten. Es ist nicht zulässig, die Entscheidung während des Tests zu ändern und bessere Resultate einzubeziehen oder unbefriedigende wegzulassen. Wenn Sie diese Regel nicht beachten, kann man Ihnen zu Recht eine unerlaubte Auswahl von Daten vorwerfen.

Pilottest

Den Pilottest können Sie während dieser Übungsexperimente weglassen. Doch bei späteren Experimenten, mit denen bereits eine Forschungsaufgabe gelöst werden soll, empfiehlt es sich, ihn möglichst oft zu machen – er ist von großem Vorteil für Sie.

Der Pilottest geht immer dem Hauptexperiment voraus und wird unter identischen Bedingungen durchgeführt; er ist nur wesentlich kürzer. Sein Resultat kann in die offiziellen Forschungsdaten aufgenommen werden, aber getrennt, als Einheit, die parallel zum Haupttest steht und die Beständigkeit erhaltener Ergebnisse zu demonstrieren vermag.

Mittels des Pilottests erhalten Sie eine Vorstellung davon, wie das Experiment sich anlassen wird. Er ist eine Art praktischer Test, der Ihnen zeigen soll, ob das Experiment glatt und in allen Einzelheiten so verlaufen wird, wie Sie es geplant haben. Er hilft Ihnen, Ihren Experimentalplan zu erproben. Hier haben Sie die letzte Chance, einige unbeachtet gebliebene Einzelheiten zu verbessern und in letzter Minute Änderungen am Plan vorzunehmen.

Schließlich – und das ist am wichtigsten – wird der Pilottest Ihnen ungefähr zeigen, welches Ergebnis Sie im Experiment erwarten dürfen. Ist das Ergebnis entmutigend, haben Sie immer noch die Möglichkeit, das Projekt fallenzulassen und die Zeit sowie die Kosten zu sparen, die mit der Durchführung des längeren Hauptexperiments verbunden wären.

Andererseits aber gibt Ihnen der Pilottest, wenn das Ergebnis ermutigend ist, freie Bahn für das Hauptexperiment. Und er vermittelt Ihnen einen ungefähren Eindruck von dem Erfolg, den Sie erwarten dürfen. Aus diesem wiederum ersehen Sie in etwa, wie lange Ihr Experiment dauern sollte, damit es alle Facetten dessen, was Sie demonstrieren wollen, klar zeigt und das von Ihnen gewünschte Niveau statistischer Signifikanz erreicht.

Das Hauptexperiment

Wenn wir ein Experiment planen, dessen Ergebnis statistisch ausgewertet werden soll, müssen wir immer daran denken, daß unsere Untersuchung zwei verschiedene Aspekte haben wird:

1. Den experimentellen Aspekt, worunter richtige Planung und Durchführung des Experiments zu verstehen ist.

2. Den statistischen Aspekt, womit die Art gemeint ist, in der wir die Resultate auswerten.

Unsere Untersuchung muß von *beiden* Gesichtspunkten her gegen Fehler gefeit sein. Nur dann kann sie als gültige Forschungsarbeit akzeptiert werden.

Die häufigsten methodischen Fehler sind:

1. Mängel im Experimentalverfahren:

a) Übersehene Sinneshinweise liefern der Versuchsperson Informationen über das Zielobjekt und täuschen das Vorhandensein von ASW vor. Diese Hinweise können sehr schwach, sogar unterschwellig sein, so daß sie unbemerkt bleiben; oder sie können sich nur bei einigen Zielobjekten einstellen.

b) Bedingungen des Experiments erlauben es der Versuchsperson, durch rationales Folgern zu einer richtigen Antwort zu gelangen. Wenn die Versuchsperson beispielsweise weiß, wie oft jedes der verschiedenen Zielobjekte in dem Packen vorhanden ist und dann gesagt bekommt, sie habe bei einem Versuch recht gehabt, weiß sie, daß dieses Zielobjekt bereits wegfällt, und wird ihre Trefferzahl verbessern, indem sie beim nächstenmal ein anderes Zielobjekt rät.[1]

c) Menschliches Irren des Versuchsleiters, der die Aufzeichnungen macht. In langen, monotonen Testreihen kann es vorkommen, daß der ermüdete Experimentator beim Aufzeichnen der Aussagen der Versuchsperson oder auch wirklichen Zielobjekte einen Fehler begeht. Zufällige Fehler können passieren; diese treten unregelmäßig auf und tendieren im allgemeinen dazu, ASW-Beweise auszulöschen (z. B. wenn einige richtige ASW-Treffer als Fehler notiert werden). Viel gefährlicher sind motivierte Fehler, weil sie sich systematisch in einer Richtung summieren und die Daten verzerren. Wenn der Experimentator beispielsweise das Zielobjekt kennt, kann ihn das ablenken, und wenn er engagiert ist, kann es geschehen, daß er eine richtige Antwort notiert, gleichgültig welche Aussage die Versuchsperson macht.[2]

d) Natürlich bleibt immer die Gefahr bestehen, daß ein verantwortungsloser Assistent (oder sogar der Experimentator) die Daten fälscht. Die Motive für Betrug können höchst vielfältig sein.

2. *Mängel aus dem Gesichtspunkt der statistischen Auswertung:*

a) Statistische Auswertungsverfahren dürfen rechtmäßigerweise nur angewandt werden, wenn die Daten bestimmte Bedingungen erfüllen: Es müssen genügend Daten für eine statistische Behandlung vorhanden

---

[1] Am leichtesten läßt sich diese Gefahr ausschalten, in dem man der Versuchsperson die Ergebnisse erst am Schluß des Experiments (oder zumindest erst am Ende jeder getrennten Experimentaleinheit) bekannt macht. Wenn wir einen besonderen Grund haben, der Versuchsperson ein bestimmtes Resultat während des Experiments mitzuteilen, können wir uns gegen die genannte Gefahr auf zwei Arten schützen:
1. Wir können eine willkürliche Folge von Zielobjekten benutzen, ohne uns streng an die gleichmäßige Verteilung zu halten. Die Versuchsperson bekommt gesagt, alle Zielobjekte hätten gleiche Chancen aufzutreten, auch wenn die tatsächliche Zahl ihres Auftretens Zufallsschwankungen unterliege. (Wenn Sie z. B. einen Pakken von 1000 weißen und schwarzen Karten – je 500 – mischen und zehn herausnehmen, besteht keine Sicherheit, daß Sie genau fünf weiße und fünf schwarze Karten haben.)
2. Nach jedem Versuch geben wir das Zielobjekt in den Packen zurück, damit wir immer eine gleiche Zahl aller Zielobjekte haben, wir mischen und gehen zum nächsten Versuch über.

[2] Es gibt verschiedene Mittel gegen Fehler dieser Art: 1. Wir sorgen dafür, daß der Experimentator die richtige Antwort nicht kennt. 2. Wir benützen automatische Aufzeichnungsvorrichtungen. 3. Wir fordern zwei oder mehr Experimentatoren auf, die Testdaten unabhängig voneinander aufzuzeichnen.

sein; zu wenig Daten z. B. können zu verzerrten Schlüssen führen. Die verschiedenen Zielobjekte müssen gleich oft vertreten, voneinander unabhängig und der Versuchsperson in zufälliger (einzig vom Zufall bestimmter) Reihenfolge präsentiert worden sein. Wenn wir nicht für eine absolute Zufälligkeit sorgen, wenn beispielsweise ein Zielobjekt vorherrscht oder wenn in der Folge der Zielobjekte Nichtzufallsmuster vorkommen, können wir zu irrigen Schlüssen verleitet werden.

b) Es empfiehlt sich immer, im vorhinein zu bestimmen, wie lange das Experiment sein, d. h. wie viele einzelne Versuche es umfassen soll. Andernfalls kann der Einwand erhoben werden, wir hätten das Experiment genau im richtigen Moment beendet: Das Spiel des Zufalls habe uns zum Glück geholfen, eine signifikante Zahl richtiger Antworten anzuhäufen; und wir hätten aufgehört, bevor sich die Gesetze des Zufalls ganz bemerkbar machen und die Signifikanz durch eine Anhäufung von Fehlern wieder in ein Zufallsergebnis verwandeln konnten.

Nach diesen einleitenden Erklärungen können wir mit dem Hauptexperiment beginnen. Wir legen fest, wie viele Versuche gemacht werden (siehe 2 b), und notieren die Zahl in unserem Experimentalbericht.

Als nächstes gehen wir daran, alle Möglichkeiten der Sinneswahrnehmung und des rationalen Folgerns auszuschalten (siehe 1 a und 1 b).

Wir nehmen alle Zielobjekte aus ihren Umschlägen und mischen Zielobjekte und Umschläge getrennt. Wenn wir das nicht tun, besteht die Möglichkeit, daß die Versuchsperson einige Umschläge an Kratzern oder anderen Unregelmäßigkeiten auf der Oberfläche erkennt und sich erinnert, welche Karte darin war.

Wir bitten eine andere Person, einen Freund oder Assistenten, in ein anderes Zimmer oder hinter einen Wandschirm zu gehen, die Zielobjektkarten in die Umschläge zu stecken und uns den Stapel dann zu bringen. Auf diese Weise stellen wir sicher, daß wir selbst die Zielobjekte in den Umschlägen nicht kennen und der Versuchsperson die richtige Antwort auch nicht unbewußt verraten können.

Wir nehmen den Stapel von unserem Assistenten und mischen. Indem wir die ursprüngliche Reihenfolge verändern, machen wir es auch dem Assistenten unmöglich zu wissen, welche Karte in welchem Umschlag steckt; wir schalten so jede Möglichkeit aus, daß er Informationen an die Versuchsperson weitergibt.

Dann kennzeichnen wir jeden Zielobjektumschlag – am besten auf der Rückseite – zu späterer Überprüfung (z. B. mit den Ziffern 1, 2, 3 usw.).

Als nächstes präsentieren wir den ersten Umschlag der Versuchsperson und lassen sie ihre Aussage machen. Wir notieren in unserem Bericht 1. die Kennziffer des Zielobjekts und daneben 2. die Aussage der Versuchsperson. Anschließend legen wir den Umschlag beiseite, ohne ihn zu öffnen. Wir lassen das Zielobjekt unversehrt, kontrollieren in diesem Stadium *nicht,* ob die Versuchsperson recht hatte oder nicht, sondern machen sofort mit dem nächsten Zielobjekt weiter. Würden wir den Umschlag in diesem Stadium kontrollieren, bestünde immer eine Möglichkeit, daß die Information irgendwie unabsichtlich an die Versuchsperson weitergeht. Diese könnte dann ihre Trefferzahl verbessern, indem sie folgert, welche Zielobjekte noch in dem Stapel verblieben sind.

Wir präsentieren der Versuchsperson den zweiten Umschlag und notieren (unter den entsprechenden Daten vom vorhergehenden Versuch) die Kennziffer des Umschlags und die Aussage der Versuchsperson. Der Umschlag wird dann auf das vorausgegangene Zielobjekt gelegt.

Auf diese Art machen wir weiter, bis der ganze Stapel durchgearbeitet ist. Erst wenn wir alle Versuche einer Serie abgeschlossen haben, machen wir uns an die Kontrolle der Daten.

Wir nehmen den Stoß der Umschläge (beachten Sie: der letzte Umschlag liegt obenauf). Dann decken wir mit einem Blatt Papier oder einem anderen undurchsichtigen Gegenstand den Teil der Aufzeichnungen ab, wo wir die Aussagen der Versuchsperson notiert haben. Durch das Abdecken der Aussagen der Versuchsperson verringern wir die Gefahr von Fehlern aus Motivation. Sähen wir die Aufzeichnungen, würde uns das möglicherweise ablenken und wir könnten gelegentlich unbewußt die Aussage der Versuchsperson kopieren, statt das wirkliche Zielobjekt zu notieren.

Nach dem Abdecken der Spalte mit den Aussagen der Versuchsperson nehmen wir den obersten Umschlag von dem Stoß (derjenige, der als letzter an der Reihe gewesen war), öffnen ihn, holen die Zielobjektkarte heraus und notieren an der entsprechenden Stelle unseres Aufzeichnungsblattes – wir beginnen also von unten – das wirkliche Zielobjekt. Zur Kontrolle können wir daneben auch die Kennziffer des Umschlags vermerken (die mit jener in der ersten Spalte übereinstimmen muß, wie wir sie beim Aufzeichnen der Aussage der Versuchsperson notierten). Genauso verfahren wir mit den anderen Zielobjekten und notieren, vom unteren Ende der Spalte bis zum oberen, welches die wirklichen Zielobjekte waren.

Auf diese Weise erhalten wir zwei Kolonnen mit Angaben: Aussagen der Versuchsperson und wirkliche Zielobjekte. Aus dieser Aufzeichnung können wir dann leicht die Zahl der richtigen Aussagen (Treffer) und die Zahl der falschen (Fehler) errechnen.

Wir haben somit die erste Serie (oder Reihe) unseres Experiments abgeschlossen. Nun mischen wir erneut Karten und Umschläge getrennt und bitten unseren Assistenten, hinter den Wandschirm (oder ins Nebenzimmer) zu gehen und einen neuen Satz Zielobjekte vorzubereiten, indem er die Karten wieder in die Umschläge steckt, diesmal in anderer Reihenfolge.

Wenn er sie zurückbringt, führen wir die zweite Serie genauso durch wie zuvor die erste: Wir mischen den Packen, geben der Versuchsperson nacheinander die Umschläge, sie macht die Aussage über das Zielobjekt, und wir notieren in Kolonnen erstens die Kennziffern und zweitens die Aussagen der Versuchsperson, anschließend schreiben wir wieder von unten nach oben die wirklichen Inhalte der Umschläge auf und zählen die richtigen Aussagen.

Nach genau demselben Verfahren machen wir Reihe 3, 4 usw., bis wir die Zahl der Versuche erreichen, die im vorhinein für das Experiment festgelegt wurde.

Haben wir auf diese Weise alle Daten gesammelt, werten wir das Resultat mit Hilfe der auf Seite 188 genannten Formeln oder der Tabellen auf den Seiten 191 bis 193 aus.

EXPERIMENT 2: SUCHE VERBORGENER GEGENSTÄNDE

Erforderliches Material

1. Mehrere absolut gleiche Behälter. Die Anzahl hängt davon ab, mit welcher Zahl von Wahlmöglichkeiten wir arbeiten wollen. 2. Einen Gegenstand, der in einem dieser Behälter verborgen wird. Es kann sich um eine Münze handeln, einen Zettel, einen Knopf, ein Bonbon – irgend etwas. Wir raten jedoch zu einem leichten Gegenstand. Ist der Gegenstand zu schwer und wird das Experiment auf einem Tisch durchgeführt, der mit einem Tischtuch bedeckt ist, könnte ein Behälter mit zu schwerem Gegenstand sich tiefer in das Tischtuch eindrücken und so das Vorhandensein des Gegenstands in seinem Inneren verraten. Ausgeschlossen sind Gegenstände, die man mit scharfen Sinnen wahrnehmen kann: Uhren, Parfüms usw.

Das Experiment

Wie beim vorhergehenden Experiment (und auch in den folgenden Experimenten) sollten eine Trainingssitzung und ein Pilottest durchgeführt werden. Es ist nicht nötig, daß wir uns wiederholen und beides hier nochmals beschreiben. Deshalb werden wir gleich das Hauptexperiment schildern.

Die grundlegende Aufgabe für die Versuchsperson besteht darin, das Zielobjekt zu finden, das in einem der Behälter verborgen ist. Die Suche kann auf verschiedene Arten erfolgen: Die Versuchsperson kann lediglich »raten« oder sich vorstellen, daß die Behälter durchsichtig seien; sie kann die Hand über die Behälter strecken und auf ein besonderes Gefühl achten – als spüre sie eine »Ausstrahlung« von dem Gegenstand; oder die Versuchsperson kann, wie in unserem gegenwärtigen Beispiel, automatische Bewegungen benutzen, sichtbar gemacht durch das Pendel.

Wenn Sie (als Versuchsperson) ein Pendel verwenden, werden Sie es nacheinander in der ausgestreckten Hand über jeden der Behälter halten. Sie werden versuchen, die Hand stillzuhalten, aber gleichzeitig im Geist die Frage stellen: »Ist der Gegenstand hier verborgen?« Und dann werden Sie warten, bis das Pendel sich zu bewegen beginnt.

Vor Testbeginn müssen Sie aber noch herausfinden, welche Bedeutung die einzelnen Bewegungen des Pendels für Sie haben. Das Pendel kann sich in verschiedene Richtungen bewegen und auch in unterschiedlicher Art: es kann gerade hin- und herschwingen oder sich im Kreis bewegen. Sie halten darum das Pendel über einen leeren Behälter und dann über den vollen Behälter und achten darauf, welche Bewegung das Vorhandensein des aufzuspürenden Gegenstandes anzeigt. (Beachten Sie, daß bei verschiedenen Versuchspersonen diese Antwortbewegung unterschiedlich ausfallen kann. Für Sie mag seitliches Hin- und Herschwingen »nein« und Auf-Sie-zu-Schwingen »ja« bedeuten; für jemand anderen mag Kreisschwingen linksherum »nein« und Kreisschwingen rechtsherum »ja« bedeuten.)

Wenn Sie wissen, welche Bewegung das Vorhandensein des verborgenen Gegenstandes anzeigt, können Sie mit dem Test beginnen.

Sie bitten einen Freund oder Assistenten, die Zielobjekte vorzubereiten. Er wird den Gegenstand in einen der Behälter legen, dann alle Behälter vor die Versuchsperson stellen. Danach verläßt er den Raum oder zieht sich an eine Stelle zurück, von wo er keine Möglichkeit hat, der Versuchsperson eine Information zukommen zu lassen. (Erinnern Sie sich: die Information muß nicht unbedingt bewußt übermittelt werden; sie kann unabsichtlich durch »Körpersprache« gegeben werden, durch Zeichen der Ungeduld, wenn die Versuchsperson falsch reagiert, oder durch Zeichen wachsenden Interesses, wenn die Reaktion richtig ist.*)

Die Behälter werden vor die Versuchsperson, deren Pendelantwort erbeten wurde, gestellt, möglichst so, daß keiner eine bevorzugte Position einnimmt.

Die Versuchsperson hält dann das Pendel über jeden Behälter, bis es sich zu bewegen beginnt und seine Bewegung das Vorhandensein des verborgenen Gegenstandes in einem der Behälter anzeigt.

Sie (als Versuchsleiter) notieren im Bericht die Aussage der Versuchsperson, d. h. die Anzeige des Pendels, und kontrollieren die Richtigkeit, indem Sie den Behälter öffnen. Anschließend vermerken Sie das Ergebnis in Ihren Notizen.

Nun können Sie zum nächsten Versuch übergehen: Sie rufen den Assistenten herein, er nimmt den Gegenstand aus dem Behälter und legt ihn in einen, der zufällig ausgewählt wird (vermutlich ist es ein anderer Behälter, doch es kann auch vorkommen, daß er den Gegenstand in denselben Behälter legt wie zuvor). Dies geschieht in solcher Weise, daß keiner der Anwesenden auf dem Sinnesweg etwas über die neue Placierung des Gegenstandes erfährt: der Assistent muß während seiner Arbeit abgeschirmt sein, und er verändert dabei die Position *aller* Behälter. Dann verläßt er den Raum wieder.

Wieder versucht die Versuchsperson herauszufinden, welcher der Behälter den Gegenstand birgt. Die Aussage der Versuchsperson wird aufgezeichnet, der Behälter geöffnet und das Versuchsergebnis notiert.

Das ganze Verfahren wird wiederholt, bis die gewünschte Zahl von Versuchen absolviert ist. Das Gesamtergebnis wertet man dann mit Hilfe der Formel auf Seite 188 oder der Tabellen auf den Seiten 191 bis 193 aus.

EXPERIMENT 3: TELEPATHISCHE ÜBERMITTLUNG VON ZAHLEN

In diesem Experiment wird die Telepathie getestet, die Übermittlung von Gedankensignalen. Das bedeutet, daß zwei Versuchspersonen

---

* Bleibt der Assistent bei der Versuchsperson im Zimmer, müssen wir eine weitere Sicherheit gegen das Durchsickern von Informationen einbauen: Eine von der Versuchsperson verschiedene Person ändert die Positionen der Behälter beliebig durch Verschieben; bei der Verschiebung besteht jedoch die Gefahr, daß die bewegende Person den Behälter mit Inhalt am Gewicht erkennt und die Information unbewußt der Versuchsperson weitergibt.

daran teilnehmen müssen: der Sender und der Empfänger (Agent und Perzipient).

Die Teilnahme von zwei Personen erfordert als Sicherheit gegen experimentelle Fehler einige besondere Vorkehrungen. Wenn wir Personen testen, die sich kennen, müssen wir immer die Möglichkeit in Betracht ziehen, daß die beiden in betrügerischer Absicht zusammenarbeiten (so ehrlich sie auch wirken mögen). Besonders in Experimenten mit einer beschränkten Zahl von Wahlmöglichkeiten der Zielobjekte ist es leicht, einen unverdächtigen Kommunikationskode zu ersinnen, der Telepathie vortäuscht. Informationen über das Zielobjekt können beispielsweise durch besondere Intonierung in beiläufigen Bemerkungen, Hervorhebung bestimmter Wörter oder Silben, durch scheinbar zufällige Bewegungen verschiedener Körperteile, durch unverdächtige Laute wie Knarren des Stuhles, Husten und viele ähnliche, dem Anschein nach unschuldige Aktionen übermittelt werden (siehe Seite 44). Eine solche betrügerische Kommunikation braucht nicht während des gesamten Experiments zu bestehen; sie kann nur zeitweise erfolgen und deshalb leicht der Aufmerksamkeit des Versuchsleiters entgehen.

Der Sender kann aber auch unabsichtlich Informationen durchsikkern lassen. Während des Experiments notiert der Sender (oder der Versuchsleiter), welche Zielobjekte übermittelt werden sollen. Selbst wenn die Notizen vor dem Blick des Empfängers verborgen sind, kann er, wenn er nur die Möglichkeit hat, das obere Ende des Kugelschreibers zu sehen, die notwendigen Informationen durch Beobachtung der Kugelschreiberbewegungen bei der Niederschrift der Notizen erhalten. Außerdem kann man Buchstaben, Zahlen oder andere einfache Zeichen oft erkennen, indem man auf das Geräusch beim Schreiben lauscht. Wenn Sie genau horchen, können Sie mitunter sagen, ob jemand eine feste gerade Linie oder eine zögernde Kurvenlinie zieht und wie oft abgesetzt und eine neue Linie begonnen wird.*

Aus diesen Gründen müssen wir bei telepathischen Experimenten verlangen, daß die beiden Versuchspersonen physisch voneinander getrennt sind; sie müssen sich in verschiedenen, am besten weit auseinanderliegenden Räumen aufhalten und keine Möglichkeit haben, auf dem Sinnesweg miteinander in Verbindung zu treten. Wechselsprechanlagen oder Summer können hier als geeignete Kommunikationswerk-

---

[1] Es wäre sicher interessant, einen kurzen Test zu machen, in dem die Versuchsperson sich bemühen soll, das Zielobjekt aus diesen aufschlußreichen Zeichen zu erkennen. Es würde Sie überraschen, wie viele richtige Antworten so zu erhalten sind, also ohne jedwede Mitwirkung von ASW.

zeuge dienen, beispielsweise um dem Empfänger das Signal zu geben, daß er den nächsten Versuch machen soll.[1]

Erlaubt man dem Sender, die Zielobjekte auszuwählen und ihre Reihenfolge zu bestimmen, kann es auch passieren, daß seine Vorliebe für bestimmte Zielobjekte[2] oder Reihenfolgen der psychologischen Vorliebe des Empfängers entspricht. Beide können gleiche Reihenfolgen in den Zielobjekten produzieren; doch die Übereinstimmungen sind nicht auf ASW zurückzuführen, sondern zeigen nur die Ähnlichkeit ihrer Vorlieben, ihres Denkens an.

Deshalb muß die Reihenfolge der Zielobjekte durch irgendeinen Vorgang bestimmt werden, der absolut unabhängig ist von psychologischen Trends der Teilnehmer. Hier sind einige Beispiele für Zufallsverfahren, die man zu diesem Zweck anwenden kann:

1. Wir schreiben alle Möglichkeiten auf getrennte Zettel. Wir falten die Zettel, stecken sie in einen Beutel, mischen sie und ziehen irgendeinen heraus. Wir lesen den Zettel, notieren das Zielobjekt, das daraufsteht, falten ihn wieder und *stecken ihn in den Beutel zurück.* Dann mischen wir die Zettel erneut, ziehen wieder einen heraus usw. und wiederholen das Verfahren, bis wir die benötigte Zahl Zielobjekte haben.

2. Wir können auch eine Tabelle zufällig angeordneter Zahlen verwenden. Solche Tabellen gibt es in fast allen Statistikhandbüchern. Es gibt auch ganze Bände mit langen Reihen zufällig angeordneter Zahlen. (Wenn Sie ein derartiges Buch wünschen, wenden Sie sich an die Statistikabteilung einer größeren Bibliothek.) Sie können aber auch die kurze Tabelle von Zufallszahlen in diesem Buch (Seite 199) benutzen. Teilen Sie jedem Zielobjekt eine Zahl zu, und zwar am besten durch das Ziehen von Losen, und benutzen Sie die Zielobjekte dann in der Reihenfolge, die durch die Aufeinanderfolge der Kennzahlen vorgegeben ist. Wenn Sie weniger als zehn Zielobjekte haben, lassen Sie die Zahlen aus, denen keine Zielobjekte zugeteilt wurden. Haben Sie dagegen mehr als zehn (bis zu 100), dann verwenden Sie zwei aufeinanderfolgende Ziffern als eine Zahl.

---

[1] Doch hier kann die Dauer der Signale und der Pausen dazwischen als geheimer Kommunikationskode dienen, wenn sich die Versuchspersonen entsprechend verabreden konnten.

[2] Viele Menschen haben beispielsweise eine Vorliebe für die Zahlen 3 und 7; bei geometrischen Gebilden für den Kreis, das Quadrat oder das Dreieck; bei Farben für Rot; bei komplizierteren Zeichnungen für ein Haus, einen Baum oder ein Auto (siehe Seite 56).

3. Teilen Sie jeder Zahl auf einem Spielwürfel ein bestimmtes Zielobjekt zu. Würfeln Sie und notieren Sie die nacheinander obenliegenden Zahlen. Diese Zahlen bestimmen dann die Reihenfolge der Zielobjekte.

4. Es gibt auch im Handel erhältliche Geräte, mit denen sich eine zufällige Zahlenfolge produzieren läßt (Computer braucht man nur entsprechend zu programmieren).

Bevor wir ein Telepathie-Experiment beginnen, müssen wir festlegen, welche Zielobjekte wir verwenden wollen und wie die zufällige Zahlenfolge entstehen soll. Sie können jede Kombination von Zielobjekten verwenden, die Ihnen einfällt – am besten aber eine solche, von der sich die Versuchspersonen angesprochen fühlen. Lassen Sie uns, beispielshalber, einmal annehmen, wir versuchen telepathisch einstellige Ziffern, 1 bis 9 und 0, zu übermitteln. Lassen Sie uns weiter annehmen, wir beschließen die Zufallsreihenfolge durch Auslosen festzulegen (Verfahren 1).

Wenn die Versuchspersonen sich in getrennten Räumen befinden und keine Möglichkeit der Verbindungsaufnahme auf normalem Weg haben, müssen wir die Gleichzeitigkeit ihrer Aktionen sicherstellen. Dies läßt sich im wesentlichen auf zwei Arten erreichen: 1. Wir fordern beide Versuchspersonen (den Sender und den Empfänger) auf, ihre Uhren genau gleich zu stellen. Wir nennen ihnen den Augenblick, in dem das Experiment mit dem ersten Versuch beginnen soll, und auch die genauen Pausen zwischen den aufeinanderfolgenden Versuchen. 2. Wir installieren einen Summer oder eine Wechselsprechanlage vom Versuchsleiter zu den beiden Versuchspersonen*, doch ohne Verbindung zwischen den Versuchspersonen. Der Experimentator benutzt die Anlage, um das Signal für jeden Versuch zu geben. Wir erlauben den Versuchspersonen *nicht,* das Kommunikationssystem zu betätigen und einander Signale zu geben.

Im wirklichen Experiment bekommt der Empfänger mitgeteilt, welche Zielobjekte ausgewählt wurden.

Die zufallsgemäße Reihenfolge der Zielobjekte kann vom Sender erstellt werden, ratsam ist jedoch, daß der Experimentator es tut. (Der

---

* Oder der Versuchsleiter hält sich bei einer der Versuchspersonen auf, am besten beim Sender, und überwacht ihn. Dann genügt eine einzige Wechselsprechleitung zwischen dem Versuchsleiter und der zweiten Versuchsperson.

Sender könnte betrügen, indem er die Zufälligkeit fälscht und eine Zielobjektsfolge sendet, die er zuvor mit dem Empfänger abgesprochen hat.)

Die Person, die es übernommen hat, eine zufallsgemäße Reihenfolge der Zielobjekte zu schaffen, schreibt die Ziffern 1 bis 0 auf Zettel, faltet die Zettel und gibt sie in einen Beutel. Dann zieht sie einen beliebigen Zettel heraus, liest die Zahl, notiert diese auf dem Aufzeichnungsblatt und teilt sie dem Sender mit, wenn er ihm das Signal für den Beginn des Versuchs gibt. Der Zettel kommt für die nächste Ziehung wieder in den Beutel.

Geschieht die Ziehung durch den Sender, nimmt er in dem Augenblick, der für den Versuchsbeginn festgesetzt wurde, einen Zettel aus dem Beutel, notiert die Ziffer und konzentriert sich darauf, sie dem Empfänger telepathisch mitzuteilen.

Unterdessen macht der Empfänger seinen Geist leer und wartet geduldig auf das Eintreffen irgendeiner Impression, die ihm die telepathische Botschaft offenbaren wird. Er notiert dann den Eindruck auf seinem Aufzeichnungsblatt (das später mit jenem des Senders verglichen wird).

Dieses Verfahren wiederholt man, bis die gewünschte Zahl an Versuchen erreicht ist. Das Experiment wird ausgewertet, indem man die Aufzeichnungen des Versuchsleiters (oder des Senders) mit jenen des Empfängers vergleicht. Man zählt die Treffer und die Fehler und wertet das Ergebnis mittels der Formel auf Seite 188 oder der Tabellen auf den Seiten 191 bis 193 statistisch aus.

In einer Variation dieses Tests kann der Sender versuchen, dem Empfänger Impulse zur Durchführung bestimmter Bewegungen zu senden. Gewöhnlich werden die Bewegungen vorher vereinbart (doch spaßeshalber kann er manchmal auch probieren, Impulse zu Bewegungen zu senden, die er allein kennt). In einem statistisch auszuwertenden Experiment werden wir freilich immer mit vorher festgelegten Möglichkeiten arbeiten, die allen Teilnehmern bekannt sind, beispielsweise: Heben Sie das rechte Bein, beschreiben Sie mit der rechten Hand einen Kreis, kauern Sie sich nieder usw.

Im übrigen läuft das Verfahren genauso ab wie bei der Übermittlung von Ziffern. Natürlich werden während des Tests genaue Aufzeichnungen gemacht (sowohl vom Sender als auch vom Empfänger). In diesem besonderen Fall jedoch ist die Anwesenheit eines Assistenten beim Empfänger nützlich, der den Empfänger kontrolliert und seine Bewegungen aufzeichnet. Die Kontrolle könnte auch durch den Versuchsleiter über interne Fernsehgeräte erfolgen.

EXPERIMENT 4: PRÄKOGNITION EINER KARTENFOLGE

Für das Experiment können wir dieselben Zielobjekte verwenden wie in Experiment eins. Weil wir diesmal die Präkognition testen, brauchen wir keine Umschläge zu benutzen.

Wir teilen der Versuchsperson mit, welche Zielobjektsmöglichkeiten wir gewählt haben und wie viele Zielobjekte zu einer Serie gehören. Dann vereinbaren wir eine Zeit und einen Ort, wo die Zielobjekte ausgelegt werden. Man kann sie in einem Stapel aufeinanderlegen, und die Versuchsperson sagt die Reihenfolge von oben nach unten, oder man legt sie in einer Reihe nebeneinander.

Die Anweisung an die Versuchsperson könnte beispielsweise lauten: »Morgen früh um acht Uhr wird ein Stoß von 25 ASW-Karten (mit den Symbolen: Stern, Kreuz, Kreis, Quadrat, Wellenlinien) auf diese Tischecke gelegt werden. Die Karten werden eine zufällige Reihenfolge haben. Nun ist es Ihre Aufgabe, die Reihenfolge von oben nach unten vorauszusagen.«

Die Versuchsperson macht dann die Voraussage und notiert die vorausgesagte Reihenfolge der Zielobjekte auf einem Blatt Papier. Sie hebt diese Aufzeichnungen sorgfältig auf und zeigt sie niemandem.

Als nächstes (nachdem die Vorhersage gemacht wurde) bestimmt der Versuchsleiter die Reihenfolge der Zielobjekte. Mittels eines der oben beschriebenen Zufallsverfahren bereitet er eine Liste der Reihenfolge der Zielobjekte vor und ordnet dann die Zielobjekte in dieser Reihenfolge. Anschließend legt er den Stoß auf den vereinbarten Platz. Die Versuchsperson erhält keinen Zugang zu diesem Platz, auch niemand anderer, der die Reihenfolge an die Versuchsperson weitermelden könnte.

Nachdem die vereinbarte Zeit verstrichen ist (in unserem Beispiel am nächsten Morgen nach acht Uhr), treffen sich der Versuchsleiter und die Versuchsperson und vergleichen ihre Notizen, bevor die Versuchsperson Gelegenheit hat, die wirklichen Zielobjekte zu inspizieren; verglichen werden die Vorhersagen der Versuchsperson und die Liste des Experimentators über die wirklichen Zielobjekte. Die Auswertung des Experiments beruht auf dem Vergleich beider Listen.

Der Test wird wiederholt, bis die gewünschte Zahl von Versuchen absolviert ist. Zur statistischen Auswertung benutzt man wieder die Formel auf Seite 188 oder die Tabellen auf den Seiten 191 bis 193.

EXPERIMENT 5: PRÄKOGNITIONSTEST MIT DEM AUFZEICHNUNGSBLATT

Erforderliches Material

Kariertes Papier und darauf, auf jedem Bogen, durchsichtiges beziehungsweise Transparentpapier (siehe Figur 1).

Verwendung des Materials

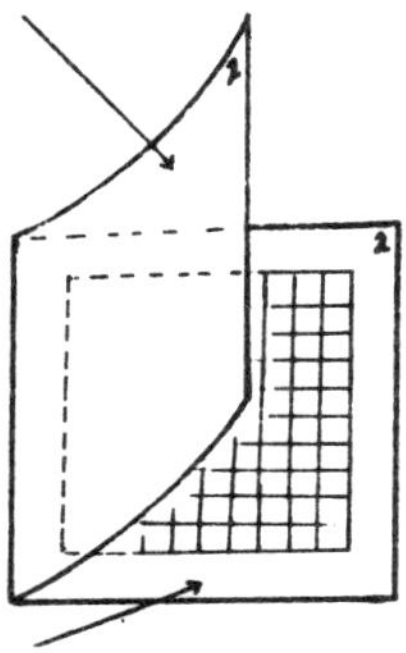

Figur 1

1. Numerieren Sie beide Bogen zur späteren Identifizierung.
2. Schreiben Sie Ihre Vorhersage auf den durchsichtigen Bogen und lassen Sie den unteren Bogen leer.
3. Nehmen Sie den durchsichtigen Bogen weg.
4. Bestimmen Sie die Zielobjekte nach einem Zufallsverfahren und notieren Sie sie in den Karos des unteren Bogens.
5. Vergleichen Sie beide Bogen und zählen Sie die Treffer und die Fehler.

Die Zahl der Karos auf jedem Bogen hängt von der Entscheidung des Experimentators ab. Eine geeignete Zahl sind 100 Karos (10 Reihen zu je 10) pro Bogen. Zu viele Karos könnten bei der Versuchsperson während des Tests Langeweile hervorrufen und die Resultate verschlechtern.

Der Experimentator sagt der Versuchsperson, daß irgendwann in der Zukunft einige Zeichen in die Karos auf dem unteren Bogen geschrieben würden, und er sagt ihr auch, was für Zeichen.

Die Wahl dieser Zeichen bleibt völlig der Phantasie des Experimentators überlassen. Es kann sich um Zahlen, Buchstaben, Zeichen wie ein Kreuz oder einen Kreis oder sogar um Farbflecken handeln. Auch die Zahl der verschiedenen Wahlmöglichkeiten steht im Ermessen des Experimentators – Voraussetzung ist nur (wie bei allen Experimenten, die statistisch ausgewertet werden sollen), daß alle Möglichkeiten gleich oft vertreten sind.

Die Versuchsperson wird nun aufgefordert, das zukünftige Muster der Symbole auf dem unteren Bogen vorherzusagen und die Symbole entsprechend auf den obenliegenden durchsichtigen Bogen zu zeichnen. (Es ist, als würde man die Symbole vom unteren Bogen auf den oberen kopieren bzw. durchzeichnen; nur daß hier Symbole gezeichnet werden, die im Augenblick noch nicht existieren, sondern erst später existieren werden.)

Achten Sie darauf, daß beide Bogen, der untere und der durchsichtige, gekennzeichnet werden, damit man später weiß, welche zusammengehören, z. B. durch Numerierung rechts oben.

Dann lassen Sie die Versuchsperson ihre Vorhersage machen; sie notiert die vorhergesagten Symbole auf dem transparenten Bogen, während dieser auf dem – noch leeren – unteren Bogen liegt. Am besten benutzt sie dazu einen weichen Bleistift, damit auf dem unteren Bogen keine Eindrücke zurückbleiben. Doch selbst falls Eindrücke entstehen – sie können die Gültigkeit der Ergebnisse nicht beeinträchtigen, wenn man bei der Auswahl der einzutragenden Zielobjekte ein unabhängiges Verfahren anwendet. Aus diesem Grund müssen Sie die Zielobjekte, die in die einzelnen Karos eingetragen werden sollen, unbedingt mittels eines Zufallsverfahrens bestimmen.

Nach der Vorhersage Ihrer Versuchsperson nehmen Sie den transparenten Bogen ab und verwahren ihn (prüfen Sie nochmals, ob auch beide Bogen mit Kennziffern versehen sind).

Nun tragen Sie die Symbole in die Karos des unteren Bogens ein. Bestimmen Sie die Reihenfolge unbedingt mittels eines Zufallsverfahrens (wie oben beschrieben). Die Symbole können hineingeschrieben, -gestempelt oder sogar -geklebt werden, wenn Sie wollen.*

Zum Schluß vergleichen Sie die ausgefüllten Zielobjektsbogen mit den Vorhersagebogen und zählen die Treffer. Benutzen Sie bei der statistischen Analyse die Formel auf Seite 188.

EXPERIMENT 6: PK-TEST BEIM WÜRFELN

Ziel dieses Tests ist, das Fallen eines Würfels zu beeinflussen, so daß eine bestimmte Zahl nach oben zu liegen kommt.

Während des Tests müssen wir besonders darauf achten, daß keine Fehler infolge von Unvollkommenheiten in der Würfelform oder Verlagerung des Schwerpunkts auftreten (letztere kann dazu führen, daß einige Seiten häufiger oben liegen als andere). Dieser Gefahr begegnen wir, indem wir alle sechs Würfelzahlen gleich oft als Zielobjekt wählen. Wir können die sechs Würfelzahlen in zufälliger Reihenfolge als Zielobjekt nehmen oder einfach abwechseln: 1, 2, 3, 4, 5, 6, 1, 2 ... usw.

Außerdem beherrschen einige Spieler den Trick, die Würfel vor dem Werfen in der Hand irgendwie zu manipulieren und durch geschicktes

---

* Falls Sie mehrere Aufzeichnungsbogen verwenden und die Symbolreihenfolge mittels der Tabelle von Zufallszahlen bestimmen, können Sie alle Bogen nacheinander ausfüllen, ohne die Zufallsreihenfolge zu unterbrechen.

Werfen die gewünschte Zahl öfter zu erhalten. Um diese mögliche Fehlerquelle auszuschalten, verlangen wir, daß die Würfel immer ohne direkten Kontakt mit der Hand – aus einem Becher – geworfen werden, und zwar über eine unregelmäßige, gerippte Fläche.

Bei der Durchführung des Experiments bestimmen wir stets die Zahl, die bei einem bestimmten Versuch nach oben zu liegen kommen soll. Diese Zahl notieren Sie. Nun fordern Sie die Versuchsperson auf, sich während des Würfelns darauf zu konzentrieren, daß diese Zahl erscheine. Das Würfeln kann die Versuchsperson oder jemand anderer vornehmen, vorausgesetzt nur, daß Vorkehrungen gegen betrügerische Manipulationen ergriffen worden sind. Dann notiert man die Zahl, die wirklich erscheint.

Das Verfahren wird wiederholt, bis die gewünschte Zahl von Versuchen erreicht ist. Man zählt die Treffer und die Fehler und wertet das Gesamtergebnis mit Hilfe der Formel auf Seite 188 oder den Tabellen auf den Seiten 191 bis 193 aus.

EXPERIMENT 7: PK-TEST – BEEINFLUSSUNG DES WACHSTUMS VON PFLANZEN

Ziel dieses Experiments ist es, die Rolle der PK bei der Beschleunigung des Wachstums von Pflanzen zu testen.

Die hauptsächlichsten Fehlerquellen in diesem Experiment sind biologischer Natur. Die Wachstumsrate kann durch eine Reihe nichtparapsychologischer Faktoren beeinflußt werden, und solche Einflüsse müssen wir sorgfältig ausschalten. Zu diesen Faktoren zählen beispielsweise: Auswahl besserer Samen; Unterschiede in Temperatur, Feuchtigkeit und Beleuchtung; Einfluß infolge einer besseren Vorbereitung des Bodens der Samen oder Pflanzen, das Vorhandensein von Spurenelementen, Düngern, Mikroorganismen im Boden usw. Deshalb müssen wir im gesamten Experiment besonders sorgfältig darauf achten, daß alle Bedingungen vollkommen unter Kontrolle gehalten werden und für das gesamte in dem Test verwendete Pflanzenmaterial absolut gleich sind. Beim Gießen beispielsweise kann es einen Unterschied bedeuten, ob Sie die Pflanze direkt mit Wasser aus dem Wasserhahn gießen oder mit Wasser, das »gesegnet« (d. h. von der Versuchsperson im Behälter eine Zeitlang in den Händen gehalten) und so um den Bruchteil eines Grades erwärmt wurde.

Erforderliches Material

Wir brauchen drei absolut gleiche Schalen und gute, ausgewählte Samen (grüne Erbsen eignen sich hervorragend für unsere Zwecke, aber Sie können natürlich jeden Samen wählen). Teilen Sie die Samen in drei gleich große Gruppen. Sogar diese Teilung sollte unter sorgfältiger Anwendung des Zufallsverfahrens erfolgen, so belanglos das auch scheinen mag. Sie wollen ja sicherstellen, daß keine bevorzugte Auswahl der Samen erfolgt, daß alle Gruppen identische Samenexemplare enthalten, die gleich große Wachstumschancen besitzen.

Wie viele Samen Sie jeder Gruppe zuteilen, steht ganz in Ihrem Ermessen. Jede Zahl zwischen 20 und 100 dient unserem Zweck – dann ist die Zahl der Individuen so groß, daß sogar ein starker Einfluß von Zufallsvariationen ausgeschaltet wird, doch nicht so groß, daß für Sie daraus eine unnötige Belastung entsteht.

Weiteres Vorgehen

Nachdem Sie die Samen in drei gleich große Partien geteilt haben, legen Sie sie in die Schalen, und zwar breiten Sie sie darin auf gleich großen Stücken Baumwollstoff aus. Als nächstes teilen Sie durch Losen jeder der drei Proben ihre Funktion in dem Experiment zu:

1. Eine Probe wird von der Versuchsperson gedanklich beeinflußt, mit dem Ziel, das Keimen und das Wachstum der Samen anzuregen.
2. Die zweite Probe wird als Kontrolle verwendet – und in keiner Weise beeinflußt.
3. Die dritte Probe wird ebenfalls von der Versuchsperson gedanklich beeinflußt, doch negativ, mit dem Ziel, das Keimen zu unterdrücken und das Wachstum zu hemmen.

Nachdem die Versuchsperson den gewünschten Einfluß auf die Pro-
Menge erhalten.

Am Beginn des Experiments legen wir auch dessen Dauer fest –
sagen wir: eine Woche, zehn Tage, zwei Wochen usw. (je nachdem,
ben 1 und 3 ausgeübt hat, stellen wir die Schalen eng nebeneinander an einen Ort, wo alle Proben gleichen Bedingungen im Hinblick auf Feuchtigkeit, Temperatur und Beleuchtung ausgesetzt sind; wir stellen sie gleich weit weg vom Fenster, entfernt von jedem Heizsystem.

Wir versorgen die Proben mit gleichen, sorgfältig abgemessenen Mengen Wasser, das aus einem einzigen Behälter stammt (damit eine gleichmäßige Temperatur gewährleistet ist). Auch bei späterem Gießen muß das Wasser aus einem einzigen Behälter kommen, wo es eine einheitliche Temperatur hat, und alle drei Proben müssen die gleiche
welche Samen wir benutzen und welche Wachstumsrate diese haben).

Dann können wir nur noch die festgelegte Zeit abwarten. Anschließend bewerten wir das Ergebnis des Experiments: Wir messen bei jeder

Probe getrennt die genaue Länge jedes Schößlings und notieren alle Maße.

Eine Warnung ist hier jedoch angebracht: Feine Messungen unterliegen häufig subjektiven Einflüssen. Beim Messen der Länge des Schößlings beispielsweise kann Unsicherheit darüber herrschen, wo der Schößling beginnt oder wo der Stiel ins Wurzelsystem übergeht; auch können Krümmungen im Stiel zu Ungenauigkeiten beim Messen führen (siehe Figur 2). In solchen Situationen nehmen wir gewöhnlich mehrere unabhängige Messungen vor und bestimmen den Durchschnittswert. Oder, besser noch, um subjektiv motivierte Fehler auszuschalten, sollten wir immer verlangen, daß die messende Person alle drei Proben getrennt mißt und *nicht gesagt bekommt,* welches die Kontrollprobe ist, welche Probe zu rascherem Wachstum angeregt und welche in der Absicht beeinflußt wurde, das Wachstum zu unterdrücken.

Figur 2:
Welches ist die Länge der Pflanze?

Denken Sie daran: Wenn die Komplexheit der Materie bei der Auswertung des Experiments ein absolut objektives Urteil unmöglich macht, müssen wir immer verlangen, daß die auswertende Person nichts über das Ziel des Experiments und über die Bedeutung der einzelnen Messungen weiß.[1]

Nach den erforderlichen Messungen, die so präzise und objektiv wie möglich vorgenommen wurden, vergleichen wir die Resultate aller drei Proben und werten den Unterschied mit Hilfe des X^2-Tests (siehe Seite 194) aus:[2]

1. Wir errechnen die Durchschnittslänge der Schößlinge in der Kontrollprobe.

---

[1] Diese Regel ist hier anzuwenden, ebenso bei anderen Experimenten, die eine zu große Subjektivität des Urteils zulassen, z. B. bei der Auswertung von Zeichnungen und verbalem Material – siehe Seite 131.

[2] Die Methode vermittelt eine gute allgemeine Bewertung Ihres Ergebnisses. Aus Forschungsgründen wollen Sie vielleicht einen Statistiker konsultieren, der Ihnen zu einer genaueren (wenn auch komplizierteren) Auswertungsmethode verhelfen kann.

2. Wir errechnen, getrennt bei den positiv und bei den negativ beeinflußten Proben, die Zahl der Schößlinge, die länger als der Durchschnitt der Kontrollprobe sind, und die Zahl jener Schößlinge, die kürzer als der Kontrolldurchschnitt sind. Die vier so erhaltenen Zahlen (positiv beeinflußt: länger und kürzer; und negativ beeinflußt: länger und kürzer) werden dann in die entsprechenden Felder der X^2-Tabelle und in die Formel eingesetzt.

Falls einige Samen überhaupt nicht keimen, berechnen wir bei diesen Länge Null des Schößlings. Interessant – für eine gesonderte Auswertung – kann es auch sein, die Samen zu zählen, die nicht gekeimt haben (getrennt bei allen drei Proben), und sie zu vergleichen.

Eine weitere Warnung muß bei diesem besonderen Experiment ausgesprochen werden:

Wenn wir es z. B. mit einem Kartenrate-Experiment vergleichen, erkennen wir, daß dieses Experiment hier von Natur aus viel komplizierter ist. Bei Kartenrate-Experimenten müssen wir im allgemeinen nur eine einzige Bedingung erfüllen: die Ausschaltung der Sinneswahrnehmung. Das ist relativ einfach, denn wir brauchen lediglich vollkommen undurchsichtige Umschläge zu verwenden und dafür zu sorgen, daß keine Informationen zur Versuchsperson durchsickern, während die Zielobjekte zwischen den einzelnen Versuchen vorbereitet werden.

Hier dagegen arbeiten wir mit komplexem biologischem Material, das als solches schon variabel genug ist, so daß Unterschiede zwischen den einzelnen Proben entstehen können. Das Endergebnis kann von komplizierten biologischen Faktoren beeinflußt sein, die wir nicht ganz unter Kontrolle bekommen, z. B. besondere genetische Merkmale mancher Samen. Dazu kommt eine Vielzahl von Umweltfaktoren, welche die Wachstumsrate beeinflussen (wir haben sie auf Seite 124 erwähnt). Und die Wirkung aller dieser Faktoren dauert relativ lange, erstreckt sich über mehrere Tage. Unter diesen Umständen haben wir keine absolute Sicherheit, daß es uns gelingt, während der ganzen Zeit einheitliche Bedingungen aufrechtzuerhalten*, und daß wir nicht irgendeinen

---

* Natürlich könnten wir zusätzliche Geräte verwenden, um die gewünschten Umweltbedingungen aufrechtzuerhalten und zu kontrollieren (Thermostate usw.), aber dadurch würde das Experiment zu kompliziert und kostspielig, es würde die Mittel eines gewöhnlichen Experimentators übersteigen. Und trotzdem besäßen wir keine Sicherheit, daß wir nicht irgendeine »exotische« Bedingung übersehen haben, die sich als sehr wichtig erweist. Wir könnten uns beispielsweise eine bakterielle Verunreinigung eines der Gefäße mit einer möglichen antibiotischen Wirkung vorstellen, Luftionen, kleine Unterschiede in der Azidität oder Alkalität des Flüssigkeitsmediums, übersehene Unreinigkeiten an den Schalen, chemische Verschmutzung der Samen durch Berührung mit den Fingern usw.

unbedeutenden nichtparapsychologischen Einfluß übersehen haben, der unsere Daten verzerrt hat.

Deshalb ist es immer klug, *aus einem einzigen Experiment keine endgültigen Schlüsse zu ziehen.* Wir sollten vielmehr das ganze Experiment wiederholen – am besten mehrmals – und bei den Schlußfolgerungen alle Ergebnisse berücksichtigen.*

EXPERIMENT 8: EIN VERSUCH MIT KOMPLEXEN ZIELOBJEKTEN

Häufig geraten wir in Situationen, die vom Schema früherer Experimente abweichen. Einige Versuchspersonen verabscheuen es, nur aus einer vorher festgelegten Zahl von Möglichkeiten wählen zu können. Sie verlassen sich lieber auf frei kreisende Impressionen und wünschen keine Beschränkung der Wahlmöglichkeiten.

Situationen dieser Art ergeben sich beispielsweise bei ASW-Leistungen auf dem Gebiet der Psychoskopie (oder »Psychometrie«, wenn die Versuchsperson für eine Person ein Lebens-Reading gibt), ebenso in Experimenten mit einer telepathischen Übermittlung von Zeichnungen. Das nachfolgende Experiment gelingt am ehesten, wenn wir dabei eine Versuchsperson (oder auch mehrere) einsetzen können, die einem derartigen Versuch den Vorzug gibt.

Frei wählbares Versuchsmaterial bringt methodische Schwierigkeiten mit sich, besonders wegen der Subjektivität beim Auswerten. Andererseits stellt es oft eine herausfordernde Aufgabe dar, durch die die Versuchsperson sich zu einer besseren Leistung angeregt fühlt.

Die Notwendigkeit einer objektiven Auswertung zwingt uns zur Suche nach Wegen zur Anwendung der Statistik in der Auswertung der Experimente, damit wir falsche Schlüsse vermeiden. Ein einfaches Auswertungsverfahren, das in solchen Situationen anwendbar ist, wird unten beschrieben. Dieses Verfahren sollte uns eine Beurteilung der Qualität der Leistung unserer Versuchsperson erlauben. Dabei dürfen wir zwei wichtige Gesichtspunkte nicht aus den Augen verlieren:

1. Die Parapsychologen haben auch kompliziertere statistische Aus-

---

* Diese Forderung ist in der Wissenschaft nicht ungewöhnlich, und sie beschränkt sich auch nicht auf das Gebiet der Parapsychologie. In allen Wissenschaften ist es üblich, daß man – vor dem Ziehen irgendwelcher Schlußfolgerungen – ein Resultat mehrmals testet, bevor es als gültig akzeptiert wird. Wenn beispielsweise ein neues Arzneimittel getestet wird, wiederholt man den Test viele Male, erst an Tieren, dann an verschiedenen Patientengruppen. Das Arzneimittel wird erst freigegeben, wenn alle Tests die Nützlichkeit des Medikaments zufriedenstellend erwiesen haben.

wertungsverfahren erarbeitet, die in besonderen Situationen angewandt werden können.*

2. Wir können uns zwar bei grundlegenden Entscheidungen – wie beispielsweise, ob ASW wirkt oder nicht – auf die Statistik verlassen, aber die statistische Auswertung vermag nicht alle interessanten Merkmale der Darbietung einer Versuchsperson freizulegen. Fragen hinsichtlich des Wirkens der ASW in einzigartigen Situationen lassen sich statistisch nicht beantworten, z. B.: Warum hat die Versuchsperson dieses bestimmte Detail bemerkt und ein anderes übersehen? Warum hat sie diesen bestimmten Fehler gemacht? Warum hatte sie diese bestimmte Art Erlebnis? Und ähnliches mehr.

Deshalb vermitteln uns Experimente mit frei kreisenden Impressionen einen interessanten Einblick in das tiefenpsychologische Wirken des ASW-Prozesses. Die oben erwähnten verwirrenden Fragen können ein vielversprechendes Thema für künftige Forschungen des Lesers werden. Im Augenblick jedoch wollen wir uns auf ein einziges einfaches Problem konzentrieren: die Entscheidung, ob in unserem Experiment ASW wirkte oder nicht.

Wir werden das Experiment und seine Auswertung für einen ausgewählten Fall der *telepathischen Übermittlung von Zeichnungen* beschreiben – doch dabei versteht es sich von selbst, daß das Verfahren leicht an viele andere ähnliche Versuchssituationen angepaßt werden kann.

Wie immer müssen wir im Experimentalplan als erstes darauf achten, daß wir jedwede Sinneswahrnehmung und jedes logische Folgern zuverlässig ausschalten. Besteht die Aufgabe darin, telepathisch Zeichnungen zu übermitteln, gibt es in unserem Experiment zwei tätig werdende Teilnehmer: den Sender und den Empfänger. Wir müssen dann auf einer Bedingung bestehen: Die beiden Teilnehmer müssen sich in getrennten Räumen aufhalten. Nur so können wir nicht nur eine etwaige bewußte (und betrügerische) Sinneskommunikation zwischen den beiden ausschalten, sondern auch unbewußte (und unschuldige, aber nicht weniger gefährliche) Hinweise, die unabsichtlich gegeben werden können.

Die Auswahl der Zielobjekte muß mittels eines Verfahrens erfolgen, das psychologisch möglichst unabhängig vom Sender ist. Damit soll die

---

* Der interessierte Leser findet solche in: J. G. Pratt *On the evaluation of verbal material in parapsychology*, Parapsychology Foundation, New York 1969.

Gefahr ausgeschaltet werden, daß Sender und Empfänger eine Vorliebe für dasselbe Bild haben könnten.

Hier nun einige Beispiele für Verfahren, die bei der Auswahl der Zeichnungen angewandt werden können:

1. Öffnen Sie (als Versuchsleiter) einen Bildband an einer beliebigen Stelle und sehen Sie sich das erste Bild an, das Ihre Aufmerksamkeit erregt – oder, besser noch, wählen Sie das erste Bild auf der Seite. Konzentrieren Sie sich auf dieses Bild – oder, besser noch, arbeiten Sie aktiv mit, indem Sie es abzeichnen.

2. Nehmen Sie eine beliebige Ansichtskarte aus einer großen Sammlung verschiedener Karten. Schauen Sie die Karte genau an oder zeichnen Sie sie ab.

3. Schlagen Sie ein Buch oder eine Zeitschrift irgendwo auf, zeigen Sie mit dem Bleistift auf irgendeine Stelle in der Textmitte, beginnen Sie an dieser Stelle zu lesen und zeichnen Sie den ersten Gegenstand in dem Text, der sich zeichnen läßt.

4. Schlagen Sie ein Wörterbuch an einer beliebigen Stelle auf und zeichnen Sie den ersten zeichenbaren Gegenstand, den Sie dort finden.

Nachdem Sie die Wahl getroffen haben, betrachtet der Sender die Zeichnung und konzentriert sich darauf. Gleichzeitig macht der Empfänger seinen Geist leer und wartet auf Impressionen, die ihm Hinweise auf die Gedanken des Senders geben könnten. Hat er sie erhalten, fertigt er seine Zeichnung an und bemüht sich dabei, die übermittelte Zeichnung möglichst genau wiederzugeben. Der Empfänger kann seine Zeichnung bewußt anfertigen, doch wenn es ihm lieber ist, kann er auch unbewußten Reizen folgen, ohne bewußt an das zu denken, was er tut, und eine sogenannte »automatische« Zeichnung liefern.

Wir versehen das Bild des Senders und die Zeichnung des Empfängers zur späteren Identifizierung mit Kennziffern, und zwar am besten auf der Rückseite, damit die Kennzeichnung unsichtbar ist, wenn man später die beiden Bilder vergleicht.

Dann wird ein zweites Bild gewählt und der gesamte Vorgang wiederholt: Der Sender »konzentriert« sich, der Empfänger fertigt seine Zeichnung an, die beiden Zeichnungen werden mit Kennziffern versehen und abgelegt.

Das Verfahren wird so lange wiederholt, bis sich genügend Daten angesammelt haben. Was »genügend« ist, hängt von der Entscheidung des Versuchsleiters ab, doch eine Versuchsserie sollte nicht weniger als zehn Zeichnungen umfassen.

Wenn alle Daten gesammelt sind, haben wir einen Satz von zehn oder mehr Bildern, die vom Sender gesendet, und einen Satz von zehn oder mehr Zeichnungen, die vom Empfänger empfangen wurden. Die beiden Sätze werden in der Endauswertung benutzt. Diese Auswertung erfolgt erst *nach Ansammlung aller Daten,* und zwar *durch einen unabhängigen Beurteiler* – oder, besser noch, durch mehrere voneinander unabhängige Beurteiler. Wichtig ist, daß der Beurteiler, der die Auswertung vornimmt, *nicht gesagt bekommt, welche Zeichnungen zusammengehören.*

Wir legen dem Beurteiler das Bild 1 des Senders und alle (zehn oder mehr) Zeichnungen des Empfängers vor, in zufälliger Reihenfolge geordnet, und fordern ihn auf, diejenige Empfängerzeichnung auszuwählen, die dem Bild am meisten ähnelt. Wir notieren die Antwort, sagen dem Beurteiler aber nicht, ob er wirklich die richtige, zum Paar 1 gehörende Zeichnung ausgewählt hat. Hat er dies, notieren wir in unseren Aufzeichnungen *einen »Treffer«;* dies muß jedoch so geschehen, daß der Beurteiler keinen Hinweis erhält – am besten erst nach Auswertung aller Bilder. Denken Sie daran: Aufgabe des Beurteilers ist es nicht, Treffer zu zählen, sondern die Ähnlichkeiten zwischen den Bildern zu beurteilen.

Wenn Bild 1 bewertet wurde, nehmen wir Bild 2 des Senders und legen es dem Beurteiler wieder mit *allen* (zehn oder mehr) zufällig geordneten Zeichnungen des Empfängers vor. Beachten Sie: *sämtliche* Zeichnungen werden vorgelegt, *einschließlich* derjenigen, die vom Beurteiler zuvor als zu Bild 1 passend ausgewählt wurden. Der Beurteiler wählt wieder die Zeichnung, die dem Bild 2 des Senders am besten entspricht, und wir notieren seine Wahl, damit wir später kontrollieren können, ob sein Urteil ein »Treffer« war.

Bild 3 wird mit allen Empfängerzeichnungen verglichen, und genauso verfährt man dann mit den restlichen Bildern des Senders. Auf diese Weise vergleicht der Beurteiler jede der Senderzeichnungen mit allen Empfängerzeichnungen (und benennt immer die ähnlichste). Wenn der Beurteiler will, kann er ein und dieselbe Empfängerzeichnung bei mehreren Bildern als ähnlichste wählen.

Die Gesamtzahl der richtigen Antworten ist für die statistische Auswertung die Zahl der »Treffer«. Benennt der Beurteiler eine falsche Zeichnung, notieren wir einen »Fehler«. Zur statistischen Auswertung bedienen wir uns der Formel auf Seite 188 oder der Tabellen auf den Seiten 191 bis 193.

Wie wir bereits sagten, kann dieses Verfahren auch für andere ähnliche Aufgaben benutzt werden. In der Psychometrie beispielsweise bekommt die Versuchsperson einen Gegenstand (sagen wir, eine Haarlocke), der einer bestimmten Person gehört, und sie gibt ein »Reading«, worin sie diese Person zu charakterisieren versucht. Es ist sorgfältig darauf zu achten, daß der Gegenstand nichts über die Person enthüllt. Eine Brille beispielsweise würde verraten, daß die Person kurzsichtig ist; eine Locke grauen Haares offenbart, daß die Person alt ist; und die Form eines Ringes läßt auf das Geschlecht des Besitzers schließen usw.

Die Versuchsperson entspannt sich und beruhigt ihren Geist. Dann lenkt sie ihre Aufmerksamkeit auf den Eigentümer des Gegenstands und tut nichts anderes, als auf eintreffende Impressionen zu warten. Sehr wahrscheinlich erlebt sie diese Impression subjektiv, als »erinnere« sie sich daran. Die Impressionen, die sie schildert, werden zur späteren Analyse sorgfältig und mit allen Details notiert; am besten eignet sich ein Tonband, das später abgeschrieben wird.

Ist die Versuchsperson mit einem Gegenstand fertig, erhält sie den zweiten, der von einer anderen Person stammt, und gibt erneut ein Reading. Danach gibt sie ihr Reading für die dritte Person, die vierte usw., bis die gewünschte Zahl an Readings (zehn oder mehr) erreicht ist. Die betroffenen Personen dürfen während des Experiments *nicht* erfahren, welches der Readings für sie persönlich vorgenommen wurde. Alle Aufzeichnungen werden anonym gemacht und zur späteren Identifikation gekennzeichnet.

Jede Zielobjektsperson erhält dann Abschriften *aller* Readings (ohne gesagt zu bekommen, welches der Readings ihr galt) und soll dasjenige Reading bestimmen, das am besten auf sie zutrifft. Bei dieser Art der Auswertung wird immer das Reading *als Ganzes* berücksichtigt, man bewertet *nicht* einzelne Aussagen getrennt*, und es darf von jeder Person immer nur ein einziges Reading benannt werden. Wenn das so ausgewählte Reading tatsächlich für die betreffende Zielobjektsperson gemacht wurde, notieren wir einen »Treffer«. Diese Endauswertung kann auch von irgend jemandem gemacht werden, der alle Zielobjektspersonen kennt; wir dürfen jedoch annehmen, daß jede von ihnen sich selbst am besten kennt und deshalb am besten in der Lage ist, die Richtigkeit eines Readings zu beurteilen.

* Bei der Untersuchung eines professionellen Hellsehers (siehe Anhang 1) wurde eine andere Auswertung vorgenommen, die auf einzelnen, getrennt betrachteten Aussagen beruhte.

EXPERIMENT 9: EIN VERSUCH UNTER BENUTZUNG VON AUFZEICHNUNGSGERÄTEN

Die bislang beschriebenen Experimente können mit einfachen Materialien (wie Karten, Papierzetteln usw.) durchgeführt werden, die in den meisten Haushalten zur Verfügung stehen oder die man zu Hause leicht vorbereiten kann. Wenn Sie Zugang zu komplizierteren Laboreinrichtungen haben wie einem Polygraphen*, können Sie eine Vielfalt neuer, aufregender Experimente planen. Zur vielversprechendsten Kategorie gehören Experimente, bei denen Sie biologische Gegenstände als Anzeiger von Psi-Effekten benutzen.

Die Spannweite der Effekte, die Sie untersuchen können, ist sehr groß. So können Sie beispielsweise an einer Pflanze Elektroden befestigen und Veränderungen im elektrischen Stromwiderstand prüfen. Sie können am untersuchten Gegenstand besondere Sensoren anbringen, und der Polygraph wird Veränderungen in Temperatur, Feuchtigkeit oder verschiedenen anderen Funktionen aufzeichnen – Sie prüfen irgend etwas, das Sie im Augenblick interessiert.

Sie können dann versuchen, psychischen Einfluß auszuüben und dadurch Veränderungen im gemessenen Charakteristikum hervorzurufen. Natürlich muß peinlich darauf geachtet werden, daß *alle* nicht-Psi-bedingten Einflüsse ausgeschaltet sind, die das Ergebnis beeinflussen könnten.

Solche Experimente mit automatischen Aufzeichnungsvorrichtungen sind elegant und oft sehr aufregend. Außerdem haben sie ein wertvolles Merkmal: man erhält eine dauerhafte Aufzeichnung des Experimentablaufs. Doch methodisch bergen sie große Schwierigkeiten. Die permanente Aufzeichnung ist nur wertvoll, wenn die Bedingungen, unter denen sie erhalten wurden, auch einwandfrei waren. Und selbst wenn uns das schwierige Unterfangen gelingt, alle nicht-Psi-bedingten Einflüsse auszuschalten, die das Ergebnis verzerren könnten, stehen wir immer noch vor dem Problem des genauen Messens. Wegen der Komplexität des biologischen Materials sind die Reaktionen gewöhnlich sehr unregelmäßig.

In der Physik und der Chemie sind wir Reaktionen gewöhnt, die sich sehr genau messen lassen. Dies können wir an Beispielen veranschaulichen – siehe Figur 3.

---

* Ein Gerät, das automatisch bleibende Aufzeichnungen von Veränderungen einiger Charakteristika des Experiments macht.

Figur 3

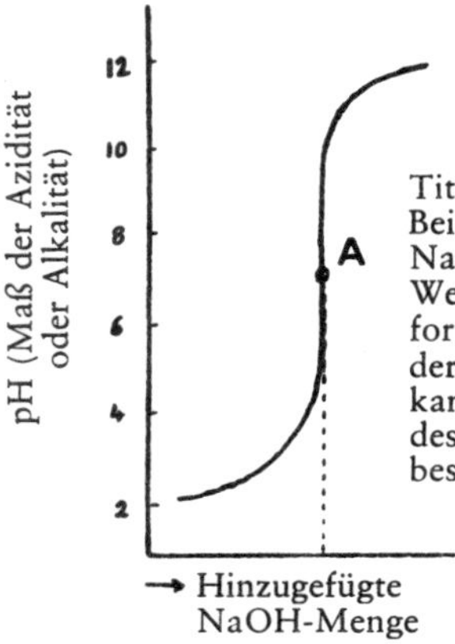

Titrationskurve. Bei Hinzufügung von NaOH steigt der pH-Wert. Die wichtige Information (die Menge der vorhandenen Säure) kann aus der Position des Punktes A genau bestimmt werden.

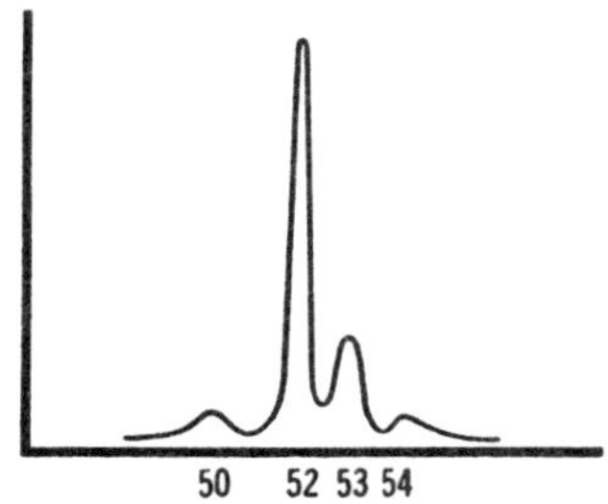

Massenspektrograph von Chrom-Isotopen. Spitzen der Kurve charakterisieren die Isotopen, die Höhe jeder Spitze zeigt ihre relativen Mengen an.

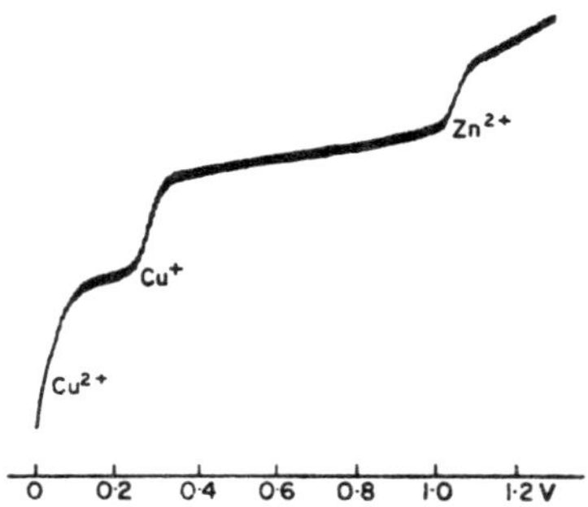

Polarographische Analyse einer Lösung. Aufzeichnung von Veränderungen in der Stärke des elektrischen Stroms, wenn das Potential auf die Elektroden schrittweise verändert wird. Position der vertikalen Kurvensegmente charakterisiert die in der Lösung vorhandenen chemischen Stoffe; die Länge der vertikalen Segmente mißt ihre Konzentration.

In unseren Experimenten mit biologischem Material erwarten wir dagegen eher Aufzeichnungen folgender Art:

Figur 4

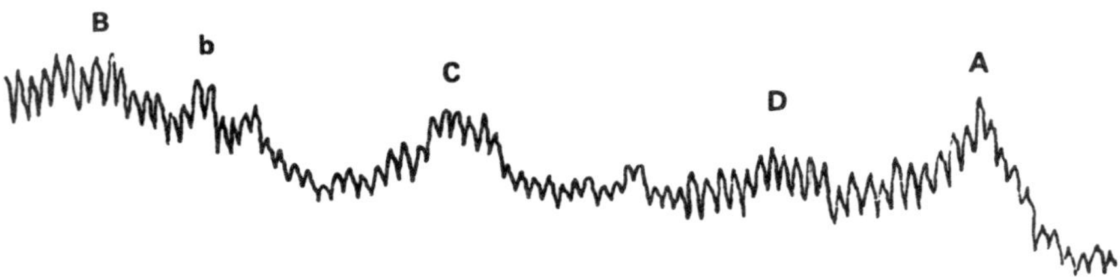

Beispiel einer plethysmographischen Aufzeichnung (die dazu benutzt werden kann, telepathische Signale aufzuspüren). Kleine Fluktuationen der Kurve zeigen die Herzschläge an und sind für unseren Zweck unwichtig. Die plethysmographische Reaktion ist an einer Veränderung der allgemeinen Richtung der Kurve zu erkennen; doch viele Artefakte verzerren das Bild. Wir müssen im vorhinein festlegen, welchen Mindestausschlag wir als positive Reaktion akzeptieren.

Die objektive Auswertung dieser Aufzeichnungen ist schwierig. Wissenschaftler, die mit solchen Instrumenten arbeiten, absolvieren gewöhnlich zuerst ein Spezialtraining, bei dem sie lernen, derartige Kurven auszuwerten. Hier einige Regeln, die wir in unseren Experimenten einhalten müssen:

1. Jeder Versuch einer psychischen Beeinflussung muß in der Aufzeichnung vermerkt werden, und zwar nach Möglichkeit automatisch. Wenn wir die Beeinflussung versuchen, drücken wir eine Taste, und das Signal erscheint in der Kurve. Müssen wir den Vermerk manuell machen, sagen wir, durch direkte Markierung der Aufzeichnung mit einem Bleistift, sollten wir dabei die Aufzeichnung nicht anschauen. Wenn wir dies tun, könnte es sein, daß ein ungewöhnliches Merkmal in der Kurve uns verleitet, das handschriftliche Zeichen ein wenig zu verschieben, so daß es unsere Theorie besser stützt.

2. Die Person, die später mit der Auswertung der Kurve betraut wird, *darf nicht wissen,* wann die Beeinflussung versucht wurde. Die Kennzeichnungen müssen vor ihren Blicken verborgen werden.

3. Wir müssen *im voraus* die Kriterien festlegen, an die wir uns bei der Auswertung der Kurve halten werden. Wir müssen bestimmen, welches die Grenze sein wird, jenseits derer Abweichungen vom regulären Kurvenverlauf als positive Reaktion gewertet werden. Bei den Kurven in Figur 4 beispielsweise könnten wir uns leicht darauf einigen, daß die Reaktion an Punkt A als positiv gewertet werden darf – aber wie steht es mit den Punkten B, C und D, wo die Veränderung geringer ist? Auch die Richtungsänderung der Kurve an Punkt B ist nicht sehr deutlich. (Wäre nicht Punkt b richtiger?) Alles dies muß im voraus festgelegt werden. Wir bestimmen also beispielsweise, daß eine Veränderung von 20 Millimetern (oder jeder andere Abstand oder Winkel, auf den wir uns im voraus einigen) als Grenze akzeptiert wird: Alle Reaktionen dieser oder einer darüberliegenden Größe werden gezählt, alle geringeren werden nicht gezählt. Beachten Sie: Bei einer wissenschaftlichen Auswertung dürfen wir uns nicht nur auf einen allgemeinen visuellen Eindruck verlassen, wir müssen die Abstände *messen.*

4. Außerdem müssen wir auch im voraus bestimmen, welcher zeitliche Abstand die Höchstgrenze bilden soll, bis zu der eine Reaktion mit dem Stimulus in Zusammenhang gebracht werden kann. Wir können z. B. bestimmen, daß wir die Reaktion lediglich mit dem Stimulus in Verbindung bringen, wenn sie diesem folgt, jedoch nur, wenn sie in einem Zeitraum erfolgt, der fünf Sekunden nicht überschreitet. Diese Entscheidung hinsichtlich des Zusammenhangs

zwischen Stimulus und Reaktion treffen wir vermutlich auf der Basis dessen, was wir im Pilottest gelernt haben. (Der Pilottest ermöglicht es uns, ungefähr zu beurteilen, wie sich das untersuchte Phänomen verhält.)

Sind die obigen Grundregeln einmal erfüllt, können wir zur Auswertung übergehen. Eine Person, die entsprechend Bedingung 2 nichts über die zeitliche Abfolge der Signale weiß, markiert alle Reaktionen, die sämtliche Kriterien erfüllen, auf die wir uns gemäß Bedingung 3 einigten.

Der nächste Schritt besteht darin, daß wir in der Kurve alle Intervalle anzeichnen, innerhalb welcher der untersuchte Effekt erwartet wird – gemäß Bedingung 4.

Dann zählen wir getrennt:

1. Die Reaktionen, die innerhalb der Intervalle auftraten, wo man sie erwartete (»Treffer«);

2. die Reaktionen, die außerhalb der Intervalle markiert wurden, innerhalb derer man sie erwartete, also zu einem Zeitpunkt, da man sie nicht erwartete.

Der Vergleich beider Werte ermöglicht uns die Beurteilung, ob die beobachteten Reaktionen sich wirklich auf die Perioden beziehen, in denen wir sie erwarteten (d. h. ob sie häufiger — oder vielleicht ausschließlich – in jenen Intervallen auftraten, wo man sie erwartete).

Genauso müssen wir vergleichen:

1. Die Zahl der Beeinflussungsversuche, die zu einer Reaktion innerhalb der erlaubten Zeitspanne führten, und

2. die Zahl der Beeinflussungsversuche, die nicht zu einer solchen Reaktion führten.

Schließlich gilt es festzustellen, ob die Reaktion beharrlich auf die versuchte Beeinflussung hin erfolgte.

EXPERIMENT 10: SUCHE NACH EINER TELEPATHISCHEN SPUR

Kehren wir vorübergehend zu Experiment 1 zurück: *ASW-Test mit Zielobjekten in undurchsichtigen Umschlägen.* Idealerweise sollten wir, um die einzelnen Versuche absolut unabhängig voneinander zu machen (wie es aus statistischen Gründen theoretisch erforderlich ist), ein eigenes Zielobjekt für jeden Versuch haben. Es würde nur für diesen bestimmten Versuch benutzt und dann beiseite gelegt.

In der Praxis jedoch wird so etwas nicht getan. Genau wie in Experiment 1 beschrieben, verwenden wir gewöhnlich einen begrenzten Satz Zielobjekte, und das ganze Experiment wird mit dem gleichen Zielobjektsmaterial durchgeführt, das man in aufeinanderfolgenden kurzen Serien wiederholt benutzt. Damit erspart man sich natürlich die Mühe, einzelne Zielobjekte vorzubereiten. Aber dadurch ergibt sich auch ein neues Charakteristikum: Jedes Zielobjekt wird der Versuchsperson mehrmals nacheinander vorgelegt.

Dadurch können Spuren der vorausgegangenen Aussagen der Versuchsperson am Zielobjekt haften bleiben – als *»geistige Imprägnation«* oder »Prägung«; es kommt zum sogenannten *»Fokaleffekt«*. Zwischen den einzelnen Serien werden die Zielobjekte Verfahren unterworfen (dem Mischen, der Tarnung), die jede Möglichkeit ausschalten, daß die Versuchsperson durch Sinneswahrnehmung das Zielobjekt erkennt, das sie zuvor bereits hatte, und sich erinnert, welche Aussage sie im vorhergegangenen Versuch über dieses Zielobjekt machte. Doch die am Zielobjekt vorhandene »geistige Imprägnation« oder »Prägung« stellt einen unabhängigen ASW-Stimulus dar. Die Versuchsperson kann dann die »aufgeprägte Bedeutung« – sagen wir, die Farbe, welche die Versuchsperson bei früherer Gelegenheit für das Zielobjekt nannte – wahrnehmen, zusätzlich zur »wirklichen Bedeutung« – wirklichen Farbe – des Zielobjekts. Die aufgeprägte und die wirkliche Bedeutung können identisch sein, falls nämlich die vorausgegangene Aussage richtig bzw. ein »Treffer« war; aber sie unterscheiden sich, wenn die vorausgegangene Aussage falsch bzw. ein »Fehler« war.

Reagiert die Versuchsperson stärker auf die »aufgeprägte Spur« als auf das wirkliche Zielobjekt, kann es geschehen, daß wir ihre ASW übersehen. Wenn wir nur im Zusammenhang mit dem wirklichen Zielobjekt nach Treffern suchen, sind wir nicht darauf vorbereitet, diese Fehlleitung ihrer ASW zu entdecken. Deshalb ist es ratsam, auch ein Verfahren anzuwenden, das ASW aufspürt, die auf die Wahrnehmung der von vorausgegangenen Versuchen zurückgebliebenen geistigen Spur ausgerichtet ist. Das Verfahren empfiehlt sich immer dann, *wenn ein und dasselbe Zielobjekt in aufeinanderfolgenden, unabhängigen ASW-Versuchen mehrmals verwendet worden ist.*

In unserer Analyse werden wir die Experimentalgeschichte jedes einzelnen Zielobjekts rekonstruieren und die Aufeinanderfolge der Aussagen unserer Versuchspersonen über dieses besondere Zielobjekt in der ersten Serie, der zweiten, der dritten, vierten usw. tabellarisch festhalten.*

Wenn Sie sich Ihre Aufzeichnungen über Experiment 1 nochmals vornehmen, werden Sie für jede Versuchsserie in Kolonnen folgende Datenreihen für die Zielobjekte finden, die der Versuchsperson in einer bestimmten Serie vorgelegt wurden: Zielobjektnummern; Aussagen der Versuchsperson; wirkliche Zielobjekte.

So könnten Sie beispielsweise – wenn Sie als Zielobjekte schwarze und weiße Karten in undurchsichtigen Umschlägen benützt haben – folgende Daten für Serie 1 finden:

SERIE 1

Zielobjekt Nr.	Aussage der Versuchsperson	Richtige Farbe
8	schwarz	schwarz
9	weiß	weiß
3	weiß	schwarz
1	schwarz	weiß
10	schwarz	weiß
7	weiß	schwarz
5	schwarz	schwarz
6	weiß	weiß
4	schwarz	schwarz
2	weiß	weiß

Beachten Sie: die Zielobjekte wurden in zufälliger Reihenfolge vorgelegt. Ihre Reihenfolge wurde dann erneut nach einem Zufallsverfah-

---

* Wir müssen dieses Verfahren von jenem unterscheiden, das beispielsweise S. G. Soal anwandte (S. G. Soal, F. Bateman: *Modern Experiments in Telepathy*, Yale University Press, New Haven, Conn., 1954), als er nach der Zeitverschiebung suchte. Er hatte eine lange Folge einzelner Versuche aufgezeichnet und kontrollierte jede Aussage der Versuchsperson im Hinblick auf die Zielobjekte, für welche sie gemacht wurde (der normale ASW-Test).
Dazuhin jedoch kontrollierte er jede Aussage der Versuchsperson auch im Zusammenhang mit den Zielobjekten, die *in dieser ununterbrochenen Folge von Versuchen* dem richtigen Zielobjekt *vorausgingen* oder *folgten*. Auf diese Weise untersuchte er das Wirken von ASW in zeitlicher Verschiebung + 1 (wenn die Aussage im Hinblick auf das nächstfolgende Zielobjekt kontrolliert wurde), + 2 (wenn das Zielobjekt zwei Versuche weiter in der Zukunft lag), – 1 (wenn die Aussage mit dem vorausgegangenen Zielobjekt verglichen wurde) usw.
Wir dagegen befassen uns in unserer augenblicklichen Analyse *nicht mit den vorausgehenden oder folgenden Zielobjekten in derselben Serie*, sondern mit *vorausgegangenen Aussagen für dasselbe Zielobjekt, wenn es der Versuchsperson in aufeinanderfolgenden Serien wiederholt zur Bestimmung durch ASW vorgelegt wurde.*

ren geändert, anschließend setzte man das Experiment mit Versuchsserie 2 fort. In Serie 2 könnten Sie folgende Daten aufgezeichnet haben:

SERIE 2

Zielobjekt Nr.	Aussage der Versuchsperson	Richtige Farbe
2	weiß	weiß
4	schwarz	schwarz
7	schwarz	schwarz
8	schwarz	schwarz
9	schwarz	weiß
6	weiß	weiß
10	weiß	weiß
1	weiß	weiß
3	weiß	schwarz
5	schwarz	schwarz

Und in Serie 3 könnten sie folgende Daten erhalten haben:

SERIE 3

Zielobjekt Nr.	Aussage der Versuchsperson	Richtige Farbe
2	weiß	weiß
5	schwarz	schwarz
10	weiß	weiß
9	weiß	weiß
1	schwarz	weiß
4	schwarz	schwarz
6	weiß	weiß
7	schwarz	schwarz
8	schwarz	schwarz
3	weiß	schwarz

Und so ließe sich mit allen Serien weitermachen.

Aus diesen Daten werden wir nun die Geschichte jedes Zielobjekts rekonstruieren. Wir nehmen Zielobjekt 1 und notieren, welche Aussagen dafür in Serie 1, Serie 2, Serie 3 usw. gemacht wurden. Genauso erfassen wir die Geschichte von Zielobjekt 2 tabellarisch: Aussagen in Serie 1, Serie 2, Serie 3 usw. Dasselbe geschieht anschließend für die

Zielobjekte 3, 4, usw. Wir erhalten so eine Tabelle, die folgendermaßen aussieht: *

Aussage der Serie:

Zielobjekt Nr.	1	2		3	usw.
1	schwarz	×	weiß	×	weiß
2	weiß	=	weiß	=	weiß
3	weiß	=	weiß	=	weiß
4	schwarz	=	schwarz	=	schwarz
5	schwarz	=	schwarz	=	schwarz
6	weiß	=	weiß	=	weiß
7	weiß	×	schwarz	=	schwarz
8	schwarz	=	schwarz	=	schwarz
9	weiß	×	schwarz	×	weiß
10	schwarz	×	weiß	=	weiß
		6	»Treffer«	8	»Treffer«

Die Schlußauswertung wird nach dieser Tabelle vorgenommen. Man vergleicht jede Aussage mit der vorhergehenden (für dasselbe Zielobjekt) und kontrolliert, ob sie gleich ist (in der Tabelle mit = bezeichnet) oder anders (mit x bezeichnet).

Bei einer einfachen statistischen Auswertung können Sie die »identischen« und die »anderen« Aussagen zählen und die statistische Gesamtsignifikanz mittels der Formel auf Seite 188 oder den Tabellen auf den Seiten 191 bis 193 berechnen.

Anmerkung: Diese einfache Auswertungsmethode ist nur hinreichend präzise, wenn alle Zielobjektsmöglichkeiten in den Daten gleichmäßig vertreten sind. Sie kann nicht angewandt werden, wenn die Versuchsperson eine Vorliebe für einige Zielobjektsmöglichkeiten zeigte und diese häufiger benannte als andere.

---

* Die in den obigen Beispielen für die Serien 1, 2, 3 usw. angegebenen Daten sollten Sie selbst prüfen, damit Sie sehen, wie die Tabelle erstellt wurde. Dann sollten Sie mit wirklichen Daten aus *Ihrem* Experiment 1 eine ähnliche Tabelle erstellen.

6. Das Experiment, das am ehesten gelingt

Die vorhergehenden Experimente dienten dazu, dem Leser etwas Praxis in der Planung und Durchführung eines ASW-Experiments zu vermitteln. Hauptziel war, ihn die Technik des Testens von Versuchspersonen zu lehren, und dabei spielte es nur eine zweitrangige Rolle, ob tatsächlich ASW im Spiel war oder nicht.

Jetzt haben wir jedoch eine Stufe erreicht, von der aus der Leser, der die vorausgegangenen Versuche mitgemacht hat, ein Experiment durchführen kann, bei dem er einen greifbaren Beweis für das Vorhandensein von ASW erwarten darf.

ASW-Experimente leiden bekanntlich wegen der Schwankungen unterworfenen Natur der ASW und wegen der Komplexität der für einen Erfolg wichtigen Bedingungen an mangelnder Wiederholbarkeit. Im Kapitel vier wurden Ratschläge für die Vorbereitung einer Versuchsperson zur Steigerung der Wahrscheinlichkeit eines ASW-Erfolges gegeben. Wir haben auch erwähnt, daß es nicht leicht ist, sämtliche Bedingungen zu schaffen und aufrechtzuerhalten, die für einen ASW-Erfolg vonnöten sind. Die Erfüllung aller dieser komplexen psychologischen Bedingungen ist eine höchst kreative Aufgabe – fast schon ein Meisterstück an Geschicklichkeit bei der Behandlung der Versuchsperson und der Durchführung des Experiments als Ganzes.

Gibt es einen einfacheren Weg, ein Experiment zu planen, das auf routinemäßige Art ein Erfolgsergebnis bringt, ohne daß wir ständig auf alle möglichen »Anfälligkeiten« achten müssen? Ja, es ist inzwischen zumindest eine Experimentalsituation gefunden worden, die ziemlich sicher die Wiederholbarkeit einer ASW-Leistung seitens normaler Versuchspersonen und ohne komplizierte Vorbereitungen verspricht.

Dem uns vorliegenden empirischen Beweismaterial zufolge hat das am leichtesten wiederholbare ASW-Experiment die Demonstration des Differenzeffekts zum Gegenstand. Dieser ist ein besonderes Merkmal der ASW, das man beobachten kann, wenn man das Experiment *unter zwei Bedingungen* durchführt. Ist eine Bedingung für die

Versuchsperson angenehm und die andere unangenehm, wird die Versuchsperson im angenehmen Teil bessere Ergebnisse erzielen.

Der Unterschied in den Bedingungen kann sehr vielfältiger Art sein – dennoch wirkt der Differenzeffekt ziemlich regelmäßig. Mit einer hinreichend lebhaften Phantasie können wir uns fast endlose Kombinationen von angenehmen (positiven) und unangenehmen (negativen) Bedingungen ausdenken. Zum Beispiel:

- Wir machen es der Versuchsperson bequem – oder unbequem.
- Die Versuchsperson glaubt an Erfolg – sie glaubt nicht daran.
- Die Versuchsperson hat Gelegenheit erhalten, an der Auswahl des Zielobjektmaterials mitzuwirken – sie wird gezwungen, Zielobjektmaterial zu benutzen, das sie nicht mag.
- Der Versuchsleiter verhält sich freundlich – unfreundlich.
- Das Experiment findet in einer hübschen Ungebung statt – an einem häßlichen Ort.
- Die Versuchsperson wird ermutigt – entmutigt.
- Die Versuchsperson ist interessiert – gelangweilt.
- Das Experiment wird an einem ruhigen Ort durchgeführt – an einem Ort, wo großer Lärm und starke Ablenkung herrschen.
- Nur angenehme Menschen sind anwesend – ein unangenehmer Mensch bekommt Zutritt.
- Die Versuchsperson hat gut gegessen – sie ist hungrig.
- Die Versuchsperson hatte bei einer wichtigen Unternehmung Erfolg – sie war erfolglos und ist enttäuscht.
- Das Experiment wird zu einer Zeit durchgeführt, die der Versuchsperson angenehm ist – zu einer ungünstigen Zeit, und die Versuchsperson fühlt sich belästigt.
- Die Versuchsperson ist gesund und frisch – müde oder krank.
- Die Versuchsperson ist gehobener Stimmung – deprimiert.

Und ähnliche differierende Bedingungen mehr.

Wir erwarten unter besseren Bedingungen immer bessere Ergebnisse. Gewöhnlich erbringen bessere Bedingungen ein Ergebnis, das über der Zufallserwartung liegt, wogegen unter schlechten Bedingungen die Ergebnisse normalerweise unter der Zufallserwartung bleiben.

Es gibt lediglich *zwei Hauptbedingungen*, die wir erfüllen müssen, wenn wir die vorerwähnte Regel in die Praxis umsetzen wollen:

1. Wir müssen bei unserer Untersuchung eine genügend große Zahl Personen einsetzen; ich würde zwanzig oder mehr empfehlen. Würden wir uns nur auf eine Versuchsperson stützen, könnte irgendeine unkontrollierte Kombination von Fakten auftreten, die eine Umkehr der

Regel bewirken und zu einem unerwarteten Ergebnis führen würde. (Ein Beispiel: die Versuchsperson könnte sich während des positiven Teils unseres Experiments müder fühlen; sie könnte kurz vor Beginn des negativen Teils eine angenehme Nachricht erhalten oder sich daran erinnern und daher während des gesamten negativen Teils in gehobener Stimmung sein.) In einem so delikaten Experiment wie hier können die Zufallsschwankungen unter Versuchspersonen und unkontrollierte winzige Veränderungen der Bedingungen immer noch die Ergebnisse ungeheuer beeinflussen.

2. Die Versuchsperson darf nicht wissen, welches Ergebnis man von ihr erwartet. Wenn sie es im Zuge des Experiments erfährt, können sich komplexe Motivationsfaktoren stark auf ihre Leistung auswirken. (Wenn sie beispielsweise den Zweck unserer Versuche, die Situation unangenehm zu gestalten, kennt, dann könnte ihr Interesse zunehmen, und diese gesteigerte Motivation könnte ihre Leistung wesentlich verbessern.)

Sind wir darauf vorbereitet, diese beiden Bedingungen konsequent und unter allen Umständen zu erfüllen, dann müßten wir in der Lage sein, in unserem Experiment ASW zu demonstrieren.

Wir können jedes der Experimente aus dem vorhergehenden Kapitel benutzen. Als erstes müssen wir entscheiden, welches Experiment wir durchführen wollen. Ich empfehle, zunächst das Experiment zu wählen, das bei Ihren Übungstests am glattesten verlief. Denken Sie daran: Jede Unbeholfenheit des Experimentators, jede Holprigkeit im Ablauf des Experiments ist ein unangenehmes Merkmal mehr und verzerrt die Resultate in unkontrollierter Weise.

Haben Sie sich einmal für das Experiment entschieden, das Sie durchführen wollen, müssen Sie festlegen, welches Merkmal Sie zu variieren gedenken: Zuerst gilt es zu planen, wie Sie während des positiven Teils Ihres Tests angenehme Bedingungen schaffen, und dann, wie Sie die Bedingungen für den negativen Teil verschlechtern. Wählen Sie nur *eine einzige Variable*, um die Differenz herbeizuführen.

Wenden Sie wirklich große Mühe auf, planen Sie wirklich alle Einzelheiten des Tests und treffen Sie alle nötigen Vorbereitungen – so daß der positive Teil des Experiments auch tatsächlich angenehm und ohne Störung abläuft. Im Pilottest läßt sich erproben, wie glatt alle Einzelheiten des Tests verlaufen.

Wenn wir überzeugt sind, daß alles zu unserer Zufriedenheit verlaufen wird, beginnen wir das Hauptexperiment.

Wir zählen die Versuchspersonen durch. Mit der Hälfte derselben –

jenen mit ungeraden Zahlen – beginnen wir den Test unter angenehmen Bedingungen, und nachdem wir den Test halb durchgeführt haben, verändern wir die Bedingungen für den negativen, unangenehmen Teil.

Mit der zweiten Hälfte der Versuchspersonen – jenen mit den geraden Zahlen – verfahren wir genau umgekehrt: Wir führen die erste Testhälfte unter negativen Bedingungen durch und schaffen dann für den zweiten Teil angenehme Bedingungen.

Anmerkung: Wir könnten tatsächlich das Experiment auch mit *allen* Versuchspersonen so durchführen, daß die angenehmen Bedingungen den unangenehmen vorausgehen. Dies würde vermutlich sogar die Differenz zwischen beiden Bedingungen vergrößern und unser Ergebnis noch verblüffender machen.* Natürlich wäre der Versuchsleiter dann glücklicher. Ich glaube jedoch, daß es sogar in diesem Übungsexperiment klüger ist, wissenschaftliche Präzision walten zu lassen und sich an wissenschaftliches Arbeiten zu gewöhnen – selbst um den Preis, ein weniger beeindruckendes Ergebnis zu erhalten. Wir sollten immer versuchen, *reine Experimente* durchzuführen; d. h. Experimente, in denen wir den Einfluß *eines einzigen Faktors* isolieren. Experimente dieser Art erhöhen den wissenschaftlichen Wert: Es wird immer nur ein einziger Faktor verändert und untersucht, und zusätzliche, unkontrollierte Variationen verzerren nicht das Ergebnis. Außerdem wollen wir in unserem Experiment ja nur den Einfluß dieses einzigen Faktors untersuchen, den wir gewählt haben, um einen Wechsel zwischen günstigen und ungünstigen Bedingungen herbeizuführen. Wir wollen nicht, daß das Ergebnis unserer Untersuchung durch eine weitere Variation verzerrt wird – das Zeitelement. Den Zeitfaktor schalteten wir aus, indem wir verfügten, daß die Versuchspersonen mit ungeraden Zahlen unter positiven Bedingungen und jene mit geraden Zahlen unter negativen Bedingungen beginnen sollten.

Die *statistische Auswertung* des Ergebnisses kann auf zwei Arten erfolgen:

1. Wir können die statistische Signifikanz des Unterschieds zwischen den Ergebnissen unter beiden Bedingungen ermitteln (siehe Seite 194).

---

* Es ist leichter, gute Bedingungen zu zerstören, als nach einem unangenehmen Beginn gute Bedingungen zu schaffen. Beim zweiten Teil der Versuchspersonen wird es uns wahrscheinlich nicht gelingen, die besten angenehmen Bedingungen zu schaffen, und der Differenzeffekt wird weniger ausgeprägt sein. Andererseits steht zu erwarten, daß im zweiten Teil alle Versuchspersonen müder, gelangweilter und weniger interessiert sein werden. Dies trägt zur Unangenehmheit der Situation im zweiten Testteil bei.

2. Oder – besser noch – wir können die Treffer der einzelnen Versuchspersonen als getrennte Einheiten betrachten und nach der X^2-Methode analysieren (siehe Seite 194):

a) Zahl der Versuchspersonen, die unter angenehmen Bedingungen ein Ergebnis über der Zufallserwartung erzielten;
b) Zahl der Versuchspersonen, die unter angenehmen Bedingungen ein Ergebnis unter der Zufallserwartung erzielten;
c) Zahl der Versuchspersonen, die unter unangenehmen Bedingungen ein Ergebnis über der Zufallserwartung erzielten;
d) Zahl der Versuchspersonen, die unter unangenehmen Bedingungen ein Ergebnis unter der Zufallserwartung erzielten.

Dasselbe Experiment können wir auch in einer variierten Form durchführen:

Wir machen mit allen Versuchspersonen den gleichen Test und versuchen nicht, die Bedingungen zu ändern; dann, bevor wir die Daten analysieren, teilen wir[1] die Versuchspersonen in zwei Gruppen: eine Gruppe besteht aus jenen Versuchspersonen, die das Gefühl hatten, positiven Bedingungen (unter denen wir positive Ergebnisse erwarten) ausgesetzt zu sein, und die zweite Gruppe umfaßt jene Versuchspersonen, die nach deren Meinung unter negativen Bedingungen (wo wir negative Ergebnisse erwarten) getestet wurden.

Die Trennung in zwei Gruppen kann aufgrund eines Interviews erfolgen, oder wir können auch einen Fragebogen verwenden, der dazu bestimmt ist, das Merkmal zu messen, das wir untersuchen wollen.

Wenn wir beispielsweise die Versuchspersonen in solche trennen wollen, die an ASW glauben, und solche, die nicht daran glauben, können wir folgenden Fragebogen benutzen:

FRAGEBOGEN[2]

1. Glauben Sie, daß Sie in diesem Test Erfolg haben werden?
   a) Das ist unmöglich.
   b) Ich weiß es nicht.
   c) Ja, wenigstens einen kleinen.
2. Haben Sie Glück, wenn Sie etwas zu erraten oder vorherzusagen versuchen, z. B. Resultate von Spielen?

---

[1] Aus offensichtlichen Gründen muß dies von einer Person gemacht werden, die nichts über die Ergebnisse der Versuchspersonen weiß. Eine Kenntnis der Ergebnisse könnte die Objektivität der Teilung beeinträchtigen.

[2] Adaption aus. M. Rýzl »Precognition scoring and attitude«. *Journal of Parapsychology*, 32/1968, Seiten 183–189.

a) Selten, oder ich versuche es selten.
b) Manchmal.
c) Ja, sehr oft.

3. Möchten Sie gern über ASW verfügen?
   a) Nein.
   b) Ich weiß es nicht, oder ich habe noch nie darüber nachgedacht.
   c) Ja.
4. Wie gefällt Ihnen dieser Test?
   a) Nicht sehr.
   b) Ich mache ihn ganz gern, aber ohne Begeisterung.
   c) Er gefällt mir, und ich möchte das bestmögliche Ergebnis erzielen.

Wir können die Versuchspersonen auch anhand anderer Merkmale trennen, welche die Differenz zwischen angenehm und unangenehm ausmachen.

So können wir beispielsweise vergleichen:

○ Versuchspersonen, die das Experiment (oder den Experimentator) mochten – und solche, die es (oder ihn) nicht mochten.
○ Versuchspersonen, die sich glücklich fühlten – oder deprimiert.
○ Versuchspersonen voll Selbstvertrauen – oder voller Zweifel.
○ Versuchspersonen, die interessiert waren – oder gelangweilt.
○ Versuchspersonen mit guten zwischenmenschlichen Beziehungen – oder mit schlechten.

Und ähnliches mehr.

In einer noch anderen Variation können wir verschiedene Zielobjektsmaterialien benutzen – einen Satz mit angenehmen »Untertönen« und einen zweiten mit unangenehmen Merkmalen – und die Ergebnisse vergleichen.

Sie können hier eine immense Zahl Variationen ersinnen und untersuchen, ganz nach Ihren persönlichen Vorlieben und Interessen. Bestimmt finden Sie leicht Bedingungsvariationen, die noch nicht erforscht worden sind, und dann erhalten Ihre Experimente einen neuen Charakter: sie werden zu originalen Forschungsarbeiten, die neue wissenschaftliche Kenntnisse erbringen.

Haben Sie dieses Stadium einmal erreicht – jenes originaler wissenschaftlicher Beiträge –, wollen Sie sicher Originalberichte durchstudieren, die Forschungsarbeiten anderer Parapsychologen beschreiben, und Sie werden auch Gelegenheit zur Kontaktaufnahme mit anderen Parapsychologen suchen.

Die Kenntnis der Arbeit anderer wird Ihnen in doppelter Hinsicht nützen: Sie erfahren, was bereits entdeckt ist, und sparen Zeit, indem Sie eine Duplizität der Forschung vermeiden. Die Arbeit anderer wird Sie auch inspirieren und Sie auf neue Ideen für Ihre eigenen Forschungen bringen.

Zum Schluß noch einen Rat: Diskutieren Sie Ihre Methoden und Ergebnisse oft mit anderen. Deren Verständnis wird Ihnen Mut zum Weitermachen geben, und deren Kritik wird Ihnen helfen, Fallgruben zu umgehen.

7. Spezialmethoden zum Aufspüren von ASW

Bei ASW-Experimenten ist es immer unser Wunsch, richtige Informationen zu erhalten: eine richtige Identifikation des Zielobjekts. Wenn wir das Ergebnis statistisch auswerten, suchen wir Ergebnisse, die über der Zufallserwartung liegen: mehr richtige Antworten, als durch Zufall zu erwarten stehen. Die Zahl der außerzufälligen Treffer stellt eine gewisse Information über das Zielobjekt dar, selbst wenn diese Information gewöhnlich nicht so vollständig ist, daß sie hundertprozentig richtige Antworten erbringt. Wurde die Information ohne Mitwirkung der normalen Sinne erhalten, schließen wir, daß ASW sich auswirkte. Liegt die Trefferzahl dagegen im Bereich der Zufallserwartung, wurde keine Information erhalten, und wir schließen daraus, daß ASW nicht im Spiel war.

In der Praxis ist das Aufspüren von ASW oft eine komplizierte Aufgabe. Wir wissen bereits aus Kapitel eins, daß die ASW von vielen Faktoren abhängt. Einige davon sind noch unbekannt, andere lassen sich in ihrer Komplexheit sehr schwer herbeiführen. Manche dieser Faktoren können außerdem auf unbewußter Ebene wirken. Deshalb kann die ASW manchmal zu funktionieren aufhören, ohne daß sich die Versuchsperson dessen bewußt wird. Es kann sein, daß die ASW nur während bestimmter Perioden wirkt, gegenüber anderen Perioden, in denen keine ASW erfolgte.

Zusätzlich kompliziert wird das Problem durch *Psi-bedingte Fehler,* d. h. die Psi-Umkehr. Wenn im Motivations- oder emotionalen Bereich der Versuchsperson irgend etwas schiefgeht, kann sich die ASW ins Negative umkehren und falsche Informationen liefern; die Versuchsperson nutzt dann ihre ASW dazu, die falsche Antwort zu geben. Das Phänomen tritt so häufig auf, daß wir es im vorhergehenden Kapitel zur Planung eines Experiments benutzen konnten, in dem sich dieser Effekt der ASW-Funktion auf wiederholbare Weise demonstrieren läßt.

Bei dem weitverbreiteten Phänomen genügt eine leichte Verschlechterung der Voraussetzungen für ASW – die sogar erfolgen kann, ohne daß es die Versuchsperson oder der Versuchsleiter bemerken – und schon treten Psi-bedingte Fehler auf. Das Phänomen ist viel unheilvoller als bloßes Nichtvorhandensein von ASW, das unser Beweismaterial verwässert (weil sterile Daten zu den Daten mit echter ASW-Leistung kommen); die Psi-Umkehr löscht alle angefallenen positiven Beweise aus und reduziert vielversprechende Ergebnisse auf ein entmutigendes Zufallsniveau.

Was können wir tun, wenn unser Experiment nur ein Zufallsergebnis zu erbringen scheint? Müssen wir voll Verzweiflung aufgeben, oder besteht noch Hoffnung, daß wir in den Daten Beweise für ASW entdecken? Versuche, bei denen eine ASW-Leistung erbracht wurde, werden nicht als solche »etikettiert« – und sehen normalerweise genauso aus wie Versuche ohne jegliche ASW-Leistung (reines Raten auf Zufallsbasis). Wir erhalten eine Mischung von beidem.* Vermögen wir sie dennoch auseinanderzuhalten? Ja! Die folgenden Abschnitte geben einige Hinweise, was wir tun können.

Wir haben bereits früher erwähnt (Seite 143), daß das Wissen der Versuchsperson, welches Ergebnis wir unter gegebenen Bedingungen erwarten, Einfluß auf das tatsächliche Resultat haben und unangenehme Überraschungen bewirken kann. Machen wir es uns deshalb zur festen Regel, daß wir in unseren sämtlichen Experimenten *den Versuchspersonen nie im voraus sagen, welche Leistung wir von ihnen erwarten.* Wir erteilen ihnen natürlich detaillierte Anweisungen, wie es jedes Experiment erfordert; doch wenn kein besonderer Grund vorliegt (Erwägungen im Hinblick auf die Motivation zum Beispiel wäre einer), sollte die Versuchsperson möglichst wenig erfahren über die Regeln, denen unsere Tests unterliegen, und über unsere Erwartungen. Sonst könnte ihr bewußter oder unbewußter Wunsch, uns zu erfreuen oder uns zu ärgern, große Verfälschungen zur Folge haben.

DAS AUFSPÜREN VON ASW-MUSTERN IN DATEN

Selbst wenn das Gesamtergebnis unseres Experiments im Zufallsbereich liegt, können wir in den internen Datenmustern noch Beweise für ASW finden.

Damit die Regelmäßigkeiten ans Licht kommen, müssen wir die Gesamtdaten in Segmente unterteilen, die sich getrennt analysieren lassen.

---

* Beachten Sie: In unseren Experimenten haben wir tatsächlich eine Mischung von:
a) richtigen Antworten (bestehend aus Zufallstreffern und Fällen echter ASW) und
b) falschen Antworten (bestehend aus fehlerhaftem Raten und Fällen Psi-bedingter Fehler).

Eine sehr natürliche Unterteilung ergibt sich aus den Serien, denn diese sind elementare Testeinheiten, aus denen sich das Experiment zusammensetzte und die wiederholt wurden, damit man die gewünschte Zahl an Daten erhielt.

Für unsere Analyse werden wir jede Serie in Segmente unterteilen und die zusammengefaßten Ergebnisse aller Segmente analysieren, zum Beispiel:

a) das zusammengefaßte Ergebnis aller ersten Versuche in allen Serien oder
b) das Gesamtergebnis aller Versuche im ersten Viertel (oder der Hälfte) jeder Serie, wieder zusammengefaßt für alle Serien, usw.

Wir können so versuchen, Beweise für ASW mit Hilfe dessen aufzuspüren, was wir über die typische Verteilung der Treffer in der Serie wissen.

Beispielsweise dürfen wir – fast als Regel – erwarten, daß die ersten Versuche jeder Serie insgesamt eine verblüffend über der Zufallserwartung liegende Trefferzahl erbringen. Diesen Effekt bezeichnet man als anfängliche Hochleistung. Der Effekt hängt offensichtlich mit dem stimulierenden Element der Neuheit und mit der am Serienbeginn generell größeren Begeisterung zusammen. Im ersten Viertel der Serie tendiert das Ergebnis dazu, über der Zufallserwartung zu bleiben, doch im weiteren Verlauf machen sich Müdigkeit und Langeweile bemerkbar. Das Ergebnis tendiert dazu, abzusinken, sich der Zufallserwartung zu nähern und manchmal sogar unter sie abzurutschen. Dies ist der sogenannte Absinkeffekt. Gegen Ende der Serie schließlich – die Versuchsperson freut sich darauf, fertig zu sein – tendieren die Ergebnisse wieder zu einer leichten Verbesserung, wenn sie normalerweise auch nicht auf das verblüffende Niveau der anfänglichen Hochleistung steigen.

Wir können also, um das Vorhandensein von ASW aufzuspüren, nur die ersten Versuche aller Serien auswählen und den Rest der Daten unberücksichtigt lassen. Dabei dürfen wir ein deutlich überzufälliges Ergebnis erwarten.

Oder wir können die ersten Teile (z. B. die ersten Hälften aller Serien) mit dem Rest der Daten (den zweiten Serienhälften) vergleichen und sie im Hinblick auf den Unterschied in der gesamten Trefferzahl analysieren; die Formel finden Sie auf Seite 194.

Wir können auch jede Serie in vier, fünf oder jede andere Zahl gleicher Segmente unterteilen und untersuchen, wie sich die Zahl der zusammengefaßten Treffer im Lauf der Serie verändert. Wir erwarten dabei eine U-förmige Kurve, die am Anfang stets höher ist als am Ende.

Natürlich sind die Serien nicht die einzigen Testeinheiten, die wir für unsere Analyse benutzen können. Weitere natürliche Dateneinheiten (je nach den Bedingungen jeder Untersuchung) sind: die Leistungen einzelner Versuchspersonen; die Daten, die während einer bestimmten zeitlichen Periode anfielen (z. B. die Daten nach jedem einzelnen Tag getrennt); die Daten jeder Experimentalsitzung für sich genommen; durch Pausen begrenzte Abschnitte des Experiments oder jede zyklische Regelmäßigkeit, die im Experimentalplan eine ausgeprägte Rolle spielt. Diese Dateneinheiten lassen sich für eine ähnliche Analyse benutzen.

DIE WAHL DER VERSUCHSPERSONEN

Wie bereits erwähnt (auf Seite 96), ist es kein sehr aussichtsreiches Unterfangen, Versuchspersonen lediglich im Hinblick auf in der Vergangenheit erbrachte gute ASW-Leistungen auszuwählen. Doch eine bestimmte Auswahl kann die Ergebnisse von ASW-Tests ziemlich stark verbessern. Der entscheidende Faktor bei der Wahl liegt allerdings nicht in den vergangenen Leistungen einer Versuchsperson, sondern in dem Gefühl, das sie während des Tests oder im Zusammenhang mit dem Test hatte.

Über Erwägungen hinsichtlich der Versuchspersonenwahl wurde im Kapitel vier bereits ausführlich gesprochen (ich empfehle dem Leser, dort nachzulesen). Wichtig ist, daß wir in unserem Experiment Versuchspersonen einsetzen, die am ehesten erwarten lassen, daß das Experiment unter den ASW-günstigsten Bedingungen abläuft.

Wir können das Experiment auch, wie es im Kapitel sechs empfohlen wurde, mit einer größeren Zahl Versuchspersonen durchführen und *vor Auswertung der Ergebnisse** die Versuchspersonen in zwei Gruppen teilen: in eine positive Gruppe, von der wir eine außerzufällige Leistung erwarten, und eine negative Gruppe, von der wir in etwa ein Zufallsergebnis oder auch Psi-bedingte Fehler erwarten.

Wir können für die Teilung Fragebogen benutzen, Interviews machen oder jede andere denkbare Methode anwenden. Die Methode, derer wir uns bedienen, muß nur eines: die Versuchspersonen (oder die Testabschnitte), mit denen (oder in denen) das Experiment unter den

* Würden wir die Teilung vornehmen, *nachdem* das Ergebnis bekannt ist, würden wir gröblich gegen die wissenschaftliche Methode verstoßen: Man könnte uns zu Recht vorwerfen, wir würden Daten auswählen, die unseren Bedürfnissen entsprechen.

ASW-günstigsten Bedingungen ablief, von jenen trennen, wo die Bedingungen ungünstig waren.

Wollen wir den Differenzeffekt untersuchen, müssen wir die Versuchspersonen trennen, dann ihre Daten analysieren und den Unterschied zwischen der positiven und der negativen Gruppe statistisch auswerten.

Wollen wir dagegen die Chancen steigern, ein völlig positives Resultat zu erhalten, müssen wir die Versuchspersonen teilen – wie gesagt: unbedingt, bevor wir das tatsächliche Testergebnis erfahren! –, dann die Daten der negativen Gruppe außer acht lassen und in unser Experiment nur die Daten der positiven Gruppe einbeziehen.

DIE WAHL DER PERIODEN, IN DENEN ASW AUFTRITT

Es wurde bewiesen, daß das Funktionieren der ASW mehr von der augenblicklich herrschenden Experimentalsituation abhängt als von irgendwelchen dauernd bestehenden Bedingungen. Da sich das komplexe Wechselspiel empfindlicher Faktoren im Lauf des Experiments ändert, kann es sein, daß nur in einigen Abschnitten ASW auftritt.

Es geht also darum, geeignete Maßnahmen zur Identifizierung jener Perioden (oder Versuche) anzuwenden, in denen ASW wirkt, und den Rest der Daten, bei denen eine ASW-Wirkung unwahrscheinlich ist, außer acht zu lassen. Verschiedene Methoden fanden bereits Anwendung.

Forscher, die ASW-Leistungen in Träumen untersuchten[1] oder der Behauptung auf den Grund gehen wollten, daß gewisse elektrische Aktivitäten im Gehirn – wie die im Elektroenzephalogramm nachweisbaren Alpha-Rhythmen – die ASW viel eher stimulieren als andere Dinge, überwachten die Versuchspersonen mit besonderen Geräten.

So befestigten sie beispielsweise Elektroden am Kopf einer Versuchsperson und überwachten sie, während sie schlief. Wenn die Aufzeichnung anzeigte, daß die Versuchsperson träumte, weckten sie sie und forderten sie auf, ihren Traum zu berichten (der später auf seine Übereinstimmung mit dem Zielobjekt geprüft wurde).[2] Dergestalt konnten

---

[1] M. Ullmann, S. Krippner, A. Vaughan: *Dream Telepathy,* Macmillan, New York 1973.

[2] Bei den jüngsten Experimenten in Traumtelepathie ist ein Merkmal besonders erwähnenswert: Um die Motivation und das Engagement der Versuchspersonen im Experiment zu steigern, benutzten die Experimentatoren multisensorische Stimuli. Wenn z. B. die Vorstellung von Regen übermittelt wurde, drehte der Sender die Dusche auf. Der Leser möge dies beachten, es ist ein weiteres Beispiel für die Schaffung einer psychologisch dichten Atmosphäre, wodurch man die Stimulierung der ASW zu erreichen trachtet.

die Experimentatoren ihre Aufmerksamkeit ganz auf günstige Schlafperioden der Versuchsperson konzentrieren.

Wir können auch ein Experiment durchführen, in dem die physiologischen Funktionen der Versuchsperson von einem Gerät automatisch überwacht werden. Möglicherweise fühlt sich die Versuchsperson durch die Elektroden und Kabel an ihrem Kopf belästigt, und die psychologische Atmosphäre verschlechtert sich dadurch; aber das müssen wir der Ziele wegen eben in Kauf nehmen. Wir können zur Überwachung der Versuchsperson auch einen Polygraphen benutzen und eine besondere Markierung setzen (durch Drücken einer Taste), wenn ein Versuch gemacht wird. Wir können zur Auswertung lediglich jene Versuche auswählen, die gleichzeitig mit der gewünschten physiologischen Aktivität erfolgten (z. B. bei Alpha-Frequenz der Gehirnwellen). In den so ausgewählten Versuchen *kann* sich eine bessere ASW-Leistung nachweisen lassen.[1]

Leider ist für Experimente dieses Typs eine Spezialausrüstung erforderlich. Das beschränkt natürlich die Anwendung solcher Methoden auf Labors, in denen derartige Geräte zur Verfügung stehen. Aber auch ohne Spezialgeräte sind wir in der Lage, Daten mit besserer ASW-Leistung auszuwählen. Versuchspersonen, die Erfahrung im Einsatz ihrer ASW haben, spüren es oft, ob sie sich in einem Zustand befinden, der dazu angetan ist, eine gute ASW-Leistung auszulösen. Befinden sie sich nicht in einem solchen Zustand, verschieben wir das Experiment auf einen späteren, günstigeren Zeitpunkt. Genauso vermag ein erfahrener Experimentator es zu erkennen, wenn sich die Testbedingungen verschlechtert haben, und er wird dann klugerweise das Experiment zu einem späteren Zeitpunkt fortsetzen.

Eine elegante Methode der Auswahl von Daten mit ASW wandten zwei französische Wissenschaftler an, die es interessanterweise vorzogen, ihre Untersuchungen unter Pseudonym zu veröffentlichen.[2] Das Ziel ihrer Forschung war die Untersuchung von Präkognition bei Labormäusen. Der Käfig, in dem die Mäuse gehalten wurden, war durch eine Trennwand in zwei Teile geteilt. Die Trennwand war so niedrig, daß die Mäuse über sie hinweg in den anderen Käfigteil klet-

---

[1] Hier sollten wir vielleicht anfügen, daß ein weiterer Bereich physiologischer Korrelate der ASW sich noch im Untersuchungsstadium befindet. Deshalb sollten wir darin eher ein attraktives Forschungsprojekt als eine praktische Methode zur Sicherstellung einer guten ASW-Leistung sehen.

[2] P. Duval, E. Montredon: »ESP Experiments with Mice«, *Journal of Parapsychology*, 32/1968, Seiten 153–166.

tern konnten. Beide Teile hatten Metallböden, die man unter Strom setzte, um den Mäusen, wenn sie sich in dem entsprechenden Käfigteil befanden, einen leichten, aber schmerzlichen elektrischen Schlag zu versetzen. Die beiden Käfigteile wurden abwechselnd, in zufälliger Reihenfolge, unter Strom gesetzt. Die Mäuse sollten ihre ASW dazu benutzen vorauszusehen, welcher Käfigteil als nächster elektrisch aufgeladen würde, und den elektrischen Schlag dadurch vermeiden, daß sie im sicheren Käfigteil blieben oder rechtzeitig in den sicheren Käfigteil kletterten. Ein Spezialgerät zeichnete automatisch alle ihre Bewegungen zur späteren Analyse auf.

In dieser Situation zeigten die Mäuse typischerweise, mit vorherrschender Mehrheit, folgendes »normale Verhalten«:

- ○ Reaktion 1: Wenn sie einen elektrischen Schlag bekamen, kletterten sie in den anderen Käfigteil (als Folge der Schmerzreaktion);
- ○ Reaktion 2: Wenn sie keinen Schlag erhielten, blieben sie im selben Käfigteil (weil nichts sie störte).

Nur sehr selten zeigten die Mäuse einen ungewöhnlichen Reaktionstyp:

- ○ Reaktion 3: Sie *blieben* in dem Teil, wo sie den Schlag erhielten;
- ○ Reaktion 4: Sie *verließen* den Teil, obwohl sie *keinen* Schlag bekommen hatten.

Bei der Auswertung aller Daten fand man kein statistisch signifikantes Ergebnis. Die Mäuse hielten sich fast gleichmäßig in den gefährlichen und den sicheren Bereichen auf.

Angesichts dieses Ergebnisses überlegten die Experimentatoren ungefähr folgendermaßen: Falls in den Daten ASW vorhanden war, hatte sie vermutlich bei einigen speziellen und ziemlich seltenen Gelegenheiten gewirkt. Die Reaktionen 1 und 2 waren typisch, die Reaktionen 3 und 4 dagegen ungewöhnlich. Es mußte irgendwelche Gründe dafür geben, daß die Mäuse in dieser untypischen Art reagiert hatten. Falls ASW die ungewöhnliche Reaktion verursacht hatte, konnten die Reaktionen 3 und 4 auf das Vorhandensein von ASW verweisen, wogegen die Reaktionen 1 und 2 dann nur Ballast bedeuteten, der wertvolle ASW-Daten verwässerte.

Die Autoren wählten nun jene Fälle aus, in denen die Mäuse das atypische Verhalten gezeigt hatten (Reaktionen 3 und 4); die statistische Analyse dieser Daten erbrachte ein Vorhandensein von ASW: Die Mäuse blieben in dem Käfigteil, in dem sie einen elektrischen Schlag bekommen hatten, und vermieden so den Schlag, den sie im anderen Teil erhalten hätten (Reaktion 3). Oder sie verließen den Bereich, in dem sie keinen Schlag bekommen hatten, gerade rechtzeitig, um dem Schlag zu entgehen, den sie im Falle ihres Bleibens erhalten hätten (Reaktion 4).

Die Auswahl der Reaktionen 3 und 4 und die Nichtberücksichtigung der Reaktionen 1 und 2 verhalfen also zur Isolierung jener Perioden, in denen ASW am Werk war.

DURCHFORSCHUNG DER DATEN AUF ASW

In den meisten bisherigen ASW-Experimenten wurde das Vorhandensein von ASW *erst nach Auswertung der Daten* entdeckt. Tatsächlich erbrachte nur der Außerzufallsfaktor, den man nach Abschluß der Auswertung fand, den endgültigen Beweis dafür, daß ASW aufgetreten war. Solange die Experimentatoren die Aussagen der Versuchsperson nicht nachgeprüft und analysiert hatten, wußten sie nie mit Sicherheit, ob in den Daten ASW vorhanden war oder nicht.

Wenn wir jedoch einmal die Möglichkeit einer praktischen Anwendung der ASW in Betracht ziehen, ist etwas Besseres zu wünschen als das *Nachhinein*-Wissen, daß wir zufällig einen ASW-»Glückstreffer« erzielten. Wollen wir die ASW praktisch nutzen, stehen wir vor der Notwendigkeit, *im vorhinein* und *vor* der Überprüfung unserer Daten zu wissen, ob dabei ASW mitwirkte und welches Niveau die ASW erreichte. (Ziehen wir einen Vergleich mit dem Telefon: Es genügt nicht, wenn wir wissen, daß das Telefon klingelt, um anzuzeigen, daß jemand »dran« ist und die Verbindung besteht; wir müssen auch sicher sein, daß das Mikrophon und der Lautsprecher richtig funktionieren und daß wir sofort eine verständliche Nachricht erhalten, wenn wir den Hörer abheben.)

Haben wir in unserem Experiment einmal die Daten gesammelt, verfügen wir tatsächlich über einen Weg, im vorhinein die Qualität der darin vorhandenen ASW-Leistung zu ermitteln. Das Verfahren entspricht der Qualitätskontrolle in der industriellen oder landwirtschaftlichen Produktion. Wenn wir beispielsweise die Qualität der Ernte feststellen wollen, entnehmen wir einige S t i c h p r o b e n und analysieren sie. Die Analyse der Stichproben gibt uns Informationen über die Gesamtqualität. (Dieses Verfahren hat natürlich einen Nachteil: häufig wird die Stichprobe bei dem Vorgang vernichtet.)

Statistiker haben Methoden entwickelt, die uns sagen, in welchem Grad wir die Qualität des Ganzen anhand der Stichprobe zu beurteilen vermögen. Im allgemeinen gilt: je größer die Stichprobe, desto präziser und zuverlässiger das Urteil, das wir fällen können. Natürlich müssen wir abwägen, was uns mehr bedeutet: der Gewinn an gesteigerter Zuverlässigkeit des Urteils oder der Verlust aus der Vernichtung der Stichprobe. (Würden 100 Prozent der Ernte als Stichprobe genommen, wären die erhaltenen Informationen zwar absolut präzise, aber die Ernte ginge in dem Prozeß verloren.)

Genauso können wir bei ASW-Tests, wenn wir mehr über die Qualität der ASW in unseren Daten erfahren wollen, eine Stichprobe aus den Daten auswählen, diese zuerst überprüfen und auswerten und dann aus dem Ergebnis auf die in den restlichen Daten vorhandene ASW-Leistung schließen.

Die Auswahl einer Stichprobe kann auf Zufallsbasis erfolgen, oder wir beschließen einfach, daß wir in die Stichprobe jeden fünften, zehnten oder zwanzigsten Versuch usw. aufnehmen. Die Größe der Stichprobe hängt völlig von Ihren Erwägungen ab. Je größer sie ist, desto präziser wird Ihr Urteil sein, doch desto mehr Daten gehen auch in dem Prozeß verloren. Bei den meisten ASW-Tests stellen zehn Prozent aller Daten eine völlig ausreichende Größe der Stichprobe dar. (Bei dem in Anhang 3 beschriebenen Kommunikationsexperiment betrug die Größe der Stichprobe 33,3 Prozent.)

Wenn wir wissen, daß wir ein Stichprobenverfahren anwenden werden, sollten wir es in die Planung unseres Experiments einbeziehen; das ist praktischer. Beim Vorbereiten der Zielobjekte für das Experiment fügen wir einfach einen Satz *Index-Zielobjekte* – von absolut gleichem Aussehen wie die Zielobjekte für den Haupttest – hinzu.

Die Index-Zielobjekte und die Test-Zielobjekte werden für jede Serie auf Zufallsbasis gemischt und der Versuchsperson unter absolut identischen Bedingungen vorgelegt. Doch nach Beendigung des Experiments analysieren wir zuerst die Versuche, die für die Index-Zielobjekte gemacht worden sind und werten die Leistung der Versuchsperson hierbei aus. Die Auswertung dieser Stichprobe gibt uns einen Einblick in die Qualität der ASW-Leistung beim Rest der Zielobjekte.

Das geschilderte Verfahren birgt nur eine einzige Komplikation, und sie kann das Stichprobensammeln hier etwas unzuverlässiger machen als bei anderen Anwendungen. Das Problem liegt in der Natur der ASW selbst.

Eine Stichprobe vermittelt nur ein repräsentatives Bild des Ganzen wenn sie aus einer Gesamtheit unabhängiger Einheiten entnommen wird. Doch die Wirkung der ASW ist so geartet, daß alles voneinander abhängig wird. Wir können die Möglichkeit nicht ausschalten, daß die Versuchsperson irgendwie von den zwei Sätzen Zielobjekten erfährt, die verschiedenen Experimentalzielen dienen. Selbst wenn wir die Versuchsperson nicht über diese Tatsache informieren und alle Zielobjekte absolut gleich aussehen – sie kann *den Unterschied durch ASW erfahren.* Dann kann die Versuchsperson natürlich verschiedene Haltungen gegenüber den verschiedenen Zielobjekten entwickeln, und der *Differenzeffekt* vermag sich durchzusetzen: ihre ASW-Leistung wird unterschiedlich bei den verschiedenen Sätzen von Zielobjekten, und die Index-Zielobjekte (der Stichprobe) werden keine zuverlässige Anzeige mehr über den ASW-Effekt im Rest der Daten geben.

KONZENTRATION DER INFORMATIONEN

Wird die praktische Anwendung der ASW gewünscht, stehen wir vor dem Problem einer *sicheren Identifizierung* des Zielobjekts. Wenn die ASW, wie das meist zutrifft, unzuverlässig arbeitet, besteht bei jeder Aussage der Versuchsperson eine bestimmte gesteigerte Wahrscheinlichkeit der Richtigkeit, doch man kann bei keiner die Richtigkeit *garantieren.*

In dieser Situation, wenn es notwendig ist, daß wir ein Zielobjekt zuverlässig identifizieren, müssen wir Wege finden, die Informationen in einzelnen Versuchen zu konzentrieren. In der Praxis verlangt diese Aufgabe eine häufige Wiederholung jeder einzelnen Bestimmung des Zielobjekts (jedes »Versuchs«). In einer Reihe aufeinanderfolgender Tests bemühen wir uns, für jedes Zielobjekt möglichst viele *unabhängige* Aussagen zu erhalten und kombinieren sie zur endgültigen Aussage, indem wir ein »Mehrheitsvotum« anwenden: Wir nehmen jene Aussage als richtig, die wir am häufigsten erhalten haben. Durch Erhöhung der Zahl der Wiederholungen können wir dann die Zuverlässigkeit der endgültigen Aussage steigern.

Dieses Verfahren entspricht im wesentlichen dem, was wir tun, wenn ein Telefongespräch durch Nebengeräusche und Unterbrechungen gestört wird: Wir wiederholen die Botschaft (z. B. einen Namen, der falsch verstanden wurde) viele Male, bis wir sichergehen, daß sie richtig verstanden worden ist.

In der fortschrittlichen Kommunikationstechnik wird dieses Verfahren immer angewandt, wenn ein Signal schwächer ist als die Geräusche in der Anlage. Die Botschaft wird viele Male wiederholt, bis die Zufallseinflüsse des Lärms erlöschen, und dann wird das übermittelte Signal laut und verständlich vernehmbar.

Theoretisch könnten wir die Zuverlässigkeit endlos steigern, indem wir die Zahl der Wiederholungen erhöhen. Doch dann wird die Zuverlässigkeit lediglich mittels einer zunehmend unrentablen Ansammlung von Daten gesteigert. In der Praxis müssen wir den Nutzen aus einer gesteigerten Zuverlässigkeit gegen die Kosten abwägen, die durch Wiederholung des Signals entstehen. Manchmal ist eine extrem hohe Zuverlässigkeit überflüssig.

In einem Telegramm oder einem Brief können wir gelegentliche Schreibfehler tolerieren. Bei einem einzigen falschen Buchstaben bleibt in den meisten Fällen das Wort verständlich. Die Maschinenschreiberin macht mehr Fehler, wenn sie rasch arbeitet. Arbeitet sie langsamer, macht sie zwar weniger Fehler, aber es wird auch weniger Arbeit erledigt. Zu berücksichtigen gilt es auch, ob sie einen ersten Entwurf schreibt, der später ohnehin nochmals abgeschrieben wird, oder einen wichtigen offiziellen Brief.* Wir müssen also abwägen, was uns jeweils lieber ist.

Im technischen Alltag erlaubt uns die Informationstheorie festzustellen, wie stark die Zuverlässigkeit durch die Wiederholung steigt. Das statistische Kalkül kann hier benutzt werden, weil die einzelnen Wiederholungen unabhängig voneinander sind (z. B. Wiederholungen einer Botschaft in einem Telegramm). Bei der ASW jedoch kompliziert die gegenseitige Abhängigkeit die ganze Angelegenheit. Die Ursache liegt bei der *geistigen Imprägnation* bzw. dem *Fokaleffekt.* (Näheres folgt im zweiten Abschnitt des Anhangs.)

Wenn wir beispielsweise größere Sicherheit über die Identifizierung eines Zielobjekts wünschen, präsentieren wir dasselbe Zielobjekt der Versuchsperson wiederholt und fragen sie nach ihren Eindrücken. Doch in dieser Situation kann am Zielobjekt eine geistige Imprägnation oder Markierung erfolgen, und die Versuchsperson wiederholt unter

---

* Im praktischen Leben wird der Grad an Präzision und Zuverlässigkeit immer gegen die Bedürfnisse und die Kosten gesetzt. Wir verwenden keine feinen, teuren Waagen in Bäckereien, um das Mehl mit der Präzision eines Milligramms abzuwiegen – doch diese Präzision kann beim Wiegen von Gold, ebenso von Arzneidrogen, erforderlich sein. Wir bauen auch unsere Häuser nicht so, daß sie der Gewalt einer Atombombe widerstehen; wir bauen sie mit weniger Kostenaufwand – so daß sie gerade den Gefahren standhalten, die wir vernünftigerweise voraussehen können (Wetterbedingungen, schwächere Erdbeben usw.).

Umständen falsche Aussagen. Das Mehrheitsvotum wäre dann nicht länger eine Garantie für die Richtigkeit.

Diese besondere Gefahr besteht hier, weil die aufeinanderfolgenden ASW-Aussagen *über dasselbe Zielobjekt* durch die geistige Imprägnation voneinander abhängig werden. Ausgeschaltet werden kann sie, wenn wir, statt der Versuchsperson wiederholt ein und dasselbe Zielobjekt vorzulegen, eine große Zahl identischer unabhängiger Zielobjekte benutzen, die wir der Versuchsperson sämtlich nur ein einziges Mal vorlegen.

WAHL DER ZIELOBJEKTE

Im vorhergehenden Abschnitt haben wir die geistige Imprägnation bzw. den Fokaleffekt als Störfaktor erkannt, der eine sichere Identifizierung der Zielobjekte beeinträchtigen kann. Der Effekt ist jedoch oft auch nützlich, wenn man ihn zur Stimulierung der ASW-Leistung einsetzt.

In den Experimenten stieß man, wo man ihn beobachtete, auf ein ganz bestimmtes Merkmal: Der Effekt verteilte sich nicht gleichmäßig über alle Zielobjekte, sondern war vielmehr bei einigen Zielobjekten sehr ausgeprägt, bei anderen schwach und bei wieder anderen überhaupt nicht vorhanden.[1] Das rührte vermutlich daher, daß bei einer Zufallsfolge von Versuchen verschiedene Zielobjekte unterschiedliche Chancen hatten, beeinflußt zu werden.

In einer Untersuchung beispielsweise, bei der das Gesamtergebnis nur leicht über der Zufallserwartung lag, sammelten einige Zielobjekte herausragende positive Treffer auf sich, während andere bei der Zufallserwartung lagen und wieder andere signifikant negative Treffer erbrachten (wenn der akkumulierte Effekt zu den falschen Antworten stimulierte).

In dieser Situation ließen sich die ASW-Treffer verbessern, wenn wir die Zielobjekte, die beim vorigen Test herausragende positive Treffer auf sich vereinigt hatten, für unseren ASW-Test auswählten. Die ausgewählten Zielobjekte bewahrten ihre stimulierende Eigenschaft bei weiteren Tests und trugen zur Verbesserung der ASW-Treffer bei (auch wenn sich der Effekt im Verlauf des Tests etwas abschwächte).[2]

---

[1] M. Rýzl, J. G. Pratt: »A Repeated-Calling ESP Test with Sealed Cards« (ASW-Test mit wiederholter Benennung versiegelter Karten). *Journal of Parapsychology*, 27/1963, Seiten 161–174.

[2] M. Rýzl, J. T. Barendregt, P. R. Barkema, J. Kappers: »An Experiment in Prague« (Ein Experiment in Prag). *Journal of Parapsychology*, 29/1965, Seiten 176–184.

Daraus folgt, daß wir die Treffer verbessern können, indem wir mit den ausgewählten Zielobjekten arbeiten, die im vorhergehenden Test herausragende Trefferzahlen erbrachten. Das vielversprechendste Verfahren wäre es, sowohl die Zielobjekte mit den herausragenden positiven Treffern als auch jene mit den herausragenden negativen Treffern auszuwählen. Wir würden den Test machen, dann das Schlußresultat im Hinblick auf den Differenzeffekt analysieren (siehe Seite 194); oder wir würden in der Schlußanalyse die negativen Zielobjekte ignorieren (die Entscheidung, das zu tun, muß *vor* irgendeiner Prüfung getroffen werden — siehe Seite 145) und nur das Gesamtergebnis der »herausragend positiven Zielobjekte« analysieren.

INNERE STATISTISCHE ANALYSE VON DATEN

Im Kapitel »Das Experiment, das am ehesten gelingt« lernten wir, ASW-Beweise zu erlangen, indem wir Daten, die unter günstigen Bedingungen erhalten wurden, mit solchen vergleichen, die man unter ungünstigen Bedingungen bekam. Günstige Bedingungen ermöglichen ein normales Funktionieren der ASW, was zu einem positiven, außerzufälligen Ergebnis führt. Ungünstige Bedingungen dagegen bewirken oft Psi-bedingte Fehler, also eine Psi-Umkehr.

Wenn es uns gelingt, die Daten nach den vorherrschenden Bedingungen zu trennen oder auch die Versuchspersonen entsprechend ihrer Einstellung zu teilen, können wir die Daten isolieren, worin die ASW-Leistung in die erwartete Richtung geht. ASW ist jedoch eine sehr delikate, unstabile Funktion. Manchmal verändern sich die Bedingungen vorübergehend zum Schlechteren, und die ASW-Leistung verändert sich für eine Weile in die negative Richtung, ohne daß wir uns dessen bewußt werden.

Dann sind die positiven Perioden in unseren Daten untrennbar mit negativen Perioden vermischt, und wir haben keine Möglichkeit, zwischen beiden zu unterscheiden. (Die feinen Faktoren, woraus die unterschiedlichen Bedingungen resultieren, blieben unbemerkt, oder wir verloren ihre Spur.) Als Folge heben sich die außerzufälligen Ergebnisse aus den guten Perioden und die außerzufälligen Ergebnisse aus den negativen Perioden gegenseitig auf; das Gesamtergebnis liegt bei der Zufallserwartung, und die ASW bleibt unentdeckt – obwohl sie im Experiment wirkte.

Kann ASW aufgespürt werden, wenn die geschilderte Situation eintritt? Ja, wir kennen einen Weg, die ASW sogar unter diesen Umständen aufzuspüren – obwohl, geben wir es zu, die Methode nur theoretischen Wert besitzt. Sie läßt sich anwenden, wenn der Beweis für das Auftreten von ASW benötigt wird, doch ihre praktische Bedeutung ist sehr begrenzt.

Wollen wir diese statistische Methode zum Aufspüren von ASW anwenden, müssen wir unsere Daten in Serien unterteilen und jede Serie als eigene, getrennte Einheit behandeln. Jede Serie wird als Ganzes genommen, und die Treffer – positive, zufällige oder negative – werden für jede Serie eigens gezählt.

Die Methode eignet sich für Situationen, wo die Bedingungen sich von einer Serie zur nächsten verändern, aber sie enthüllt keine Leistungsvariationen *innerhalb* der Serien. (Wir untersuchen immer die durchschnittliche ASW-Leistung jeder Serie.) Ginge es uns darum, Einblick in die Variationen innerhalb der Serien zu erhalten, müßten wir jede Serie in kleinere Einheiten unterteilen, und wir würden dann die durchschnittliche ASW-Leistung in diesen kleineren Einheiten untersuchen. Doch je kleiner die Einheiten sind, desto schwerer wird die Methode zu handhaben, und sie wird unbrauchbar, wenn wir jeden Versuch getrennt untersuchen. Was wir auch immer tun, die Methode vermag das Vorhandensein von ASW in einzelnen Versuchen nicht aufzuspüren. Die Serien bleiben somit die praktischsten Einheiten für unsere Analyse.

Haben wir erst einmal begriffen, daß die Methode jede Serie als getrennte Einheit behandelt und sich auf die *durchschnittliche* ASW-Leistung innerhalb der Serie bezieht, ist das übrige leicht zu verstehen. Das einzige, das wir für unsere Analyse benötigen, ist eine Liste der in allen Serien erzielten Treffer. Nehmen Sie einfach jede Serie für sich und zählen Sie die Treffer.

Wie im Kapitel neun erklärt werden wird, erwarten wir im Fall des Nichtvorhandenseins von ASW, daß sich die einzelnen Treffer in einer Weise verteilen, die man graphisch als glockenförmige Kurve (a) beschreiben kann (siehe Figur 5).

Figur 5

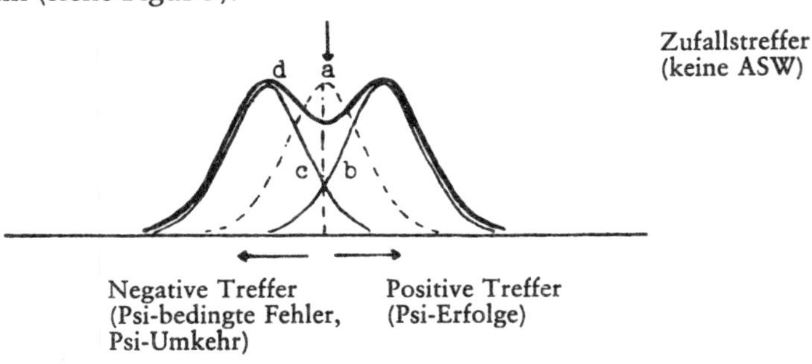

Am häufigsten werden die Zufallstreffer vertreten sein, extreme Treffer werden immer seltener auftreten, je weiter sie vom mittleren Zufallswert abweichen.

Ist ASW auf normale Weise vorhanden (in Form eines Psi-Erfolgs, d. h. in einer positiven außerzufälligen Leistung), steigt der mittlere Trefferwert pro Serie. Die Verteilung der außerzufälligen Treffer wird ebenfalls einer glockenförmigen Kurve entsprechen, aber diese wird in Richtung der positiven Treffer verschoben sein (Kurve b).

Tritt dagegen ASW in der negativen Form auf (Psi-bedingte Fehler bzw. Psi-Umkehr), wird der durchschnittliche Trefferwert pro Sereie tiefer sinken, und die Verteilungskurve wird sich in die negative Richtung verschieben (Kurve c).

Wenn wir nun Daten untersuchen, bei denen sich in den Ergebnissen Psi-Erfolge und Psi-bedingte Fehler mischen, erwarten wir, daß die Treffer der Psi-Erfolgsserie sich gemäß Kurve b verteilen und die Treffer der Serie mit Psi-bedingten Fehlern gemäß Kurve c. Dann wird die tatsächliche Verteilung der Serientreffer in unseren Daten eine Kombination der Kurven b und c sein, wie in Kurve d gezeigt.

Ist in den Daten ASW vorhanden, erwarten wir eine über dem normalen Wert liegende Trefferstreuung (wobei die positiven und die negativen Treffer sich in entgegengesetzter Richtung verschieben), die in Extremfällen zu einer Kurve mit zwei deutlichen Spitzen führt. Diese vergrößerte Streuung zeigt das kombinierte Vorhandensein von Psi-Erfolgen und Psi-bedingten Fehlern an und kann als ASW-Indikator dienen.

Wir fragen dann, ob die beobachtete Verteilung der Serientreffer (Kurve d) sich signifikant von der erwarteten theoretischen Verteilung (Kurve a) unterscheidet. Ist der Unterschied statistisch signifikant, schließen wir, daß in den Daten ASW vorhanden ist.

Es gibt statistische Methoden, die uns erlauben, beide Kurven zu vergleichen und festzustellen, ob sie zueinander passen oder nicht. Leider sind diese Methoden zu kompliziert, als daß wir sie hier erörtern könnten. Der Leser, der keine komplizierten Berechnungen anstellen will und sich mit einer ungefähren Beurteilung zufriedengibt, sollte zumindest eine graphische Darstellung der beobachteten Treffer anfertigen. Vermerken Sie das Auftreten der einzelnen Treffer – damit Sie feststellen können, ob die beobachteten Häufigkeiten ungefähr mit der glockenförmigen Kurve übereinstimmen (die anzeigt, daß in den Daten keine ASW vorhanden ist) oder ob sie zwei Spitzen aufweisen (was das Vorhandensein von ASW anzeigt).

Wird ASW angezeigt und findet sie sich bei einer Wiederholung des Tests erneut, sollten Sie sich vielleicht die Mühe machen, fachmännischen statistischen Rat einzuholen und das Ergebnis genauer zu analysieren.

8. ASW-Test- und Trainingsspiele

Die ASW-Leistung ist unter Bedingungen, die eine besondere Motivation, stimulierendes Engagement und eine entspannte Atmosphäre erzeugen, immer besser. Spiele sind ein gutes Beispiel für Situationen, in denen sich die Herausforderung des Wettstreits mit unterhaltsamem Spaß verbindet.

Zwanglose, spielähnliche Bedingungen hemmen die ASW-Leistung nicht (was die Förmlichkeit strenger Tests manchmal tut). Deshalb ist die Spielsituation ideal geeignet für das Training und die Übung der ASW. Beginnt sich eine große Teilnehmergruppe für ein Spiel zu engagieren, bestehen gute Chancen, daß eine besonders begabte Versuchsperson zum Vorschein kommt.

Wenn Sie gern experimentieren, können Sie das Spiel in einer Weise leiten, daß strenge Experimentalbedingungen aufrechterhalten werden, ohne daß es die Teilnehmer merken. Außerdem können Sie, ohne Verdacht zu erregen, alle Vorgänge im Auge behalten und die relevanten Daten sammeln. Dann kann Ihr Spiel als gültiges Experiment bestehen.

Jede der im folgenden beschriebenen Spielsituationen läßt sich an spezielle Bedingungen in den einzelnen Spielergruppen anpassen. Je nach Vorliebe der Teilnehmer sollte man als Motivationselement irgendeinen Wettstreit oder Wetten oder besondere Belohnungen einbauen.

SPIELE MIT KINDERN

Selbst wenn Sie ein strenges Experiment mit Kindern planen, ist es ratsam, alles auf spielähnliche Art zu tun, beispielsweise die Instruktionen für den Test in Form einer kurzen Geschichte oder eines Märchens zu geben. In Spielen haben wir gute Gelegenheit dazu, wir können es uns fast immer zur Regel machen.

Spiel 1: Rettung der Prinzessin

Vor Beginn des Spiels werden wir einen Satz undurchsichtiger Schachteln (oder Umschläge) mit den Bildern verschiedener Burgen vorbereiten. Außerdem brauchen wir eine kleine Puppe (oder das Bild eines kleinen Mädchens), die wie eine Prinzessin gekleidet ist. Wir zeigen den Kindern die Burgenbehälter und die Prinzessin.

Dann erzählen wir den Kindern ein Märchen von einem bösen Drachen, der die Prinzessin entführt und auf einer der Burgen versteckt hat. (Wir legen das Bild der Prinzessin insgeheim in einen der Burgenbehälter.) Die Kinder werden nun aufgefordert, die Prinzessin zu retten. Dazu müssen sie natürlich herausfinden, in welcher Burg die Prinzessin gefangengehalten wird.

Das Märchen kann weitergehen und folgende neue Anweisung für die Kinder enthalten: Wenn ihr die Prinzessin sucht, wird euch ein Zauberer mit seiner Zauberkraft helfen, die Prinzessin zu finden. Er schickt euch einen Traum oder ein Phantasiebild, das er euch zeigen wird. – Plötzlich werdet ihr *wissen*, wo die Prinzessin ist. Und dann werdet ihr uns sagen, in welcher Burg die Prinzessin gefangengehalten wird.

Den erfolgreichen Kindern kann eine besondere Belohnung versprochen werden.

Spiel 2: Tierbabys suchen ihre Mütter *

Für dieses Spiel brauchen Sie Bilder verschiedener Tiere und ihrer Jungen: Hund, Katze, Huhn, Kaninchen, Elefant, Ente, Schaf, Pferd usw., dazu getrennte Bilder eines Welpen, Kätzchens, Kükens usw. Die Zahl der verschiedenen Tiere muß der Zahl der Kinder in der Gruppe entsprechen. Außerdem brauchen Sie undurchsichtige Umschläge, auf denen Bäume abgebildet sind. Die Zahl der Umschläge entspricht der Zahl verschiedener Tiere und somit auch der Zahl mitspielender Kinder.

Jedes Kind wählt ein Tierbaby, das es verkörpern möchte. Wenn das Kind eine Wahl getroffen hat, bekommt es das Bild des Tierbabys in die Hand.

Die Bilder der erwachsenen Tiere werden dann gemischt und in zufälliger Reihenfolge in die Umschläge mit den Abbildungen der Bäume eingelegt.

Dann erzählt man den Kindern eine Geschichte: Ihr spielt ein Versteckspiel mit euren Müttern. Alle eure Mütter haben sich hinter den Bäumen auf diesen Umschlägen versteckt, jede hinter einem. Und jedes von euch muß nun seine Mama suchen. Geht zu ihr. Legt eure

* Adaption eines Spiels, das Carol-Jean Kinsey ersonnen hat.

»Baby«-Karte auf den »Baum«-Umschlag, hinter dem sich eure Mama versteckt hat.

In der nächsten Variation dieses Spiels übernimmt jedes Kind die Rolle des erwachsenen Tiers und sucht sein »Baby«.

Spiel 3: Willst du ein Bonbon?

Immer wenn Sie dem Kind etwas geben wollen, z. B. ein Bonbon, eine Münze oder einen anderen kleinen Gegenstand, können Sie daraus ein ASW-Spiel machen, das sich der Herausforderung und Einmaligkeit einer solchen Situation bedient. Dieses besondere Merkmal trägt dazu bei, daß das Kind leichter Erfolg hat. Wird das Spiel wiederholt, gewöhnt sich das Kind auch daran, die ASW womöglich zusätzlich zu den anderen Sinnen zu benutzen.

Sie halten den Gegenstand, den Sie dem Kind geben wollen, in der geschlossenen Faust. Dann strecken Sie beide Fäuste vor und fordern das Kind auf, leicht auf diejenige Faust zu schlagen, in der nach seiner Meinung der Gegenstand versteckt ist. Als Belohnung für Erfolg können Sie den Preis verdoppeln.

Eine Variation dieses Spiels kann versucht werden, wenn junge Schachspieler die Farbe der Steine wählen, mit denen sie spielen wollen. Einer von ihnen versteckt in jeder Hand eine andersfarbige Figur. Der zweite deutet auf eine Hand, um die Farbe zu wählen; dabei sagt er laut, welche Farbe er gewählt zu haben glaubt.

Spiel 4: Sortieren der Schachfiguren

Geben Sie alle Figuren eines Schachspiels (beide Farben gemischt) in einen Beutel und fordern Sie das Kind auf, die Figuren nach Farben zu sortieren, ohne sie anzusehen. Das Kind muß die Augen schließen und die Farbe jeder Figur laut sagen, bevor es die Figur aus dem Beutel nimmt. Wer die wenigsten Fehler macht, hat gewonnen.

Dem Kind erklärt man am besten, wenn es sehr aufmerksam sei, könne es lernen, die beiden Farben an einem besonderen, typischen Gefühl in den Fingerspitzen bei der Berührung zu unterscheiden. Eine der Farben wird sich wärmer anfühlen als die andere oder glatter; es kann auch sein, daß irgendein anderes, besonderes Gefühl den Unterschied erkennen läßt.

Anfangs erlaubt man dem Kind, sich die Figur anzusehen, nachdem es die Farbe geraten hat. Dies gibt ihm die Feedback-Information, die es braucht, um seine Unterscheidungsfähigkeit zu verbessern. (Beachten Sie jedoch, daß hierdurch auch die Möglichkeit rationalen Folgerns zur Verbesserung der Resultate ohne ASW entsteht: Wenn das Kind beispielsweise erfährt, daß die ersten fünf entnommenen Figuren weiß waren, wird es wissen, daß die Mehrzahl der im Beutel verbliebenen Figuren nun schwarz ist. Es erzielt dann mehr richtige Antworten, indem es nur auf Schwarz tippt.)

Später, wenn das Kind gelernt hat, das »Sichanfühlen« der beiden verschiedenen Farben zu unterscheiden, verlangen wir, daß es alle Figuren sortiert, ohne sie anzusehen. Wenn keine Feedback-Information über die sortierten Figuren gegeben wird, können wir das Resultat auf die übliche Weise statistisch auswerten (siehe Tabelle C auf Seite 193): Bei zwei Farben und zweiunddreißig Figuren des Spiels sind fünfundzwanzig richtig identifizierte Figuren ein guter Hinweis auf das Vorhandensein von ASW.

Man kann das Spiel schwieriger gestalten, indem man mehr Farben benutzt: Nehmen Sie verschiedenfarbige Spielmarken (Spielknöpfe), je gleich viele der einzelnen Farben, mischen Sie sie in einem Beutel und sortieren Sie die Knöpfe einzig durch Berühren.

Spiel 5: Raten der Autonummer

Dieses Spiel kann man spielen, wenn man spazierengeht und sich einem Wagen nähert, der in ziemlicher Entfernung am Gehsteigrand steht, oder wenn man an der Straße steht und Autos herankommen sieht.

Fragen Sie dann: Wer kann raten, wie die Nummer des nächsten Autos sein wird, das wir sehen? Was für eine Farbe wird das Auto haben? Marke? Modell?

SPIELE FÜR ZWEI PERSONEN

Spiel 6: Fingerlesen

Dieses Spiel ist eine strengere Abart von Spiel 4 und eher für zwei Erwachsene gedacht, die Interesse an parapsychologischen Experimenten haben.

Wir brauchen mehrere Bogen Papier verschiedener Farben, aber mit identischer Oberflächenbeschaffenheit. Am Anfang genügen zwei Farben, z. B. Schwarz und Weiß. Später können wir weitere dazunehmen.

Für schwarze und weiße Bogen mit gleicher Oberflächenstruktur eignet sich fotografisch empfindliches Papier am besten: Wir belichten die Hälfte der Bogen, lassen die andere Hälfte unbelichtet und entwickeln alle.

Der Versuchsperson werden die Augen verbunden. Wir stellten bereits früher — auf Seite 44 — fest, daß Augenbinden nie eine absolute Ausschaltung des Gesichtssinnes garantieren. Aber in einem Spiel unter guten Freunden hat niemand Grund zu betrügen. Außerdem dient der Anfang des Spiels nur dem Training und ist kein strenges Experiment. Die Augenbinden haben hier eher die Aufgabe, störende visuelle Reize abzuhalten, die aus der Umgebung kommen, so daß die getestete Person sich leichter konzentrieren kann.

Der »Experimentator« legt der »Versuchsperson« die verschiedenfarbigen Bogen nacheinander in zufälliger Reihenfolge vor. Die Versuchsperson berührt sie, betastet sie und versucht die Farbe an einem besonderen »Sichanfühlen« der Oberfläche zu erkennen. Eine Farbe kann sich wärmer anfühlen als die andere oder klebriger oder glatter. Diese Empfindungen unterscheiden sich von einer Person zur anderen. Die Versuchsperson muß »ihre eigenen« Empfindungen, die für sie mit den einzelnen Farben verbunden sind, kennenlernen.

Während die Versuchsperson die Oberfläche des Papiers berührt, konzentriert sie sich auf das Gefühl in ihren Fingerspitzen. Erkennt sie die charakteristische Empfindung, nennt sie die Farbe laut. Dann sagt ihr der Experimentator, ob sie recht hatte oder nicht.

Der Experimentator mischt anschließend die Bogen, legt der Versuchsperson einen weiteren vor, und das Verfahren wiederholt sich. Mittels der Feedback-Information, die ihr sagt, ob sie recht hatte oder nicht, lernt die Versuchsperson die Farben an charakteristischen Empfindungen in den Fingerspitzen erkennen.

Hat sich diese Fähigkeit hinreichend stabilisiert, können wir zu schwierigeren Aufgaben übergehen:

1. Wir decken die farbigen Bogen mit Schichten aus verschiedenen Materialien ab, mit Zellophan, dünnem Papier, dickerem Papier, Karton, Sperrholz, Metallfolie, und die Versuchsperson bemüht sich, die Farbe durch dieses Hindernis hindurch zu »fühlen«.

2. Wir können – am besten ebenfalls durch einen fotografischen Prozeß – Karten mit zunehmend komplizierteren Gebilden auf der Oberfläche herstellen, und die Versuchsperson wird lernen, durch Berühren die Grenzen zwischen verschiedenen Farben zu unterscheiden.

Noch eine andere Variante der Unterscheidung verschiedener Farben kann versucht werden:

Der Experimentator legt eine farbige Karte vor die Versuchsperson auf den Tisch. Die Versuchsperson hebt die Hand und senkt sie langsam auf die Karte unten. An einem Punkt über der Karte wird die Versuchsperson besondere Empfindungen in der Handfläche wahrnehmen; etwa ein bestimmtes Kitzeln oder eine Art Barriere, eine Kraft, die sich einem weiteren Senken der Hand widersetzt. Wenn dieses oder ein ähnliches Gefühl auftritt, sagt die Versuchsperson es dem Experimentator, der dann den Abstand zwischen Karte und Hand mißt.

Werden Karten verschiedener Farben benutzt, sind die gemessenen Abstände bei den verschiedenen Farben oft unterschiedlich und charakteristisch für die jeweilige Farbe.

Spiel 7: Ziehen Sie die Karte, an die ich denke

Fordern Sie Ihren Partner heraus, lassen Sie ihn versuchen, aus Ihrer Hand die Karte zu ziehen, auf die Sie sich konzentrieren.

Nehmen Sie mehrere Karten aus einem Spiel, fächern Sie sie in der Hand und wählen Sie eine aus, von der Sie wünschen, daß Ihr Partner sie zieht. Stellen Sie sich dann die Karte, die er ziehen soll, lebhaft vor, ebenso die Position der Karte in Ihrer Hand. Versuchen Sie Ihren Partner geistig zur richtigen Karte zu führen.

Wenn Sie als telepathischer Sender fungieren (hier die Person mit den Karten), schließen Sie besser die Augen, damit Sie die Reaktionen Ihres Partners nicht sehen. Sonst könnten Sie ihm unbewußt Sinneshinweise geben: Sie würden unfreiwillig auf seine zögernden Bewegungen reagieren, wenn er seine Hand näher an diese oder jene Karte heranführt, während er überlegt, welche er ziehen soll.

Sie können bei dem Spiel die Zahl der verwendeten Karten und die Kartenkombination variieren. Beim erstenmal können Sie Ihrem Partner die Rückseiten der Karten entgegenhalten, das nächstemal die Vorderseiten. Diese kleinen Varianten helfen Ihnen vielleicht, herauszufinden, welches Verfahren in Ihrer Situation am besten funktioniert. Dann können Sie die Rollen tauschen: Ihr Partner wird der Sender, und Sie versuchen die Karte zu ziehen, auf die er sich konzentriert.

Bei diesem Spiel gibt es keinen Sieger und keinen Verlierer. Jeder Erfolg kann auf das gute Senden des Agenten, die gute Wahrnehmung des Perzipienten oder auf beides zurückzuführen sein. Jeder Erfolg ist ein gemeinsamer Erfolg beider Partner.

Wenn Sie das Spiel in einer größeren Gruppe spielen, können Sie einen Wettstreit zwischen Paaren arrangieren. Vielleicht interessiert es Sie auch, herauszufinden, welche Kombination von Partnern und Rollen die besten Ergebnisse erbringt.

Spiel 8: Erreichen, daß ein Mensch sich umdreht

Dieses Spiel kann man überall spielen, wo eine große Menschenmenge versammelt ist: wenn Sie und Ihr Partner auf einer belebten Straße gehen, während der Pause in einem Theater, bei einer Sportveranstaltung, am Strand usw. Bedingung ist nur, daß Sie und Ihr Partner sich in einer großen Menschenmenge befinden und empfehlenswert ist, daß diese Menschen unbeschäftigt, zerstreut oder entspannt sind. (Konzentriert sich die Aufmerksamkeit der Menschen zu sehr auf irgendeine Tätigkeit, kann es sein, daß Ihr geistiges Signal sie nicht erreicht.)

Sie und Ihr Partner wählen in der Menge eine Person aus, die Sie beeinflussen wollen. Es sollte jemand sein, der Ihnen den Rücken zukehrt, sich Ihrer Anwesenheit nicht bewußt ist und Sie normalerweise kaum bemerken würde. Dann einigen Sie sich mit Ihrem Partner noch auf die Länge der Zeit, in der Sie den Fremden zu beeinflussen versuchen. Eine oder zwei Minuten dürften gerade richtig sein.

Ihr Partner gibt Ihnen das Signal, mit Ihrer Konzentration zu beginnen, und nimmt in diesem Moment die Zeit. Sie stellen sich lebhaft vor, daß die Person den Kopf wendet. Diese Vorstellung können Sie mit anderen geistigen Übungen kombinieren: Sie können sich einbilden, daß Sie die Person laut anrufen oder mit dem Finger antippen oder daß die Person ein Kribbeln oder ein anderes Unbehagen verspürt, aus dem heraus sie sich umdreht. Ist die vereinbarte Zeit abgelaufen, sagt Ihr Partner es Ihnen. Einen Erfolg haben Sie erzielt, wenn die Person irgendwann zwischen dem Startsignal als dem Beginn Ihrer Beeinflussung und dem Schlußsignal den Kopf wendet.

Sie können mit Ihrem Partner die Rollen tauschen, und wer von Ihnen mehr positive Reaktionen registriert, ist Sieger.

Wenn die beeinflußte Person die sich konzentrierende Person ansieht und damit zu erkennen gibt, daß sie gespürt hat, woher der Gedanke kam, wird dem Sender ein Sonderbonus zuerkannt.

Spiel 9: Suche nach Wasser

Für dieses Spiel brauchen Sie ein Pendel: einen kleinen Gegenstand wie einen Ring, eine Taschenuhr, einen Knopf, Nagel usw. an einem dünnen Faden, den Sie in der ausgestreckten Hand halten. Außerdem benötigen Sie einen Bogen Papier mit vier geraden Linien (siehe Figur 6), ein Glas mit Wasser (oder einem anderen Getränk, das später zur Belohnung, weil man es gefunden hat, getrunken werden darf) und einen undurchsichtigen Abdeckschirm. Man kann ebensogut eine große Schachtel nehmen, die alle vier Linien und auch das Glas verdeckt.

Figur 6

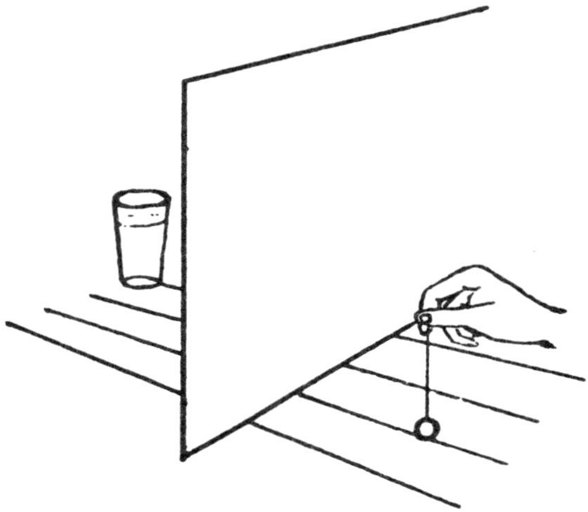

Nun wählen Sie auf Zufallsbasis eine der Linien und stellen das Wasserglas darauf. Dabei muß das Glas die ganze Zeit hinter dem Schirm bzw. unter der Schachtel verborgen sein. Sie müssen auch dafür sorgen, daß kein Geräusch oder anderer Sinneshinweis die Position des Glases verrät, damit Ihr Partner nicht weiß, auf welcher Linie das Glas steht.

Ihr Partner hält das Pendel in der ausgestreckten Hand und konzentriert sich auf den Wunsch, das Wasserglas zu finden. Er untersucht alle Linien. Früher oder später wird sich das Pendel in Bewegung setzen, es wird durch unfreiwillige Muskelimpulse in der Hand Ihres Partners ins Schwingen geraten. Diese Bewegungen des Pendels werden der ASW Ihres Partners helfen, die Position des Wasserglases anzuzeigen. Gewöhnlich zeigt das Pendel gleiche Reaktionen über dreien der vier Linien und eine andersartige Reaktion über der verbleibenden Linie. Wir erwarten, daß das Wasserglas auf der Linie zu finden ist, über der das Pendel anders reagierte.

Sie können das Verfahren ändern, indem Sie einen anderen Gegenstand benutzen. Statt eines Wasserglases legen Sie einen Ring, eine Zigarette, eine Münze, einen Bleistift usw. auf eine der Linien, und Ihr Partner versucht alles mittels der unterschiedlichen Reaktionen des Pendels aufzuspüren.

Spiel 10: Schatzsuche

Für dieses Spiel benötigen Sie eine Münze oder einen goldenen Ring und einen Satz undurchsichtiger Becher (auch Kaffeetassen eignen sich gut; Sie können eine beliebige Zahl wählen, je nachdem, was Ihrem Partner und Ihnen am besten zusagt).

Interessanter wird Ihr Spiel, wenn Sie ein großes rundes Tablett haben, das gedreht werden kann und so die Spur des verborgenen Gegenstandes verwischen hilft.

Stellen Sie die Tassen umgekehrt vor Ihren Partner oder, besser noch, auf ein rundes Tablett. Während Ihr Partner wegschaut, verstekken Sie den Gegenstand unter einer der Tassen.

Dann drehen Sie das Tablett mehrmals oder bitten jemanden, die Tassen zu verschieben, bis Sie selbst nicht mehr wissen, wo der Gegenstand verborgen ist. Dies ist keine absolut unerläßliche Bedingung bei dem Spiel, aber so schalten Sie mögliche Sinneshinweise aus, die Sie unabsichtlich geben könnten. Außerdem ist das Spiel für Sie spannender, wenn Sie bis zur späteren Nachprüfung warten müssen, um zu erfahren, ob Ihr Partner recht hatte oder nicht.

Ihr Partner streckt nun die Hand nacheinander über alle Tassen, achtet auf ein seltsames Gefühl in der Handfläche, das ihm das Vorhandensein des verborgenen Gegenstandes verrät. Er kann die Suche mehrmals wiederholen, bis er sicher ist, daß er das Vorhandensein des Gegenstandes spürt. Das charakteristische Gefühl ist bei den einzelnen Menschen verschieden. Jedermann muß durch Übung lernen, wie sich das Vorhandensein des gesuchten Gegenstands in seinen Handflächen oder Fingerspitzen anfühlt.

Das Spiel kann variiert werden: Lassen Sie Ihren Partner nacheinander jene Tassen aussondern, unter denen nach seiner Meinung der Gegenstand *nicht* liegt. Das Spiel läuft dadurch langsamer ab, ist aber ermutigender, weil häufiger richtige Antworten gegeben werden. (Dieses Verfahren vergrößert die Wahrscheinlichkeit, daß die einzelne Antwort richtig ist.)

Ihr Partner nimmt die leeren Tassen nacheinander weg, bis nur noch zwei übrigbleiben. Er hält sich weiter an das vereinbarte Verfahren und nimmt zuerst jene Tasse weg, unter welcher der Gegenstand *nicht* liegt. Die letzte Tasse auf dem Tablett soll dann jene sein, unter welcher der Gegenstand verborgen ist.

Das Spiel läßt sich noch weiter variieren: Statt Gegenstände unter Tassen zu legen, benutzen Sie mit Wasser gefüllte Gläser. In einem davon lösen Sie insgeheim mehrere Salzkristalle auf. Ihr Partner versucht das Glas zu finden, das Salz enthält.

Sie können für das Spiel verschiedene Regeln aufstellen, je nachdem, was die Teilnehmer am amüsantesten finden. Es gibt viele Möglichkeiten, z. B.:

1. Wer in einer vorher festgelegten Zahl von Versuchen die meisten richtigen Antworten erzielt, ist Sieger.

2. Oder jener ist Sieger, der mit den wenigsten Versuchen die vorher bestimmte Zahl richtiger Antworten erreicht.

3. Wenn Sie sich für die Methode des Anhebens der leeren Tassen entscheiden, können die Teilnehmer nacheinander je einen Versuch machen, und wer einen Treffer erzielt, indem er das Zielobjekt verfehlt, scheidet aus. (Durch diese Regel verwandelt sich das Spiel in ein Partyspiel.)

4. Oder die Teilnehmer heben nacheinander je eine Tasse und bekommen Pluspunkte für jeden erfolgreichen Versuch und Minuspunkte für jeden fehlgeschlagenen. Man achtet dabei nicht auf die Erfolgswahrscheinlichkeit beim einzelnen Versuch, die sich ja mit der schrittweisen Wegnahme der Tassen verändert, wodurch das Spiel gegen Ende hin dramatischer wird.

5. Wenn Sie Salzwasser verwenden, wollen Sie vielleicht lieber den Versuch machen, es zu meiden, statt es zu finden. (Dann muß jeder, der einen Fehler begeht, das Wasser zur »Strafe« trinken.)

GRUPPENSPIELE

Wenn Sie mit einer Gruppe Menschen spielen, haben Sie verschiedene Möglichkeiten, das Spiel so zu organisieren, daß sich alle unterhalten. Sie können nur mit einigen Teilnehmern spielen und die anderen zuschauen lassen oder als Zeugen, Kontrolleure, Protokollführer einsetzen – was sie am liebsten wollen. Oder Sie lassen alle mitspielen.

Ein Wettstreitelement kann man auf verschiedene Weise einbauen. Wenn es für die Gruppe eine Herausforderung bedeutet, können Sie von jedem Mitspieler eine kleine Teilnahmegebühr erheben. Aus dieser »Bank« werden Belohnungen für erfolgreiche Leistungen bezahlt, und für Fehlschläge sind Strafen an die Bank zu entrichten. (Das angefallene Geld wird nach Beendigung des Spiels unter den Mitspielern aufgeteilt oder dazu verwendet, ein gemeinsames Ziel der Gruppe zu verwirklichen. So können Sie einer Gruppe zu Spaß und sinnvoller Unterhaltung und gleichzeitig zu den finanziellen Mitteln für lohnende Ziele verhelfen.)

Man kann auch einen Wettstreit innerhalb der Gruppe organisieren, und die Person mit der besten Leistung gewinnt einen Preis.

Oder Sie teilen die Mitspieler in zwei oder mehr Gruppen (zum Beispiel Männer, Frauen und Kinder), die als Gruppen gegeneinander konkurrieren.

Je nach der Situation läßt sich ein Gruppenwettstreit auf zwei verschiedene Arten arrangieren:

1. Jeder Teilnehmer kann für sich »kämpfen«, und der Erfolg aller Mitglieder der einzelnen Gruppen wird zusammengerechnet.

2. Die Gruppe kann auch an jedem Spielergebnis als einzige Einheit teilnehmen. Wenn die Bedingungen des Spiels eine ASW-Aussage verlangen, versucht jedes Gruppenmitglied, die richtige Antwort unabhängig von den anderen zu finden. Dann beraten die Gruppenmitglieder und entscheiden gemeinsam, welche Aussage sie als Gruppe machen wollen. Dies kann durch Mehrheitsvotum geschehen, oder die Gruppe einigt sich auf die Meinung eines Mitglieds, wenn diese aus einem besonders herausragenden Erlebnis resultiert.

Spiel 11: Das Gefühl haben, angestarrt zu werden

Wählen Sie aus der Teilnehmergruppe vier Personen (oder jede andere, nicht zu hohe Zahl) und bitten Sie sie, sich in die Ecke oder an die Wand zu stellen, und zwar mit dem Gesicht zur Wand. Fordern Sie die vier nun auf, die Augen zu schließen; das erleichtert die Konzentration.

Der Rest der Gruppe verhält sich ruhig, versucht den Teilnehmern kein absichtliches oder unabsichtliches Signal zu geben.

Sie erklären nun den Teilnehmern, wenn einer das Gefühl habe, daß Sie ihn intensiv anschauen, solle er es sagen.

Dann treten Sie in die Mitte des Zimmers, wählen einen Teilnehmer aus und starren ihn stumm an. Dabei müssen Sie in der Zimmermitte stehenbleiben, damit kein Teilnehmer aus Ihrer Position Schlüsse ziehen kann. Die Teilnehmer müssen auch weit genug voneinander entfernt sein, damit Sie wirklich immer nur einen sehen.

Wenn einer der Teilnehmer verkündet hat, er habe Ihren Blick gespürt, bekommt er entweder eine Belohnung für Erfolg, oder er muß Strafe zahlen für einen Fehler, und das Spiel geht weiter.

Die Teilnehmer können, wenn sie wollen, wechseln.

Spiel 12: Ratespiel

Die Teilnehmer bilden einen Kreis um den in der Mitte stehenden Spielführer. Er wählte Zielobjekte in undurchsichtigen Umschlägen aus, beispielsweise: Zettel (schwarze und weiße oder mit verschiedenen daraufgeschriebenen Namen); ASW-Karten; verschiedene Gegenstände, die jeder in der Gruppe kennt (etwa Fotos von den Teilnehmern), usw. Jeder bekommt gesagt, welche Zielobjekte gewählt wurden.

Der Spielführer zeigt das erste Zielobjekt in einem undurchsichtigen Umschlag, und alle Teilnehmer raten, um welchen Gegenstand es sich handelt. Sie sollten Ihren Tip nicht laut abgeben, weil dies die anderen in ihrer Konzentration stören könnte, sondern schriftlich oder durch Handheben, wenn der entsprechende Gegenstand genannt wird. Dann öffnet der Spielführer den Umschlag und zeigt den Gegenstand.

Jene Teilnehmer, die falsch geraten haben, setzen sich und scheiden aus dem Spiel aus.

Das Zielobjekt kommt wieder zu den übrigen. Der Spielführer wählt ein beliebiges zweites Zielobjekt, und die stehenden Teilnehmer geben ihren Tip ab.

Wieder scheiden jene aus, die falsch geraten haben. Das Spiel geht so lange weiter, bis nur noch der Sieger übrig ist.

Für den Spielführer muß hier eine Anmerkung gemacht werden: Die Zahl der verschiedenen Gegenstände, die Sie als Zielobjekte wählen, hängt von der Zahl Ihrer Mitspieler ab. Ist sie klein und Sie wollen, daß das Spiel langsamer verläuft, wählen Sie nur zwei Gegenstände. Haben Sie jedoch viele Mitspieler, sollten Sie eine größere Zahl verschiedener Gegenstände benutzen. Dadurch raten mehr Teilnehmer falsch, und bei jedem Versuch scheiden mehr aus; das Spiel läuft schneller ab.

Spiel 13: Selbstverteidigung

Dieses Spiel könnte den Teilnehmern etwas Übung im Einsatz der ASW zum Vorauserkennen und Vermeiden einer Gefahr vermitteln.

Die Aufgabe besteht einfach darin vorauszusehen, wann der Spielführer jemanden schlagen wird.

Zwei Personen werden aus der Teilnehmergruppe ausgewählt. Man fordert sie auf, sich nebeneinander zu stellen, die Augen zu schließen und den Augenblick vorauszuahnen, da der Spielführer einen von ihnen auf die Schulter schlagen wird. Wenn einer das Gefühl hat, er solle geschlagen werden, muß er es sofort laut sagen.

Der Spielführer steht mit erhobener Hand hinter den beiden, gleich weit von jedem entfernt. Er beschließt im Geist, welchen der beiden er schlagen wird, und bestimmt dann den Moment, wann er es tun wird.

Ideal wäre es, wenn die richtige Person spräche, und zwar genau in dem Moment, in dem der Spielführer zur Schlagbewegung ansetzt.

Spiel 14: Namen paaren

Die Mitspieler werden in zwei Gruppen geteilt, z. B. Männer und Frauen. Beide Gruppen sollten gleich viele Mitglieder haben.

Jeder Mitspieler schreibt seinen Namen auf einen Zettel, faltet diesen und steckt ihn in eine Tüte. Es gibt für jede Gruppe eine eigene Tüte.

Wenn sich alle Namenszettel in den jeweiligen Tüten befinden, ziehen die Mitglieder der Gruppe A aus der Tüte mit den Namen der Gruppe B und umgekehrt.

Bei der ersten Variante des Spiels sagt jeder Teilnehmer im voraus laut, welchen Namen er ziehen will. Er nimmt einen Zettel aus der Tüte, und andere Teilnehmer kontrollieren, ob er Erfolg hatte oder nicht.

Bei der zweiten Variante hat jeder Teilnehmer die Aufgabe, den Namen jener Person zu ziehen, die danach den Zettel mit seinem Namen ziehen wird.

Bei einer weiteren Variante des Spiels werden statt der Namen verschiedene Gegenstände benutzt. Jedes Mitglied gibt irgendeinen Gegenstand, der ihm bereits seit beträchtlicher Zeit gehört und den die anderen Teilnehmer nicht kennen, in die Tüte. Wieder besteht die Aufgabe darin, den Gegenstand zu ziehen, der einer vorher benannten Person gehört; oder zwei Spieler sollen die Gegenstände ziehen, die jeweils dem anderen gehören.

Es kann auch ein beliebiger Gegenstand aus der Tüte genommen werden, und die Gruppenmitglieder versuchen mittels »Psychometrie« zu ermitteln, wer der Eigentümer ist.

Spiel 15: Psychisches Tennisspiel[1]

Erforderliches Material:

Papier und Bleistift zum Notizenmachen, zwei verschiedenfarbige Würfel. Dazu: Kenntnis der Tennisregeln und des Zählvorgangs.

Ursprünglich wurde das Spiel als PK-Spiel geplant. Man kann damit zwei Personen oder eine ganze Gruppe unterhalten; es kann von zwei (Einzel) oder von vier Spielern (Doppel), von zwei oder von vier Mannschaften gespielt werden. Wir beschreiben zuerst die einfachste Form, das »Einzel«, später schildern wir verschiedene Varianten, darunter die Abänderung in ein ASW-Spiel.

Grundregeln des Spiels:

1. Die Spieler würfeln um den Aufschlag. Jener mit der höheren Zahl bekommt ihn.

2. Der Aufschläger wirft einen der farbigen Würfel, um übers Netz zu kommen, den zweiten, andersfarbigen Würfel, um ins Aufschlagfeld zu gelangen (man kann auch mit einem einzigen Würfel zweimal hintereinander werfen). Die Zahlen 1 bis 4 bedeuten »über dem Netz« und »im Aufschlagfeld«, die Zahlen 5 und 6 zeigen Fehler an.[2]

3. Wenn der Aufschläger den Ball nicht »übers Netz« oder »ins Aufschlagfeld« bekommt, schlägt er nochmals auf, bis er das Spiel verliert.

4. Plaziert der Aufschläger den Ball richtig, würfelt der Rückschläger; bekommt nun er den Ball nicht hinüber oder nicht ins Feld, geht der Punkt an den Aufschläger.

5. Trifft der Rückschläger ins Feld, würfelt der Aufschläger wieder und so fort.

6. Wertung wie beim Tennis. (Wenn Sie wollen, gestehen Sie dem Aufschläger zwei Versuche beim Aufschlag zu — wie im Tennis.)[3]

---

[1] Das Spiel wurde von Barbara Akers ersonnen.

[2] Diese Regel kann geändert werden, wenn die Spieler es wünschen. So kann zum Beispiel 1 bis 3 bedeuten »übers Netz« und 4 bis 6 »Fehler«. Bei einer anderen Variante kann 1 »Fehler« heißen und alle anderen Zahlen (2 bis 6) bedeuten einen richtigen Schlag.

[3] Wenn es die Teilnehmer wünschen, kann man folgende Regeln aus dem Volleyball anwenden: Nur der Aufschläger macht Punkte; passiert ihm ein Fehler, geht der Aufschlag an den Gegner; die Wertung erfolgt dann gemäß den Volleyballregeln.

Beispiel eines Einzels

Aufschläger (A) Roter Würfel	Schwarzer Würfel	*Rückschläger (B)* Roter Würfel	Schwarzer Würfel	*Wertung*
2	2	6	3	15:0
5	1	—	—	15:15
1	2	3	6	30:15
1	1	3	4	
2	4	3	5	40:15
6	6	—	—	40:30
3	1	5	2	

Spiel geht an A

7. An einem Doppel nehmen vier Spieler teil: A, B, C und D. A schlägt für D auf, D schlägt zu B zurück und B zu C. Beim zweiten Aufschlag muß A für C aufschlagen, C muß zu B und B zu D schlagen.

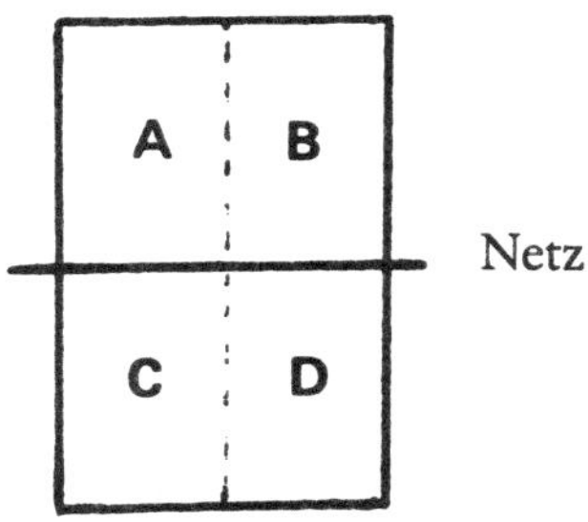

8. Für fortgeschrittene Tennisspieler bergen die Regeln bereits ein ASW-Element (in der Wahl des Rückschlägers, der entscheiden kann, welchen Teil des Feldes er verteidigen wird). Das Feld wird, wie gezeigt, in Abschnitte unterteilt.

Beispiel eines Spiels: A schlägt für B auf und muß 1 oder 2 bekommen, wenn er über dem Netz ist.* A sagt, daß er im hinteren Abschnitt des Feldes bleiben und diesen verteidigen will, also muß B 1 oder 2 bekommen, wenn er über dem Netz ist. Schafft B dies, dann sagt er, daß

* Denken Sie daran: Ein Würfel muß den Ball übers Netz schaffen, der zweite Würfel muß ihn auf die richtige Stelle des Feldes bringen (in diesem Fall bedeutet die richtige Stelle 1 oder 2).

Beispiel eines Doppels

Paar A	+	B		*Paar* C	+	D		*Wertung*
6	2	•				—	—	0:15
2	2	•						
				4	3			
		1	4					
						2	1	
3	5			—	—			0:30
3	2	•						
						2	1	
		3	3					
				1	2			
2	4							
						6	1	
6	6	•		—	—			15:30
4	5	•				—	—	15:40

Spiel geht an C + D

er am Netz bleiben will, also muß A eine 3 oder 4 würfeln, wenn er über dem Netz ist usw.

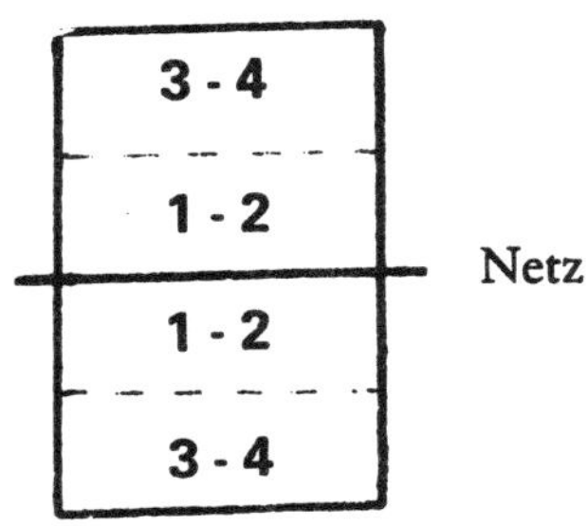

Abwandlungen des Spiels: Mehr Spieler können teilnehmen, wenn sich die ganze Gruppe als einzige Einheit beteiligt. Es ist dann eine einfache Änderung der Regeln erforderlich, um das Spiel zu einem Gruppenspiel umzugestalten. Wenn beispielsweise zwölf Personen anwesend sind, können sie in zwei Teams zu je sechs Spielern oder in vier Teams zu je drei Spielern spielen. Die Teams spielen als eine Einheit: Jeder Spieler würfelt mit beiden Würfeln, und die erwürfelten Zahlen werden innerhalb der Gruppe addiert. Die Bedeutung der erreichten Wertungen wird im voraus festgelegt. Beschließen zum Beispiel zwölf Spieler, in zwei Gruppen von je sechs Personen zu spielen, liegen die von jeder Gruppe erreichten Punkte, wenn man alle Würfe zusammenzählt, zwischen 6 und 36. Die Spieler können dann eine Regel festsetzen, daß beispielsweise die Gesamtsummen von 22 bis 36 Punkten »übers Netz« und »ins Feld« bedeuten sollen.

Das Spiel kann auch so adaptiert werden, daß es zum ASW-Spiel wird. Statt zu würfeln, benutzen die Spieler Zettel, die von 1 bis 6 durchnumeriert sind, und ziehen diese Zettel aus Tüten. Man kann rote Zettel für die Entscheidung »übers Netz« und weiße für die Entscheidung »ins Feld« benutzen. Die numerierten Zettel werden getrennt in zwei undurchsichtige Tüten gegeben, und jeder Spieler zieht eine Zahl aus jeder Tüte. Denken Sie aber daran: Nach jedem Ziehen müssen die Zettel in die jeweiligen Tüten zurückgegeben werden.

9. Statistische Auswertung von Daten

Zweck dieses Kapitels ist es, dem Leser Einblick in die Prinzipien zu geben, die bei der statistischen Auswertung von Forschungsdaten angewandt werden. Außerdem werden einige einfache Verfahren beschrieben, die ihm eine Analyse seiner eigenen Daten ermöglichen.

Wir werden hier komplizierte Rechnungen vermeiden und nur einige wenige grundlegende Formeln und Tabellen präsentieren, die von Statistikern zur Anwendung in jeder Wissenschaft entwickelt wurden; außerdem wollen wir dem Leser zeigen, wie er sie zur Auswertung von Ergebnissen seiner Experimente anwenden muß. Ich glaube, nur wenn ich alle theoretischen Schwierigkeiten und Komplexitäten der mathematischen Praxis ausschalte, kann ich *jedermann* — auch Leser, die sich nicht für Mathematik interessieren – mit Erfolg auffordern, einen Versuch zu machen, die erzielten Ergebnisse wenigstens einer einigermaßen richtigen Auswertung zu unterziehen.

Wer dabei die Notwendigkeit einer objektiven Auswertung erkennt und die Antworten auf seine Fragen ans Licht kommen sieht, wird vielleicht neugierig genug, um die statistischen Methoden gründlicher zu studieren.

Natürlich stellen wir hier nur einfachste Methoden vor, die sich bei den beschriebenen Experimenten anwenden lassen. Wer mit eigenen Forschungsobjekten weitermachen will, kommt möglicherweise ohne kompliziertere Verfahren nicht aus. Die Statistik hat sich zu einer Spezialwissenschaft mit ganz speziellen Problemen, Finessen und Fallstrikken entwickelt. Deshalb ist es in schwierigeren Situationen immer ratsam, einen Fachstatistiker zu konsultieren.

WAS IST STATISTIK?

Jede statistische Auswertung besteht im wesentlichen aus Standardverfahren, mittels derer wir zuverlässige Antworten auf die Frage finden: Wie wahrscheinlich oder unwahrscheinlich ist es, daß ein bestimmtes Ergebnis durch Zufall auftritt.

Stellen wir uns beispielsweise vor, wir hätten eine große Klasse von

Mittelschülern und messen die Körpergröße der Schüler. Einige werden sehr groß sein, andere sehr klein, doch die Größe der Mehrzahl wird irgendwo beim Durchschnittswert liegen. Die Größenverteilung wird ungefähr der glockenförmigen Kurve auf dem folgenden Diagramm entsprechen (Figur 8).

Figur 8

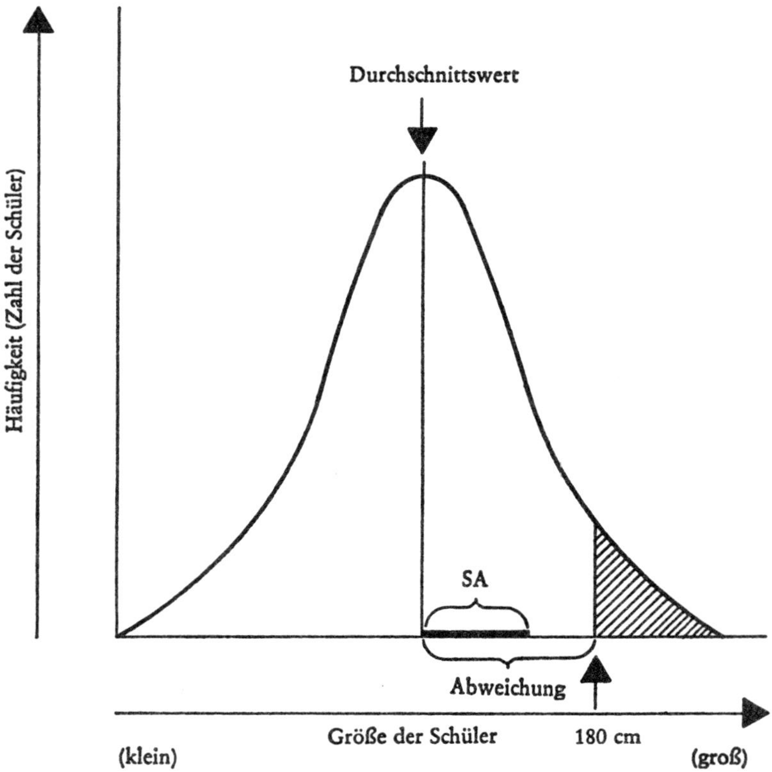

Wenn wir nun einen Schüler haben, der größer ist als die anderen (beispielsweise 180 cm mißt), wollen wir vielleicht wissen, ob er ein außergewöhnlicher Riese ist oder ob man ihn noch als normal, wenn auch als größer als die anderen, ansehen kann. Wir fragen nun, wie wahrscheinlich es ist, daß ein solcher Schüler in unsere Klasse gerät. Stellen wir fest, daß es ziemlich wahrscheinlich ist, sehen wir ihn als normal an; stellen wir fest, daß es höchst unwahrscheinlich ist, schließen wir, daß er außergewöhnlich groß ist.

Anmerkung: Die Statistik sagt nicht, *warum* er außergewöhnlich groß ist. (Er kann älter sein als die anderen, an irgendeiner Wachstumsanomalie leiden oder sich genetisch von anderen unterscheiden und große Eltern haben.) Die Statistik konstatiert lediglich die Tatsache; die Erklärung muß in den Bedingungen gesucht werden, unter denen das ungewöhnliche Ereignis auftritt.

Anzumerken wäre ferner, daß die statistische Auswertung nur angewandt wird, wenn wir Zweifel haben. Würde unser Schüler 240 cm messen, stünde außer Zweifel, daß er ungewöhnlich groß ist, und wir kämen ohne Statistik aus. Doch wenn er 180 cm mißt, sind wir nicht sicher, und dann suchen wir die Antwort mittels einer statistischen Auswertung.

Zu diesem Zweck müssen wir die erwartete Größenverteilung bei den Schülern kennen (wie durch die glockenförmige Kurve in unserem Diagramm dargestellt). Dann müssen wir das Verhältnis der schraffierten Fläche (die den ebenso großen – 180 cm – oder noch größeren Schülern entspricht) zur restlichen, unschraffierten Fläche unter der Kurve (die den kleineren Schülern entspricht) errechnen. Den Wert $\sqrt{z . w . q}$, der noch erklärt und bei späteren Berechnungen verwendet wird (wir werden ihn »Standardabweichung« oder kurz SA nennen), kann man sich als eine Art Maßstab vorstellen, der die Abweichung des beobachteten Ergebnisses vom Durchschnittswert mißt.

Genau wie die Größe von Schülern – und viele andere Ereignisse in Natur und Gesellschaft – tendieren auch die Ergebnisse von ASW-Tests zu einer Verteilung gemäß einer solchen glockenförmigen Kurve. Wenn wir ASW als gegeben feststellen wollen, versuchen wir mit unseren Berechnungen zu ermitteln, ob die Abweichung des beobachteten Ergebnisses vom Durchschnittswert groß genug ist, um den Schluß zuzulassen, daß das Ergebnis ungewöhnlich sei. Mit anderen Worten: wir versuchen zwischen zwei Aussagen (Hypothesen) zu unterscheiden:

H_1: Die Beobachtung entspricht so ziemlich dem, was wir normalerweise erwarten würden, d. h. der beobachtete Wert kommt dem erwarteten Wert hinreichend nahe, und jeder Unterschied vom erwarteten Wert kann einer Zufallsvariation zugeschrieben werden.

H_2: Die Beobachtung läßt sich nicht als Zufallsvariation erklären, d. h. sie weicht zu weit von dem ab, was durch Zufall erwartet wird, und wir müssen deshalb eine andere Erklärung suchen.

Wir akzeptieren ASW als gegeben, wenn Hypothese H_1 widerlegt wird, wenn sich also zeigt, daß die Beobachtung signifikant von der Zufallserwartung abweicht. Beachten Sie: Eine *signifikante* Abweichung von der Zufallserwartung ist erforderlich. Aber selbst dann können wir nicht sagen, daß Hypothese H_1 absolut ausgeschlossen sei; noch immer wäre der Zufall eine *denkbare* Erklärung. Wir sagen also nur, die Zufallserklärung sei *ziemlich zweifelsfrei* ausgeschlossen (auch wenn es Uneinigkeit darüber geben mag, wo die Grenze von »ziemlich zweifelsfrei« liegt*).

Beachten Sie bitte auch hier: Wir können aus der Statistik tatsächlich nur den Schluß ziehen, daß die Beobachtung sich so sehr vom Zufallswert unterscheidet, daß man sie vernünftigerweise keiner Zufallsvariation zuschreiben kann. *Statistiken sagen nichts über die ASW selbst aus.* Wenn wir jedoch auf solche Weise feststellen, daß der Zufall die Beobachtung nicht zu erklären vermag, schließen wir auf eine andere Ursache. Die Frage ist nun: Welche? Da das außerzufällige Ergebnis einige Informationen über das Zielobjekt enthält und diese Informationen (infolge der Bedingungen unseres Experiments) auf anderem Weg als durch die normalen Sinneskanäle erhalten wurden, erklären wir die Ursache als *außersinnliche Wahrnehmung.*

Die glockenförmige Verteilung ist hier von größtem Interesse für uns. Vollständigkeitshalber sollten wir jedoch anfügen, daß die Statistik, je nach den Umständen, auch mit anderen Verteilungen von Ereignissen oder Einheiten arbeitet, die für den fortgeschrittenen Studenten in besonderen Situationen von Belang sind, z. B. die in Figur 9 gezeigte asymmetrische Verteilung:

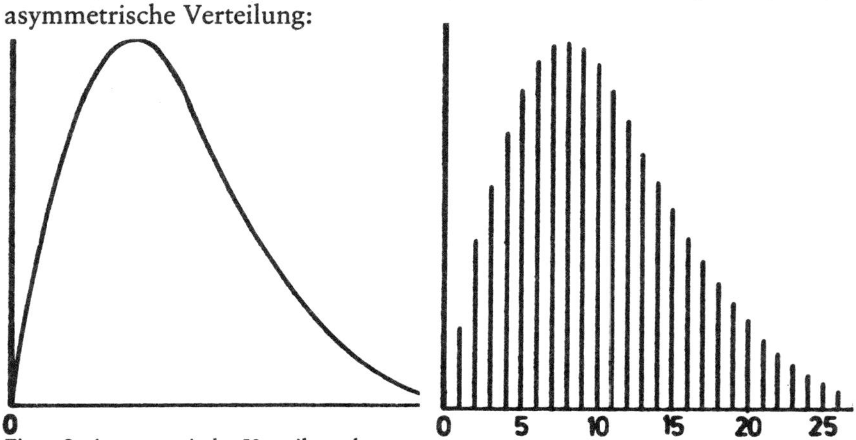

Figur 9: Asymmetrische Verteilungskurve
Rechts ein Beispiel: Auftreten von Serientreffern in Rateserien mit je 25 ASW-Karten – keine ASW, der häufigste Trefferwert liegt bei fünf Treffern.

---

* Häufig wird sie auf den Wahrscheinlichkeitswert W = 0,01 gelegt; beläuft sich die Wahrscheinlichkeit des zufälligen Auftretens einer bestimmten Beobachtung auf weniger als ein Prozent (ein Auftreten in hundert Beobachtungen), beginnen wir die Zufallserklärung als zweifelhaft anzusehen.

Bei jeder untersuchten Verteilung sind drei Faktoren wichtig: Form, Lokalisierung (wo sich der Durchschnittswert befindet) und Streuung (Variabilität der Bestandteile).

Wenn wir Hypothesen testen, stellen wir gewöhnlich eine der folgenden Fragen:

1. Wo ist das beobachtete Ereignis auf dem Verteilungsdiagramm lokalisiert – mit anderen Worten: wie wahrscheinlich oder unwahrscheinlich ist es?

2. Wenn wir eine Stichprobe aus mehreren Beobachtungen haben, wie paßt diese Stichprobe auf die bekannte Verteilung der Daten – wie genau repräsentiert sie sie?

GRUNDAUSWERTUNG VON TESTERGEBNISSEN BEI EINER GROSSEN ZAHL VON DATEN – MEHR ALS 100 VERSUCHE

Nach Beendigung unseres Experiments wollen wir die Daten auswerten, um festzustellen, ob ASW aufgetreten ist oder, anders gesagt, ob das beobachtete Ergebnis signifikant von dem abweicht, was durch Zufall erwartet werden konnte.

Zu dieser Analyse müssen wir folgendes kennen:

- Die Zahl der Versuche;
- die Wahrscheinlichkeit einer richtigen Antwort in jedem einzelnen Versuch – sie hängt von der Zahl der beim Experiment verwendeten verschiedenen Zielobjekte ab;
- die Zahl der durch Zufall zu erwartenden Treffer — man kann sie errechnen, indem man entweder die Zahl der Versuche mit der Erfolgswahrscheinlichkeit in jedem Versuch multipliziert oder, was das gleiche ist, indem man die Zahl der Versuche durch die Zahl der verschiedenen Zielobjekte teilt;
- die beobachtete Trefferzahl – die Zahl der Treffer, welche wir in unseren Daten haben;
- schließlich können wir die Abweichung von der Zufallserwartung berechnen – indem wir die erwartete Trefferzahl von der Zahl der beobachteten Treffer abziehen.

Wenn wir sämtliche oben genannten Daten kennen, setzen wir sie in folgende einfache Formel ein:

$$KV = \frac{Abw}{\sqrt{z \cdot w \cdot q}}$$

Dabei ist:

KV	=	kritisches Verhältnis = das Maß unseres Erfolges
Abw	=	Abweichung = Unterschied zwischen der erhaltenen Zahl richtiger Antworten und der Zufallserwartung (dem Durchschnittswert)
z	=	Zahl der Versuche
w	=	Wahrscheinlichkeit des Erfolges in jedem Versuch
q	=	Wahrscheinlichkeit der Fehler in jedem Versuch

Die Werte w und q hängen von der Zahl verwendeter verschiedener Zielobjekte ab. w + q ergibt immer 1. Wenn Sie nur zwei verschiedene Zielobjekte wählen, dann ist $w = {}^{1}/_{2}$ und $q = {}^{1}/_{2}$. Machen Sie den Test mit fünf verschiedenen Zielobjekten, ergeben sich die Werte: $w = {}^{1}/_{5}$ und $q = {}^{4}/_{5}$. Bei zehn verschiedenen Zielobjekten ist $w = {}^{1}/_{10}$ und $q = {}^{9}/_{10}$.

Die Zahl der Treffer, die durch Zufall zu erwarten stehen, hängt von der Zahl der Versuche, Z, und der Zahl der benutzten verschiedenen Zielobjekte ab. Bei nur zwei verschiedenen Zielobjekten beträgt die Zufallserwartung 50 Prozent der Gesamtzahl an Versuchen (Z); bei fünf verschiedenen Zielobjekten macht sie 20 Prozent aus und bei zehn verschiedenen Zielobjekten zehn Prozent.

Der daraus resultierende KV-Wert bestimmt die Wahrscheinlichkeit, die in unserem Experiment besteht, d. h. mit anderen Worten: die Wahrscheinlichkeit, daß wir allein schon durch Zufall die registrierte Zahl an Treffern erhalten. Die Wahrscheinlichkeit (W), die verschiedenen KV-Werten entspricht, ist in der folgenden Tabelle angegeben: *

KV = 2 entspricht der Wahrscheinlichkeit W = 0,046

KV = 2,5 entspricht der Wahrscheinlichkeit W = 0,012

KV = 3 entspricht der Wahrscheinlichkeit W = 0,0027

KV = 3,5 entspricht der Wahrscheinlichkeit W = 0,00047

KV = 4 entspricht der Wahrscheinlichkeit W = 0,000063

KV = 5 entspricht der Wahrscheinlichkeit W = 0,00000057

---

* Wenn wir beispielsweise für unser Experiment den Wert KV = 2,5 erhalten, der einer Wahrscheinlichkeit von W = 0,012 entspricht, bedeutet dies, daß in 1000 Wiederholungen des gesamten Experiments dasselbe oder ein besseres Ergebnis durch bloßen Zufall in 12 Fällen auftreten könnte. Das bedeutet, daß wir das Experiment fast hundertmal wiederholen müßten (der genaue Wert ist ${}^{1000}/_{12}$), um durch Zufall ein einziges solches Ergebnis erwarten zu können.

Gewöhnlich ist eine Wahrscheinlichkeit von W = 0,01 oder kleiner – KV = 2,5 oder größer – der Punkt, an dem wir ASW als in unseren Daten gegeben zu akzeptieren beginnen.*

KV = 3,5 ist bereits ein starker Hinweis darauf, daß in unserem Experiment ASW funktioniert hat.

Beachten Sie: Es gibt keinen natürlichen Wert, der den Punkt festlegen würde, jenseits dessen wir das Ergebnis als statistisch signifikant ansehen. Der oben erwähnte Wert W = 0,01, den wir wählen, ist *willkürlich;* er ist Ausdruck einer allgemeinen *Übereinstimmung* von Fachleuten darüber, ab wo ungefähr die Zufallserklärung nicht länger als vernünftig erscheint.

Ein Beispiel soll veranschaulichen, wie wir in unseren Berechnungen vorgehen.

Stellen Sie sich ein ASW-Experiment mit fünf verschiedenen Zielobjekten, z. B. fünf verschiedenen ASW-Kartensymbolen, vor. Wir haben insgesamt 400 Versuche gemacht und 112 Treffer erzielt.

Die Zufallserwartung beträgt 80 Treffer, denn bei fünf verschiedenen Zielobjekten erwarten wir 20 Prozent der Gesamtzahl von 400 Versuchen. Wir verwenden nun die Formel (Seite 187).

$$\mathrm{KV} = \frac{\mathrm{Abw}}{\sqrt{z \cdot w \cdot q}}$$

$$= \frac{112 - 80}{\sqrt{400 \cdot {}^{1}/_{5} \cdot {}^{4}/_{5}}} = \frac{32}{20 \cdot {}^{2}/_{5}} = \frac{32}{8} = 4$$

Bei dem Wert KV = 4 schließen wir, daß das Ergebnis nicht dem Zufall zuzuschreiben ist; wenn die Experimentalbedingungen die Sinneswahrnehmung wirklich ausschlossen, folgern wir, daß in dem Experiment ASW gewirkt hat.

---

* Die folgende Anmerkung ist nur für Leser mit tieferem Interesse an Mathematik gedacht; falls Sie sie verwirrend finden, können Sie sie ignorieren, ohne daß dies nachteilige Folgen für Ihr Verständnis und Ihre praktische Nutzung des vorliegenden Buches hat.
Die obige Tabelle über das kritische Verhältnis (KV) und die Wahrscheinlichkeit (W) enthält die konservativen, sogenannten »zweiseitigen« Werte, die zutreffen, wenn wir bereit sind, sowohl positive als auch negative Abweichungen (Psi-Treffer sowie Psi-bedingte Fehler) als Beweise für ASW gelten zu lassen. Wenn wir bei der Planung des Experiments beschließen, *nur* positive (überzufällige) Abweichung zu akzeptieren, haben wir lediglich das Recht, »einseitige« Werte zu benutzen, in denen alle Wahrscheinlichkeiten sich auf die Hälfte reduzieren. Wir können dann bereits das kritische Verhältnis KV = 2,33 als signifikant ansehen.

GRUNDAUSWERTUNG VON TESTERGEBNISSEN BEI EINER KLEINEN ZAHL VON DATEN – WENIGER ALS 100 VERSUCHE

Die im vorstehenden Abschnitt benutzte Formel ist nur hinreichend präzise, wenn wir 100 oder mehr Versuche gemacht haben. Sind es weniger, können wir unser Experiment einfach mittels der drei nachstehenden Tabellen auswerten.

Diese Tabellen beantworten die Frage: Wie viele richtige Antworten braucht man (bei einer bestimmten Zahl von Versuchen und einer gegebenen Erfolgswahrscheinlichkeit in jedem einzelnen Versuch), um das Wirken von ASW mit der gewünschten Überzeugungskraft demonstrieren zu können?

Tabelle A basiert auf der Gesamtsignifikanz von W = 0,02, was man als Grenzwert betrachten kann, an dem wir ASW als in unseren Daten gegeben zu vermuten beginnen. In diesem Fall müßten wir das Experiment 50mal wiederholen, um das in der Tabelle angegebene Resultat durch bloßen Zufall zu erhalten.

Tabelle B enthält Ergebnisse, die der Gesamtsignifikanz von W = 0,01 entsprechen, was man bereits als Zeichen für wirkende ASW betrachten darf. Das Experiment müßte 100mal wiederholt werden, damit das in der Tabelle angegebene Resultat durch bloßen Zufall aufträte.

Tabelle C gibt Ergebnisse an, die der Gesamtsignifikanz von W = 0,001 entsprechen. Ein solches Resultat verweist sehr stark auf das Wirken von ASW. Ein zufälliges Auftreten eines solchen Ergebnisses kann nur bei 1000maliger Wiederholung des Experiments erwartet werden.

In allen Tabellen sind die Zahlen richtiger Antworten in Abhängigkeit von der Zahl einzelner Versuche, die wir in unserem Experiment machten, und von der Erfolgswahrscheinlichkeit bei jedem einzelnen Versuch angegeben. (Dieser individuelle Wahrscheinlichkeitswert ist der umgekehrte Wert der Zahl an Wahlmöglichkeiten in Ihrem Test, d. h. der Zahl verschiedener Zielobjekte, die Sie verwenden.)

Jedes Ergebnis, das schlechter ist als die in Tabelle A angegebenen Resultate, zeigt an, daß *keine* ASW gewirkt hat. (Ein solches Ergebnis läßt sich auf bloßen Zufall zurückführen.) Resultate dagegen, die besser als die in Tabelle C angegebenen sind, verweisen sehr stark auf das Wirken von ASW in Ihrem Test.

Wenn Sie die Tabellen benutzen, suchen Sie stets den Schnittpunkt der horizontalen Linie, welche die Zahl der in Ihrem Test gemachten

Versuche verkörpert, und der vertikalen Linie, welche die individuelle Erfolgswahrscheinlichkeit (Zahl der in Ihrem Test benutzten Zielobjekte) benennt. Ein Beispiel zu den Tabellen finden Sie Seite 192.

Wie viele richtige Antworten Sie brauchen

Tabelle A (W = 0,02)

Wahrscheinlichkeit des Erfolges in jedem Versuch

Zahl der Versuche	1/2	1/3	1/4	1/5	1/6	1/7	1/8	1/9	1/10	1/11	1/12	1/15	1/20
2	—	—	—	—	—	—	2	2	2	2	2	2	2
3	—	—	3	3	3	3	3	3	3	3	3	2	2
4	—	4	4	4	3	3	3	3	3	3	3	3	2
5	5	5	4	4	4	4	3	3	3	3	3	3	3
6	6	5	5	4	4	4	4	4	3	3	3	3	3
7	7	6	5	5	4	4	4	4	4	4	3	3	3
8	8	6	6	5	5	4	4	4	4	4	4	3	3
9	8	7	6	5	5	5	4	4	4	4	4	4	3
10	9	7	6	6	5	5	5	5	4	4	4	4	3
11	10	8	7	6	6	5	5	5	4	4	4	4	3
12	10	8	7	6	6	6	5	5	5	5	4	4	3
13	11	9	8	7	6	6	5	5	5	5	5	4	4
14	12	9	8	7	7	6	6	5	5	5	5	4	4
15	12	10	8	7	7	6	6	6	5	5	5	5	4
16	13	10	9	8	7	7	6	6	5	5	5	5	4
17	14	11	9	8	7	7	6	6	6	5	5	5	4
18	14	11	9	8	8	7	7	6	6	6	5	5	4
19	15	12	10	9	8	7	7	7	6	6	6	5	4
20	15	12	10	9	8	7	7	7	6	6	6	5	4
25	19	14	12	10	10	9	8	8	7	7	7	6	5
30	22	17	14	12	11	10	9	9	8	8	7	7	5
35	24	19	15	13	12	11	10	10	8	8	8	7	6
40	27	21	17	14	13	12	11	10	9	9	9	8	6
45	30	23	18	16	15	13	12	11	10	10	10	9	7
50	33	25	19	17	16	14	13	12	11	11	11	10	7
100	62	45	36	30	26	23	21	19	17	16	15	13	11

Grenzwert für Erfolg (ASW-Wirken wahrscheinlich)
Gesamtwahrscheinlichkeit W = 1/50

Tabelle B (W = 0,01)

Wahrscheinlichkeit des Erfolgs in jedem Versuch

Zahl der Versuche	1/2	1/3	1/4	1/5	1/6	1/7	1/8	1/9	1/10	1/11	1/12	1/15	1/20
2	—	—	—	—	—	—	—	—	2	2	2	2	2
3	—	—	—	3	3	3	3	3	3	3	3	3	2
4	—	—	4	4	4	4	3	3	3	3	3	3	3
5	—	5	5	4	4	4	4	4	3	3	3	3	3
6	—	6	5	5	4	4	4	4	4	4	4	3	3
7	7	6	6	5	5	5	4	4	4	4	4	4	3
8	8	7	6	6	5	5	5	4	4	4	4	4	3
9	9	7	6	6	5	5	5	5	4	4	4	4	3
10	9	8	7	6	6	5	5	5	5	5	4	4	4
11	10	8	7	7	6	6	5	5	5	5	5	4	4
12	11	9	8	7	6	6	6	5	5	5	5	4	4
13	12	9	8	7	7	6	6	6	5	5	5	5	4
14	12	10	9	8	7	7	6	6	5	5	5	5	4
15	13	10	9	8	7	7	6	6	6	6	5	5	4
16	13	11	9	8	8	7	7	6	6	6	6	5	4
17	14	11	10	9	8	7	7	7	6	6	6	5	4
18	15	12	10	9	8	8	7	7	6	6	6	6	5
19	15	12	10	9	9	8	7	7	6	6	6	6	5
20	16	13	11	9	9	8	8	7	7	7	6	6	5
25	19	15	13	11	10	9	9	8	7	7	7	7	5
30	22	17	14	12	12	10	10	9	8	8	8	7	6
35	25	20	16	14	13	11	11	10	9	9	9	8	6
40	28	22	18	15	14	13	12	11	10	10	10	9	7
45	31	24	19	17	15	14	13	12	11	11	11	10	7
50	34	26	21	18	16	15	14	13	12	12	12	11	8
100	63	46	37	31	27	24	22	20	18	17	16	14	11

Guter Erfolg (Hinweis auf ASW)
Gesamtwahrscheinlichkeit W = 1/100

Ein B e i s p i e l : Benutzen Sie fünf verschiedene Zielobjekte (Wahrscheinlichkeit 1/5) und machen 25 einzelne Versuche, erreichen Sie mit zehn richtigen Antworten einen Signifikanzgrenzwert von W = 0,02 (nach Tabelle A). Jedes schlechtere Ergebnis kann als bloßer Zufall erklärt werden und enthält keine ASW.

Tabelle C (W = 0,001)

Wahrscheinlichkeit des Erfolgs in jedem Versuch

Zahl der Versuche	1/2	1/3	1/4	1/5	1/6	1/7	1/8	1/9	1/10	1/11	1/12	1/15	1/20
2	—	—	—	—	—	—	—	—	—	—	—	—	—
3	—	—	—	—	—	—	—	—	3	3	3	3	3
4	—	—	—	—	4	4	4	4	4	4	4	4	3
5	—	—	5	5	5	5	5	4	4	4	4	4	4
6	—	—	6	6	5	5	5	5	5	5	4	4	4
7	—	7	7	6	6	6	5	5	5	5	5	5	4
8	—	8	7	7	6	6	6	5	5	5	5	5	4
9	—	8	8	7	6	6	6	6	5	5	5	5	4
10	10	9	8	7	7	7	6	6	6	6	6	5	4
11	11	10	9	8	7	7	7	6	6	6	6	5	5
12	12	10	9	8	8	7	7	7	6	6	6	6	5
13	13	11	9	9	8	8	7	7	6	6	6	6	5
14	13	11	10	9	8	8	8	7	7	7	6	6	5
15	14	12	10	9	9	8	8	8	7	7	7	6	5
16	15	12	11	10	9	8	8	8	7	7	7	7	5
17	16	13	11	10	10	9	8	8	7	7	7	7	6
18	16	13	12	10	10	9	9	8	8	8	7	7	6
19	17	14	12	11	10	9	9	9	8	8	8	7	6
20	18	14	12	11	11	10	9	9	8	8	8	7	6
25	21	17	14	13	12	11	11	10	9	9	9	8	7
30	24	19	16	14	14	12	12	11	10	10	10	9	7
35	27	22	18	16	15	13	13	12	11	11	11	10	8
40	31	24	20	17	16	15	14	13	12	12	11	11	8
45	34	26	22	19	17	16	15	14	13	12	12	12	9
50	37	28	24	21	18	17	16	15	14	13	13	13	9
100	67	49	40	34	29	26	24	22	20	19	18	15	13

Sehr guter Erfolg (nachdrücklicher Hinweis auf ASW)

Gesamtwahrscheinlichkeit W = 1/1000

Für eine größere Signifikanz als W = 0,01 benötigen Sie elf richtige Antworten (Tabelle B), und mit 13 richtigen Antworten (Tabelle C) können Sie ziemlich sicher sein, daß ASW am Werk war. Natürlich sind bessere Ergebnisse noch überzeugender.

VERGLEICH ZWEIER BEDINGUNGEN

Bei vielen Forschungsprojekten ist ein Vergleich von Testergebnissen, die unter zwei verschiedenen Bedingungen erzielt wurden, nötig. Ziel dieses Vergleichs ist es festzustellen, ob und inwieweit die Veränderung der Bedingungen die ASW-Leistung beeinflußte.

Das einfachste Verfahren einer Auswertung des Unterschieds zwischen zwei Bedingungen besteht darin, das kritische Verhältnis KV (und die damit verbundene Wahrscheinlichkeit) des Unterschieds zu errechnen. Das Verfahren ist dasselbe wie das (auf Seite 188) beschriebene zur Berechnung des KV eines einfachen Ergebnisses. Doch diese einfache Auswertung ist nur anwendbar, *wenn unter beiden Bedingungen gleich viele Versuche gemacht wurden.* Das Verfahren besteht aus folgenden Schritten:

1. Berechnung des Unterschieds in den Ergebnissen, die unter beiden Bedingungen erhalten wurden: Ziehen Sie das unter Bedingung 2 erhaltene Ergebnis von dem unter Bedingung 1 erhaltenen ab.

2. Wenden Sie die Formel an:

$$KV = \frac{\text{Abw}}{\sqrt{z \cdot w \cdot q}} = \frac{\text{Unterschied}}{\sqrt{z \cdot w \cdot q}}$$

   wobei Sie den »Unterschied« an die Stelle der »Abweichung« setzen. Für z setzen Sie die *Gesamt*zahl der Versuche ein (= Zahl der Versuche unter beiden Bedingungen zusammengenommen).

3. Suchen Sie den damit verbundenen Wahrscheinlichkeitswert W in der Tabelle auf Seite 188.

Vergleich zweier Bedingungen: X^2-Analyse bei großer Zahl von Individuen

Eine weitere Methode zum Vergleich der Leistungen von Versuchspersonen unter zwei verschiedenen Bedingungen basiert auf der X^2-Analyse.*

Der grundlegende praktische Unterschied zur vorausgegangenen Analyse (die auf dem Unterschied an Treffern basierte) besteht darin,

---

* In unserer Situation haben wir eine unabhängige Variable und deshalb sprechen wir von x^2 mit »einem Grad Freiheit«. Kompliziertere Probleme, mit gleichzeitiger Analyse des Einflusses mehrerer Variablen, können ebenfalls untersucht werden, aber der erforderliche statistische Apparat ist zu kompliziert, als daß man ihn ohne Anleitung eines Fachmannes benützen könnte.

daß wir hier nicht die Gesamttreffer analysieren. Wir betrachten vielmehr jede Versuchsperson als Einheit und vergleichen die Leistungen verschiedener Versuchspersonen. Wegen der Natur dieses Tests müssen wir mit einer ausreichend großen Zahl von Versuchspersonen arbeiten.

Der Test läßt sich jedoch für Experimente mit einer einzigen Versuchsperson adaptieren: In diesem Fall führen wir das Experiment in Serien durch und nehmen jede Versuchsserie als eine Experimentaleinheit. Oder, besser noch, wir nehmen jede Experimentalsitzung als eine Einheit, um Faktoren wie Ermüdung auszuschalten, die in aufeinanderfolgenden Serien ebenfalls Variationen verursachen können.

Bei der Durchführung der statistischen Analyse erstellen wir zunächst eine Zwei-auf-zwei-Tabelle, wie unten abgebildet:

		Zahl der Versuchspersonen (oder anderen Experimentaleinheiten) unter Bedingung 1	2	
Zahl der Versuchspersonen (oder anderen Experimentaleinheiten) mit einem Ergebnis im Test:	über der Zufallserwartung	a	b	a+b
	unter der Zufallserwartung	c	d	c+d
		a+c	b+d	a+b+c+d

Dabei ist:

a = Zahl der Versuchspersonen, die unter Bedingung 1 arbeiteten und Treffer über der Zufallserwartung erreichten.
b = Zahl der Versuchspersonen, die unter Bedingung 2 arbeiteten und Treffer über der Zufallserwartung erreichten.
c = Zahl der Versuchspersonen, die unter Bedingung 1 arbeiteten und Treffer unter der Zufallserwartung erreichten.
d = Zahl der Versuchspersonen, die unter Bedingung 2 arbeiteten und Treffer unter der Zufallserwartung erreichten.

Anschließend berechnen wir den Wert für X^2 mittels der Formel:

$$x^2 = \frac{(ad - bc)^2\,(a+b+c+d)}{(a+b)\;(c+d)\;(a+c)\;(b+d)}$$

und suchen in der untenstehenden Tabelle den entsprechenden Wahrscheinlichkeitswert:

x^2 (1 d · f ·)	W
5,4	0,02
6,6	0,01
10,8	0,001

Der in der Tabelle gefundene Wahrscheinlichkeitswert zeigt an, welche Wahrscheinlichkeit besteht, daß die Verteilung der Elemente in den vier Fächern der Zwei-auf-zwei-Tabelle durch bloßen Zufall auftrat.

Gemäß unserer akzeptierten Norm des statistischen Beweises (W = 0,01) wird jedes X^2-Ergebnis über 6,6 dahingehend ausgelegt, daß die Veränderung der Bedingungen die ASW-Leistung beeinflußte.

Vergleich zweier Bedingungen bei kleiner Zahl von Individuen

Die obige Formel zur Berechnung von X^2 ist nur anwendbar, wenn die Zahl in jedem der vier Fächer *5 oder mehr* beträgt. Sinkt eine dieser Zahlen unter 5, ist die Formel nicht mehr präzise. In diesem Fall müssen wir eine andere Formel anwenden, die uns direkt den Wahrscheinlichkeitswert für die beobachtete Verteilung der Elemte in der Zwei-auf-zwei-Tabelle gibt:

$$W = \frac{(a+b)!\ (c+d)!\ (a+c)!\ (b+d)!}{(a+b+c+d)!\ a!\ b!\ c!\ d!}$$

In dieser Formel ist:

z! bedeutet $z \cdot (z-1) \cdot (z-2) \cdot \ldots . 3 \cdot 2 \cdot 1$
Zum Beispiel: $9! = 9 \cdot 8 \cdot 7 \cdot 6 \cdot 5 \cdot 4 \cdot 3 \cdot 2 \cdot 1$

Wir können die Berechnung an folgendem Beispiel veranschaulichen: Stellen Sie sich vor, daß wir den Einfluß des Glaubens an Erfolg auf die ASW-Leistung untersuchen. Wir haben mit 15 Versuchspersonen gearbeitet. Von ihnen haben neun an Erfolg geglaubt. Von diesen erzielten in dem Test sechs ein Ergebnis über der Zufallserwartung und drei eines unter der Zufallserwartung. Die restlichen sechs Versuchspersonen glaubten nicht, daß sie Erfolg haben würden. Von diesen erzielten zwei ein überzufälliges Ergebnis und vier ein unterzufälliges.

Die Zwei-auf-zwei-Tabelle für dieses Ergebnis sieht so aus:

	Gläubige	Ungläubige
überzufällig	a = 6	b = 2
unterzufällig	c = 3	d = 4

$$W = \frac{(a+b)!\ (c+d)!\ (a+c)!\ (b+d)!}{(a+b+c+d)!\ a!\ b!\ c!\ d!}$$

$$= \frac{8\cdot7\cdot6\cdot5\cdot4\cdot3\cdot2\cdot1\cdot7\cdot6\cdot5\cdot4\cdot3\cdot2\cdot1\cdot9\cdot8\cdot7\cdot6\cdot5\cdot4\cdot3\cdot2\cdot1\cdot6\cdot5\cdot4\cdot3\cdot2\cdot1}{15\cdot14\cdot13\cdot12\cdot11\cdot10\cdot9\cdot8\cdot7\cdot6\cdot5\cdot4\cdot3\cdot2\cdot1\cdot6\cdot5\cdot4\cdot3\cdot2\cdot1\cdot2\cdot1\cdot3\cdot2\cdot1\cdot4\cdot3\cdot2\cdot1} = 0{,}1958$$

Unser Schluß lautet also, daß das Ergebnis innerhalb der Zufallserwartung liegt (W = 0,1958). Diese Daten beweisen, daß Glauben oder Unglauben an Erfolg auf das Ergebnis keinen Einfluß hatte.

Das Resultat zeigt auch, wie die statistische Berechnung unser Urteil korrigieren kann. Betrachten wir die Tabelle, könnten wir versucht sein zu schließen, daß die Gläubigen eine bessere Leistung erbrachten als die Ungläubigen. Dies scheint auf den ersten Blick so, aber die statistische Berechnung zeigt, daß der beobachtete Unterschied nicht groß genug für einen gültigen Schluß ist.*

Zufallsfolge von Zahlen unter 10

Die folgenden Tabellen mit Zufallszahlen helfen uns, in unserem Experiment eine zufällige Reihenfolge der Zielobjekte herzustellen:

Wir gehen folgendermaßen vor:

1. Wir wählen die Zielobjekte.

2. Wir teilen die Zielobjekte den Zahlen in den Tabellen zu. Haben wir nur zwei Zielobjekte, bekommt eines davon die geraden Zahlen, das andere die ungeraden.

Haben wir drei Zielobjekte, dann teilen wir z. B.
Zielobjekt 1 den Zahlen 1, 2, 3 (oder 1, 4, 7) zu,
Zielobjekt 2 den Zahlen 4, 5, 6 (oder 2, 5, 8),
Zielobjekt 3 den Zahlen 7, 8, 9 (oder 3, 6, 9),
und wir ignorieren die Ziffer 0 stets, wenn sie in der Tabelle erscheint.

Haben wir fünf Zielobjekte, können wir
Zielobjekt 1 den Zahlen 1 und 6 zuteilen,
Zielobjekt 2 den Zahlen 2 und 7 usw.

Haben wir 10 Zielobjekte, teilen wir sie am besten zehn verschiedenen Zahlen in den Tabellen zu.

Haben wir mehr als 10 Zielobjekte (bis zu 1007), benutzen wir die

---

* Stellen Sie zur Übung dieselbe Berechnung für folgende Tabelle an:

1	1
8	5

Zahlen in Paaren und gehen genauso vor wie oben. Bei 24 verschiedenen Zielobjekten können wir z. B.

Zielobjekt 1 den Zahlen 01, 25, 49, 73 zuteilen,

Zielobjekt 2 den Zahlen 02, 26, 50, 74 usw.,

und wir ignorieren die Zahlen 97, 98, 99 und 00 immer, wenn sie in der Tabelle vorkommen.

3. Wir entscheiden, wie wir in der Tabelle vorgehen werden: ob nun zeilenweise oder kolonnenweise, von links nach rechts, von rechts nach links, von oben nach unten, von unten nach oben.

4. Wir suchen den Ausgangspunkt. Für praktische Zwecke wird es genügen, wenn Sie einen Freund bitten, Ihnen drei Zahlen zu nennen, oder Sie ziehen drei Zahlen aus einem Beutel (auf Zettel geschriebene Zahlen) und nehmen die erste Zahl als Hinweis auf die Seite, die zweite Zahl als Hinweis auf die Zeile und die dritte Zahl als Hinweis auf die Kolonne. Der Schnittpunkt der Zeile und der Kolonne bestimmt die Ziffer, bei der wir beginnen.

5. Von der gemäß Punkt 4 bestimmten Ziffer gehen wir in der gemäß Punkt 3 bestimmten Richtung vor und setzen die Zahlenfolge in die entsprechende Zielobjektsfolge um. Wir gehen Seite um Seite vor, wenn es nötig ist, und wenn wir zum Ende der letzten Seite kommen, können wir wieder am Anfang der ersten Seite beginnen.*

---

* Eine raffinierte Methode zur Ermittlung des Ausgangspunktes finden Sie in: M. Rýzl: »Precognition Scoring and Attitude« (Präkognitionstreffer und Einstellung), *Journal of Parapsychology*, 32/1968, Seiten 183–189.

ZUFALLSZAHLEN I

1	68108	57107	12297	69024	83038	16131	23279	55391	70039	58701
2	69249	89496	63164	58109	29745	98094	35987	34803	71535	13139
3	49266	48952	70968	41704	56357	48918	21225	49175	59671	57802
4	28314	61958	98503	27858	65570	69895	82160	91682	63108	62852
5	72971	25156	76641	18399	75257	34870	75919	23428	13588	03180
6	54949	14857	14911	65723	08147	83894	50235	58347	45777	73821
7	36014	62245	99753	47508	84312	79095	67520	94343	31494	46120
8	35297	50775	77032	86690	30882	86587	65772	12175	79214	34888
9	88416	35702	91068	38935	42655	28205	33516	87497	49494	47059
10	47307	62650	58124	83262	45689	16965	54940	40837	63285	98107
11	61902	05415	20470	87380	42650	71390	55873	24499	39526	34818
12	78401	51948	70475	32656	08634	74769	60729	84118	04252	29157
13	67874	97913	94056	68579	75322	18756	08991	86297	21264	04611
14	43318	97924	86907	61236	95472	63612	89935	97591	75187	75556
15	58444	62822	92993	60000	83389	82378	20345	96031	42022	65590
16	30608	54731	29669	55249	27509	48312	08536	91491	05459	39181
17	05492	56076	11211	03666	46100	88666	07648	81020	98217	50904
18	61078	95330	00792	93457	25758	91393	76190	17798	16267	94765
19	49525	36898	52882	14217	06402	17281	10959	98762	52739	01943
20	50597	80728	86911	71212	61379	11619	43568	54579	85646	49877
21	42837	10373	44300	87005	55251	62323	98355	76097	32035	40142
22	46520	97401	98696	77303	11173	54974	05227	90034	35302	56283
23	57290	20623	03838	48024	10230	49318	43566	26136	72003	90182
24	18486	52897	23506	23344	05209	52454	18273	41923	33302	59772
25	04926	26333	64134	99418	97994	55643	44471	50428	67481	33875
26	59898	40278	48393	47349	47979	24537	34338	95017	04427	35487
27	87677	34646	59548	71339	03919	19384	83198	44697	75700	03083
28	83477	28335	89741	84034	69908	64465	21519	08710	98604	70060
29	32990	66095	56681	32718	81785	35407	68507	05531	43896	35635
30	22767	78347	20026	97246	78533	95500	65185	68183	13019	65090
31	15855	89960	54640	73266	55924	04324	75727	82346	32566	30705
32	02390	94336	16570	37025	32379	28482	56582	82744	21126	24466
33	08451	39428	86530	53371	73471	78203	05428	68628	23415	58538
34	39332	35723	89625	14955	29333	77855	23241	32635	19734	25732
35	43785	90076	61977	70476	98577	49362	07653	39686	47673	03448
36	88773	32556	58818	88283	53700	65720	69653	13666	62567	47496
37	71838	49709	57952	27965	42403	97012	40684	95628	23531	22632
38	95218	02631	07844	81430	71300	93901	18134	48549	41620	53595
39	64793	01833	95493	26608	73188	36809	54657	42350	58874	92172
40	35352	28904	77396	02830	46274	62879	46241	23973	78416	24233
41	34711	74323	91059	14646	64025	66936	98274	02579	43706	93025
42	06940	27062	47675	56498	23423	15404	39391	13023	21367	35065
43	84756	72545	91251	84805	22298	97675	86147	53416	23301	55073
44	70829	61375	09796	57410	52417	55569	56930	56047	29883	81294
45	72962	12573	46031	28713	01888	65999	65414	16546	93563	38308
46	70494	11764	63248	01177	05957	20417	75398	46267	25260	45014
47	68584	94693	50567	80027	26489	24163	46544	04757	90461	24670
48	40220	20799	44225	27096	97942	82118	18443	71517	46549	86256
49	23009	99071	56716	97056	12865	29915	02155	53620	11893	02664
50	67441	72408	08103	20034	87171	59196	08600	85026	13917	95051

ZUFALLSZAHLEN II

51	37162	00336	84418	42013	31159	36209	13561	89395	38954	38952
52	06021	98784	02113	29337	55230	11597	41638	60529	28960	01248
53	48549	16314	01303	51873	47865	54975	40944	76147	97966	53986
54	59072	97070	97249	89619	71357	28902	36841	83835	05064	87203
55	72106	93673	41773	46173	63466	50795	03684	60248	25019	67361
56	20318	34691	13188	17121	01115	33421	06413	24279	32887	08308
57	68590	84472	92174	86556	65289	55442	61733	81164	47795	52192
58	46506	73481	60524	33557	18171	44142	43132	97304	75784	78757
59	76749	52423	99800	36677	79289	69553	44632	58074	00116	65828
60	59261	20681	85794	58278	90723	20638	39408	61748	36800	39649
61	65677	44257	29522	45930	99398	81521	92380	27438	22476	46611
62	33903	09630	41525	38379	31981	94088	66155	12613	94175	19462
63	01470	70845	70913	49115	47295	52996	39149	27745	34388	10102
64	02605	80040	84482	02195	23822	44131	63520	00166	84505	83785
65	17833	21617	76768	65286	25568	50992	84004	10420	55852	12149
66	47858	57488	00171	89218	25396	62032	94917	57240	33156	90106
67	62673	63184	50768	96065	34587	18649	51511	27555	03149	62935
68	58967	75089	44247	56956	69482	74563	52706	31934	70990	81777
69	36319	71767	28514	61774	08307	37378	15667	52575	66479	71666
70	99624	63777	88844	99476	03847	63818	39697	87691	15477	35472
71	19283	33122	30807	74993	98494	89354	75790	61797	01072	80705
72	07165	91134	71575	10298	40301	35721	04237	30429	80872	88616
73	07760	80208	89930	20077	96199	18449	46239	87404	58209	41310
74	81849	63033	21859	58224	90052	87431	21863	20698	92618	64956
75	90674	17926	42131	10799	84530	78525	38320	70352	02959	49525
76	80743	38852	89265	84758	48633	56736	68762	61263	97554	81809
77	59733	96098	85495	79973	89917	31029	56308	14456	12419	33086
78	05442	53755	03990	11087	51758	86458	31660	05004	97451	05747
79	94714	70479	51304	12536	40053	47858	92959	54269	26398	57314
80	68469	21760	19795	02790	83994	01887	30385	29203	73118	31139
81	92564	69528	07028	08816	37875	48036	56981	16225	99052	13435
82	87564	30804	59480	12761	68537	72460	43196	19307	34792	25735
83	46130	36379	55478	98593	08068	46315	68672	56430	22686	07384
84	67243	37759	16298	83955	84963	61399	44242	77862	19686	97684
85	40773	19888	54090	53789	27006	29216	28306	22487	73515	75800
86	30571	65894	33442	62800	00518	64838	07023	51206	10619	10162
87	46890	27413	42269	60273	37738	81972	77671	23214	59666	61851
88	16165	83529	93534	45043	76412	80396	86243	73916	18661	37028
89	96246	40779	23458	85736	86125	11213	39032	60845	58061	57526
90	75250	16480	63383	15028	26664	86414	74537	11027	82822	41238
91	05142	76725	21579	78092	49300	95652	19175	85387	99742	82589
92	43590	70577	98892	94665	60910	84848	54922	16857	63813	61485
93	09536	14593	68155	01095	21863	30209	01083	99697	78724	48897
94	12311	83144	17087	84007	30718	44599	95645	56769	01542	34437
95	97124	74593	79354	25964	56720	31429	38450	81224	31274	82931
96	18389	82068	64456	11796	01360	22501	58377	95149	73527	17403
97	96589	89514	47003	00006	70534	64276	42378	91304	03297	91927
98	19637	83282	21328	29690	41623	29199	01887	46230	24503	95630
99	94918	55109	68394	16216	05626	48688	39584	54825	79391	48315
100	81988	86428	31619	12176	30172	35384	62387	22192	33752	46225

10. ASW in der künftigen Gesellschaft

Die Parapsychologen bringen über das Phänomen der ASW immer mehr in Erfahrung, sie lernen, wie man ASW auf Wunsch aktiviert und in der Praxis anwendet. Deshalb ist es nun an der Zeit, sich der Frage zuzuwenden, welche Auswirkungen die ASW auf die menschliche Gesellschaft von morgen haben wird.

Betrachten wir bei der Suche nach einer Antwort jene Gebiete, auf denen die stärksten Auswirkungen zu erwarten stehen.

PRAKTISCHE ANWENDUNG UND THEORETISCHE BEDEUTUNG

Die ASW wird in den vielfältigsten Bereichen von Wissenschaft und täglichem Leben ihre Rolle spielen. Sie stellt einen neuen Sinn dar, der in viel größerem Rahmen angewendet werden kann als die anderen Sinne, und sie wirkt über die Schranken des Raumes und der Zeit hinweg. Dank dieser Merkmale bietet sich ein weiter Bereich *praktischer Anwendungsmöglichkeiten*, wie die folgenden Beispiele veranschaulichen sollen. Die ASW wird Bedeutung haben:

- als ein neuer Kommunikationskanal (Telepathie);
- für die medizinische Diagnose und Prognose sowie die Krankheitsvorbeugung;
- bei der Aufdeckung und Verhinderung von Verbrechen;
- bei der Suche nach verschwundenen oder vermißten Personen und Gegenständen;
- bei der Untersuchung von Materialien auf verborgene Mängel;
- bei der Suche nach Erzvorkommen oder archäologischen Überresten;
- für die Familienberatung im Planungs- bzw. Datendienst, für Verträglichkeitsstudien und zur Frühwarnung vor kongenitalen Mißbildungen;
- bei der Vorhersage von Wirtschaftstrends;
- im Beschäftigungsdienst (Suche nach einem geeigneten Arbeitsplatz oder nach einem Angestellten oder Arbeiter);

- bei der Unfallverhütung;
- zur Frühwarnung von Naturkatastrophen, insbesondere Erdbeben, Überschwemmungen, Trockenperioden.

Derzeit ist die ASW noch nicht so entwickelt, daß man sie für alle diese Anwendungsmöglichkeiten auf breiter Ebene zuverlässig praktisch nutzen könnte. Doch wird sie zweifellos in Zukunft vervollkommnet werden. Ihre heute noch mangelhafte funktionelle Zuverlässigkeit erinnert etwa an die durch das Fehlen praktischen Wertes gekennzeichnete Elektrizität zur Zeit der frühen Experimente eines Galvani, Volta oder Benjamin Franklin; man denke dagegen an den weitverbreiteten, zuverlässigen Einsatz der Elektrizität in unserer Zeit!

Was die theoretische Bedeutung anbelangt, so unterliegt die ASW in ihrer Funktion Gesetzen, die sich von den Regeln der materiellen Welt der Physik (wie wir sie heute kennen) unterscheiden. Um ASW begreifen zu können, stellen wir uns ein System von Regeln vor, die hinausgehen über die von unseren normalen Sinnen und von physikalischen Instrumenten erfaßbare materielle Welt. Die Erforschung der ASW vermag uns Informationen über diese nichtphysikalischen Realitäten zu liefern und so unser Wissen über die Welt um uns wesentlich auszuweiten. Sie wird uns auch helfen, jene Themen zu überprüfen und zu untersuchen, die bislang einzig Gegenstand religiösen Glaubens waren: die Existenz einer Seele, die Frage des Weiterlebens nach dem Tod usw.

Manche dieser Regeln vermögen wir anhand der Charakteristika der ASW in etwa schon zu erkennen. So deutet beispielsweise das Phänomen der Präkognition die Notwendigkeit einer weitreichenden Änderung unseres Verständnisses von Raum und Zeit an. Wichtiger noch: wir können die ASW als neuen Sinn benutzen, der uns hilft, diese »übersensorischen« Realitäten direkt zu sehen und zu untersuchen. Von solchen Einblicken haben Propheten und Religionskünder aller Zeiten Zeugnis abgelegt; meist gingen ekstatische Trance-Erlebnisse, Visionen im Zustand religiöser Verzückung, ihren Laufbahnen als Prediger voraus.

MARKSTEINE DER ENTWICKLUNG

Es ist nicht sehr wahrscheinlich, daß die Auswirkungen der ASW plötzlich spürbar werden. Wir erwarten zwar, daß die ASW weitreichende Veränderungen in der Gesellschaft hervorruft, aber nicht in Form einer auf einmal ausbrechenden Revolution. Wir erwarten eher, daß das Wissen über ASW und ihre Anwendung schrittweise ins Leben aller Menschen und der Gesellschaft eindringen wird, bis die ASW schließlich integriert sein wird.

Die ASW wird dann zusammen mit den anderen Sinnen und mit jenen technischen Instrumenten, die das Zivilisationsniveau ermöglicht, verwendet werden. Sie wird beispielsweise, zumindest heute oder morgen, kaum das Telefon als Kommunikationsmittel ersetzen. Selbst wenn zu erwarten ist, daß die Leistungsfähigkeit der ASW stark verbessert wird, so wird es doch wahrscheinlicherweise noch auf Jahrzehnte hinaus einfacher und sicherer sein, zum Telefonhörer zu greifen, als etwas auf telepathischem Weg mitzuteilen.

Freilich lassen sich bereits heute für die telepathische Kommunikation wertvolle praktische Anwendungsmöglichkeiten denken: beispielsweise bei einem Versagen von Apparaten, in der Raumfahrt (wie zwischen Bodenstation und der erdabgewandten Seite des Mondes) oder etwa als Notruf des Inhalts: »Suche die nächste Telefonzelle auf und rufe mich so rasch wie möglich an!«

Wir werden die ASW auch nicht dazu benutzen wollen, die Bevölkerungszahl irgendeiner Stadt festzustellen, wenn wir die Information mühelos in jedem Lexikon finden. Und der Teppichleger wird keine ASW einsetzen, um die Maße eines Hauses zu ermitteln, wenn er es einfach ausmessen kann. Doch die ASW vermag uns die unendlich nützliche Warnung zu geben, daß der Stadt durch ein Erdbeben oder dem Haus durch Feuer Vernichtung droht.

Wir erwarten, daß zunächst nur wenige Menschen ihre ASW entwickeln und anzuwenden lernen und dabei in Richtung zunehmender Präzision Fortschritte machen. Diese Menschen sind gegenüber den anderen zweifellos im Vorteil – wie jedes Wissen oder jede Fähigkeit, die wir anderen voraushaben, uns überlegen machen. Dank dieses Vorteils werden Menschen mit entwickelter ASW leichter Zugang zu politischen, wirtschaftlichen und sozialen Führungspositionen erhalten. Es ist abzusehen, daß schon sehr bald die ASW als nützliche und wünschenswerte Fähigkeit anerkannt werden wird und immer mehr Menschen versuchen werden, sie unter ihre Kontrolle zu bringen. Mit zunehmendem Wissen und mit dem allmählichen Eindringen der ASW in die Gesellschaft werden auch immer mehr Menschen sie benutzen, und zwar mit wachsender Perfektion.

Anfänglich konnten ja auch nur sehr wenige Menschen lesen und schreiben. Da man aber diese Kunst als nützlich ansah, lernten sie immer mehr Menschen, manche besser, manche schlechter; und schließlich wurden das Schreiben und das Lesen zu einer normalen Fertigkeit des modernen Menschen. Es dauerte sechstausend Jahre, bis dieses Stadium erreicht war. So lange wird es dank des beschleunigten Fortschritts in den Wissenschaften nicht dauern; bis jedoch die Anwendung der ASW Allgemeingut sein wird, dürfte aber doch eine Zeit – glaube ich – von ein paar Generationen, vielleicht ein oder zwei Jahrhunderten nötig sein.

Herrscht einmal genügend »Nachfrage« nach ASW, dann wird das die Entwicklung sehr beschleunigen. Die Entwicklung und Anwendung der ASW werden dereinst an Schulen gelehrt und den Schülern genauso beigebracht werden wie heute Lesen und Schreiben (oder es wird dafür eigene Fachschulen geben).

Die meisten Menschen werden also zumindest Grundkenntnisse in der Anwendung der ASW erwerben. Schon bald werden sie sich an eine grundlegende Routine gewöhnen: Immer wenn sie es für notwendig halten, werden sie ihre Gedanken bewußt eine Weile beruhigen, um ASW-Eindrücke über ihr unmittelbares Problem zu erhalten. Die Menschen werden somit in den vielfältigsten Situationen des täglichen Lebens zusätzlich zu anderen Fertigkeiten und Fähigkeiten ihre ASW einsetzen, angesichts von Fragen wie: Wo finde ich das Produkt, das ich suche? Bietet dieser Kaufmann preisgünstige Ware an? Verkauft dieser Versicherungsvertreter eine günstige Police? Brauche ich die Versicherung überhaupt? Versucht dieser Politiker wirklich, der Gemeinde zu helfen, oder sucht er nur persönliche Vorteile? Stimmt diese briefliche Mitteilung? Ist diese Zeitungsmeldung wahrheitsgetreu und vollständig?

Neben solchen beabsichtigten, bewußten Einsätzen wird die ASW den Menschen auch auf unterbewußter Ebene nützlich sein, indem sie ihnen hilft, Gefahren zu meiden (als »innere Stimme«, als »Schutzengel«), Entscheidungen im Berufs- und Alltagsleben zu treffen oder schwierige Probleme zu lösen, und das kann sogar so weit gehen, daß sie zu einer künstlerischen Inspiration oder zu neuen Ideenanstößen in Richtung einer wissenschaftlichen Entdeckung verhilft.

Natürlich wird eine umfassende Anwendung der ASW im täglichen Leben auch Probleme mit sich bringen. Die verbreitete Anwendung der ASW wird einen beträchtlichen *Einbruch in die Privatsphäre* zur Folge haben. Da es keine Abschirmung gegen ASW gibt, wird das Privatleben der Menschen für andere viel zugänglicher. Wahrscheinlich wird die

ASW aber gerade dadurch eine Veränderung der menschlichen Werte bewirken. Die Menschen werden ein ungestörtes Privatleben viel weniger hoch einschätzen, weil sie weniger zu verbergen haben. Die ungestörte Privatsphäre erleichtert natürlich, etwas zu tun, das nicht ganz ehrlich oder zu verraten unangenehm ist, weil es unser Image zerstören könnte oder wir fürchten, daß andere es gegen uns verwenden könnten.

Natürlich darf man Abgeschiedenheit, die gewisse Haltungen und Handlungen verbergen soll, nicht mit dem Bedürfnis nach Alleinsein zum Meditieren und als Schutz gegen Ablenkung verwechseln. Ruhe in diesem Sinn wird der Mensch dann vielleicht mehr benötigen als heute; allerdings wird er es auch lernen, Ablenkungen durch entsprechendes geistiges Training auszuschalten.

Die verbreitete Anwendung der ASW wird letztlich mehr Wahrhaftigkeit und Ehrlichkeit ins Leben und in die gegenseitigen Beziehungen der Menschen wie auch der Völker bringen: Lüge, Betrug und Intrigen werden kaum noch möglich sein, Verbrechen allzu gewagt.

Wie steht es mit der Gefahr, daß wir durch ASW *etwas Unangenehmes erfahren?* Diese Gefahr droht bei allen Informationskanälen. (Man kann eine unangenehme Nachricht im Radio hören, in einem zufällig mitgehörten Gespräch erfahren, in der Zeitung lesen usw.) Durch ASW kann jedoch eine besondere Situation entstehen, wenn wir ein unangenehmes künftiges Ereignis *vorhergesagt* bekommen, z. B. den vorzeitigen Tod, und auf das Eintreffen warten, während wir uns – möglicherweise – verzweifelt bemühen, das ungünstige Ereignis abzuwenden. Diese psychologisch schmerzliche Situation wirft auch eine philosophische Frage auf: Kann das vorhergesehene Ereignis abgewendet werden, wenn es unerwünscht ist?

Die Forschungen auf dem Gebiet der Präkognition und der Möglichkeit eines Eingreifens bei vorhergesagten unerwünschten Ereignissen deuten darauf hin, daß zuverlässig vorhergesehene Ereignisse eintreffen: auf irgendeine unerwartete Weise und trotz aller Versuche, sie abzuwenden. Doch noch ist die ASW nicht sehr zuverlässig, und wir vermögen eine zuverlässige Vorhersage gar nicht zweifelsfrei zu erkennen, bevor sie eintrifft. Deshalb ist es immer ratsam, wenn man ein unerwünschtes Ereignis vorhersieht, einen Versuch zur Abwendung zu machen. Was die Zukunft angeht, wenn zuverlässigere ASW-Leistungen die Wahrscheinlichkeit steigern, daß Vorhersagen eintreffen, so werden die Menschen schmerzliche Nachrichten (sogar die Vorhersage eines verfrühten Todes) dann mit mehr Gleichmut und Fassung aufnehmen.

Größeres Wissen über den Sinn des Lebens – das zweifellos als Nebenprodukt des Einsatzes der ASW bei der Erforschung religionsbezogener Fragen erlangt werden wird – muß zu einer Veränderung der Werte im Leben des einzelnen und in der Gesellschaft führen. Die Menschen werden es lernen, unvermeidliche unangenehme Ereignisse mit größerer Heiterkeit und einem Gefühl des Erfülltseins hinzunehmen.

Neben der verbreiteten Anwendung von ASW im Leben des einzelnen dürfen wir erwarten, daß immer mehr professionelle psychische Berater ihre ASW dazu benutzen werden, ihre Kunden auf den verschiedensten Gebieten der Wissenschaft und des täglichen Lebens zu beraten. Tatsächlich ist dies gar nicht neu. In alten Zeiten suchten die Menschen bei zahlreichen Orakeln psychische Hilfe und hellseherischen Rat. Auch heute findet man überall »Lebensberater«, Hellseher oder Wahrsager, die angeblich zum Vorteil ihrer Kunden ASW oder PK anwenden. Doch in der Zukunft wird sich hier eine bedeutsame Veränderung vollziehen.

Während die Leistungen der heutigen Praktiker von sehr ungleichmäßigem Wert sind und ihre ASW, falls überhaupt wirksam, nur sehr flüchtig ist, werden die künftigen psychischen »Profis« eine sehr angesehene Tätigkeit ausüben, vergleichbar etwa mit der Tätigkeit der Akademiker von heute – Ärzte, Rechtsberater oder Fachberater auf anderen Gebieten. Sie werden eine ordnungsgemäße amtliche Zulassung benötigen, von einem offiziellen Prüfungskomitee geprüft sein, vielleicht hinsichtlich der Qualität ihrer ASW eingestuft und möglicherweise von entsprechenden Institutionen überwacht werden, die einen bindenden berufsethischen Kodex durchsetzen. Diese künftigen Berater werden als Fachleute größere ASW-Gaben haben als andere Menschen und sich beispielsweise als hellsehende medizinische Diagnostiker, Eheberater, Marktanalytiker, Geologen, Rechtsschützer, Sicherheitsbeamte, Qualitätskontrolleure in der Industrie usw. betätigen.

Für diese psychischen Berater werden günstige Arbeitsbedingungen sichergestellt werden müssen. Da die ASW-Leistung stark vom allgemeinen Geisteszustand des Praktikers abhängt, wird auch besonders für deren geistige und seelische Ruhe gesorgt und alles getan werden müssen, um sie vor starken Gemütserregungen zu schützen, die ihre ASW negativ beeinflussen könnten. Und vor allem müssen die grundlegenden Bedürfnisse solcher professioneller ASW-Praktiker erfüllt werden: in Form einer Garantie der persönlichen Stabilität und wirtschaftlichen Absicherung, die ihnen einen angenehmen Lebensstandard erlaubt. Eine solche Garantie trägt zum Seelenfrieden des ASW-Praktikers bei, und der Abbau persönlicher Unsicherheit und die daraus erwachsende persönliche Unabhängigkeit werden ihm helfen, sich nur auf die Themen zu konzentrieren, die für seinen ASW-Beruf wichtig sind.

Natürlich werden die ASW-Praktiker bei der Ausübung ihres Berufs in Situationen kommen, in denen sie sehr behutsam vorgehen müssen. Wenn ein ASW-Praktiker beispielsweise durch ASW etwas herausfindet, das für den Ratsuchenden traumatisch ist, erhebt sich die Frage: Ist er moralisch verpflichtet, die Wahrheit zu sagen – ohne Rücksicht auf die Auswirkung? Oder sollte er lieber taktvoll sein und nur einen Teil der Information enthüllen? Probleme dieser Art werden von Fall zu Fall gelöst werden müssen. Im Prinzip unterscheiden sie sich nicht allzu sehr von berufsethischen Problemen, vor denen Ärzte stehen.

Wenn wir über die Zukunft der ASW nachdenken, erlangt die Frage des M i ß b r a u c h s besondere Bedeutung: *Kann die ASW mißbraucht werden?* Die Antwort scheint zu lauten: Ja – wenn auch mit Einschränkungen. Die Beherrschung der ASW ist, zumindest zunächst, eine Spezialistenfertigkeit. Jedes Wissen, jede Fertigkeit und jede Gabe können im guten Sinn eingesetzt – oder mißbraucht werden. Die positive Anwendung oder der Mißbrauch geht jedoch nicht auf das Konto des Wissens oder seiner Entdeckung, sondern nur auf jenes des Anwendenden. (Das Schreiben kann für gute Zwecke genutzt oder mißbraucht werden, dies beispielsweise zum Verfassen eines beleidigenden Briefes; und doch würde niemand das Schreiben fürchten, weil die Möglichkeit zu seinem Mißbrauch besteht.)

Wir fürchten vor allem das, was wir nicht verstehen. Wenn das Phänomen der ASW genauer erforscht und besser verstanden sein wird, liegt nicht mehr Grund vor, diese natürliche Gabe zu fürchten als etwa bei der Elektrizität. (Ja, wir fürchten auch sie — sind uns klugerweise ihrer Gefahren bewußt –, aber diese Furcht unterscheidet sich wesentlich von dem Entsetzen, das der Höhlenmensch empfand, wenn es blitzte und donnerte.)

ASW kann mißbraucht werden; ich bin jedoch ziemlich optimistisch, was diese Gefahr angeht.

Kein Zweifel, in der Gesellschaft der Zukunft wird jedermann, der die Anwendung der ASW beherrscht, ungeheure Vorteile gegenüber anderen haben. (Wer zu schreiben verstand, hatte ebenfalls große Vorteile. Die Anwendung der ASW bringt – wie einst die Kunst des Schreibens – mit sich, daß die ASW-Ausübenden zu Führern der Gesellschaft werden. Die Ausübenden werden durch normalen, ehrlichen Einsatz ihrer ASW eine beträchtliche Überlegenheit erlangen. Die Versuchung, durch Einsatz der ASW zu unmoralischen Zwecken noch größere Vorteile zu erlangen, wird folglich nicht sehr groß sein, zumal jedermann durch die ASW anderer unter Beobachtung steht.) Die bisher beobachteten ASW-Leistungen deuten jedoch darauf hin, daß Versuche, ASW zu unehrlichen Zwecken zu benutzen, die ASW-Fähigkeit häufig zerstören, vielleicht infolge einer nachteiligen Wirkung auf das seelisch-geistige Gleichgewicht des ASW-Praktikers. Es ist eine erwiesene Tatsache, daß Geisteszustände, die normalerweise mit Versuchen zur selbstsüchtigen Benutzung von ASW einhergehen dürften (Ärger, Haß, Spannung, Abneigung, Zweifel), Psi-bedingte Fehler – eine Psi-Umkehr – oder den völligen Verlust der ASW-Fähigkeit zur Folge haben.

Natürlich besteht auch die Möglichkeit einer gesellschaftsschädigenden Anwendung von ASW durch Personen, die ehrlich, aber fälschlicherweise glauben, einem guten Zweck zu dienen. Dies wäre bei einem Einsatz von ASW in der Machtpolitik denkbar, z. B. zur Spionage, bei Versuchen, das Denken politischer Gegner zu ändern (»Gehirnwäsche« mittels telepathischer Suggestion) oder im Krieg zur Beeinflussung feindlicher Strategen. Die Benutzung der ASW zur Spionage und zu militärischen Zwecken ist sehr leicht vorstellbar; aber ich glaube nicht, daß ASW je in einer Weise benutzt werden kann, die wohl am meisten zu fürchten wäre: als Werkzeug einer totalitären Regierung zur Erlangung der absoluten Kontrolle über ihre Untertanen, zur Umpolung der Untertanentreue und der politischen Meinungen anderer Menschen (durch telepathische Suggestion). ASW läßt sich zweifellos – von Mensch zu Mensch – zur Wiederanpassung psychiatrischer Patienten oder zum Umerziehen Krimineller sinnvoll nutzen; nur schwer läßt sich vorstellen, daß man sie mit Erfolg zur Ausschaltung politischer Gegner anwenden könnte.

Der springende Punkt ist, daß ASW-Leistungen immer nur durch die *Aktivität eines lebenden und denkenden Wesens* zustande kommen. Die Telepathie z. B. funktioniert normalerweise zwischen zwei Partnern eines »telepathischen Paares«, nicht zwischen einem Sender und einer großen Zahl von Empfängern. Es ist nicht möglich, eine seelenlose Maschine zu bauen, die große Menschenmassen gleichzeitig durch Telepathie beeinflußt. Dies kann man nur mittels einer physikalischen Entdeckung, sagen wir: der Atomenergie, oder durch den Masseneinsatz der Informationsmedien.

Ein machthungriger Mensch oder eine machtgierige Gruppe, die sich mit dem Gedanken trüge, ASW in einem Machtkampf anzuwenden, müßte sich auf ASW-begabte Personen verlassen; diese Personen jedoch würden ihre ASW nach eigenem Ermessen benutzen, gemäß ihrem eigenen Gewissen und nicht als blinde Instrumente ihrer Herren. Ihre ASW würde ihnen so viele Vorteile bringen, daß Druck oder Versuchungen bei ihnen wenig ausrichten könnten. Und wenn sie unter Zwang nachgäben, dann würden – wie immer unter unbehaglichen Bedingungen und destruktiven Belastungen – Psi-bedingte Fehler auftreten und ihren bewußten Anstrengungen entgegenarbeiten, also als Widerstand gegen jeden ASW-Einsatz wirken, der ihrem Gewissen zuwiderläuft.

Als Werkzeug zur Unterdrückung und Beherrschung von Massen durch machthungrige Individuen wird sich daher die ASW nicht eignen. Hingegen wird sie als Instrument dienen, mittels dessen einzelne Bürger Vertreter ihrer Regierung und mächtiger Interessengruppen beaufsichtigen können. Gewaltherrscher und unehrliche Cliquen werden auf den psychischen Widerstand ihrer »Untertanen« stoßen. Wenn viele Menschen gut funktionierende ASW entwickeln, wird es keine Geheimvereinbarungen mehr geben, keine Intrigen, keine künstlichen Manipulationen der öffentlichen Meinung mehr geben, weil die Menschen direkten Zugang zur Wahrheit haben.

Dies soll nicht heißen, daß niemand eine eigennützige Anwendung der ASW versuchen wird. Das steht besonders in den Frühstadien der praktischen ASW-Nutzung zu erwarten. (Denken Sie daran: Wir erwarten eine nur langsam fortschreitende Vervollkommnung der ASW – ein Prozeß, der sich über mehrere Generationen erstrecken kann.) Solange die ASW noch relativ unzuverlässig ist, werden manche Menschen versuchen, mit ihrer Hilfe Vorteile über andere zu erringen. Das gelingt ihnen bisweilen vielleicht sogar zu eigennützigen Zwecken, aber niemals auf breiter Basis, weil ihren Bemühungen die ASW-Leistungen anderer Menschen entgegenwirken werden.

Wirklich zu fürchten wäre, wenn es irgendwo gelänge, die ASW-Anwendung zu monopolisieren: wenn eine Person oder eine Gruppe die ausschließliche Kontrolle über ihre Anwendung erlangte. Immer entsteht aus einem Wissens- oder Machtmonopol Gefahr. Wir dürfen aber darauf vertrauen, daß eine Monopolisierung der psychischen Kräfte niemals möglich sein wird. Wir erwarten vielmehr, daß viele Menschen in vielen verschiedenen Zentren gleichzeitig zur Entwicklung der ASW beitragen werden und daß ihre Bemühungen einander parallel laufen. Tatsächlich können wir den Beginn dieses Prozesses schon in der gegenwärtigen Gesellschaft beobachten: zahlreiche Interessierte für sich oder in Gruppen streben nach »geistiger Entwicklung«, »mentalem Training«, »psychischem Wachstum«, »Geisteskontrolle« oder wie diese Versuche auch immer bezeichnet werden mögen.

Je stärker der Wettstreit oder das »Wettrennen« sein wird, desto rascher wird der Fortschritt in Richtung auf eine Perfektionierung der ASW und schließlich das Endstadium erreicht sein, in dem die ASW universell genutzt wird.

Im Endstadium wird die Gefahr eines Mißbrauchs weiter abnehmen und bald völlig beseitigt sein. Die ASW wird dann nicht nur zu praktischen Zwecken benutzt werden, sondern auch eingesetzt werden können, um unsere Kenntnisse der h ö h e r e n G e s e t z e d e s U n i v e r s u m s zu erweitern.* Diese Kenntnisse werden sich letztlich auf das Leben aller Menschen auswirken: sie werden den Charakter der Menschen verändern, ihre Prioritäten, Werte, Bräuche, Institutionen und die zwischenmenschlichen Beziehungen. Die ganze Organisation der Gesellschaft werden sie zutiefst beeinflussen: statt konkurrierender Personen und Gruppen, die um ihre eng begrenzten Interessen kämpfen, wird die Entdeckung höherer Gesetze die Menschen – und Völker – zu gegenseitiger Liebe und Achtung führen.

Ich glaube tatsächlich, daß das wertvollste Geschenk, das die Entwicklung und Nutzung der ASW der Menschheit bescheren werden, darin besteht, daß die Menschheit diese höheren Gesetze erkennt und lernt, in Harmonie mit ihnen zu leben.

---

* Diese höheren Gesetze und die Entdeckung der überphysikalischen, multidimensionalen »höheren Welt« wurden ausführlich beschrieben in M. Rýzl: *ASW-Training*, Ariston Verlag 1975.

Anhang

Der Schlußteil dieses Bandes enthält vier Experimentalstudien, die verschiedene Aspekte der ASW-Forschung veranschaulichen. Alle stehen mit den in diesem Buch erörterten Themen im Zusammenhang.

Die erste Studie, ein *Bericht über die Untersuchung eines professionellen Hellsehers,* untermauert unsere Warnung, daß man Berichte über spektakuläre psychische Talente von professionellen Psi-Ausübenden mit großer Skepsis betrachten muß und solche Gaben erst nach gründlicher Überprüfung als gültig akzeptieren darf.

In der zweiten Studie, *Die geistige Imprägnation oder der Fokaleffekt — ein übersehbarer Durchbruch in der Parapsychologie,* wird die Methode erläutert, die wir in dem im Kapitel fünf beschriebenen Experiment 10 (»Suche nach einer telepathischen Spur«) empfohlen haben. Das Phänomen selbst ist im vorliegenden Buch wiederholt erwähnt worden. Hier erörtern wir es auf breiterer Ebene.[1]

Die dritte Studie, *Ein Modell parapsychologischer Kommunikation,* wiederholt und veranschaulicht mittels Beispielen die Methoden, die zu einer sicheren Identifikation des Zielobjekts angewandt werden können (siehe Kapitel sieben, Abschnitt »Konzentration der Information«, Seite 158). Dies ist das erste Experiment, von dem ich weiß, im Zuge dessen ASW in kontrollierter Weise mit unbedingter Zuverlässigkeit zur Übermittlung einer bestimmten Menge an Informationen angewandt wurde. Und es ist auch das erste Experiment, das in der Praxis bewiesen hat, daß die ASW in einem Kommunikationsprojekt zur Übermittlung nützlicher Informationen eingesetzt werden kann. (In diesem Experiment diente die ASW wirklich dazu, eine bestimmte Botschaft zu übermitteln, wodurch es sich von üblichen ASW-Experimenten unterscheidet, bei denen das Vorhandensein der ASW erst später zutage tritt, wenn die Ergebnisse ausgewertet werden.[2])

---

[1] Der Originalbericht über diese Forschung, mit detaillierter statistischer Analyse der Daten, erschien in den *Proceedings of the 11th Anual Convention of Parapsychological Association,* Freiburg i. Br. 1968.

[2] Erstveröffentlichung in Sdělovací technika, Prag 1964. Die englische Fassung erschien im *Journal of Parapsychology,* 1966.

1. BERICHT ÜBER DIE UNTERSUCHUNG EINES PROFESSIONELLEN HELLSEHERS

Ich erinnere mich noch lebhaft, wie überrascht ich war, als ich aus meinem Heimatland, der Tschechoslowakei, in die Vereinigten Staaten kam und sah, daß zahlreiche Astrologen, Handleser und professionelle Hellseher auffällige Reklame für ihre anscheinend blühenden Unternehmen machten. Und ich erinnere mich auch noch an meine Überraschung, als ich erkannte, welch großer Prozentsatz der Bevölkerung glaubt, diese Leute hätten wirklich ausgeprägte parapsychische Gaben.

Dies war ein Phänomen, das ich (vielleicht mit ein paar wenigen Ausnahmen) in osteuropäischen Ländern nicht erlebt hatte; dort betrachten die Menschen die ASW gewöhnlich nüchtern, frei von geheimnisvollem, übernatürlichem Nervenkitzel, als einen bisher ungeklärten Faktor in der Natur, der wissenschaftlich untersucht gehört und keine öffentliche Attraktion sein sollte.

Die hinterlistige Profitsucht professioneller Hellseher und die Gutgläubigkeit ihrer Kunden beeinträchtigen bei kritischeren Beobachtern noch immer die Glaubwürdigkeit der Parapsychologie. Natürlich sind hier vor allem die Aktivitäten der vielen zweit- oder drittklassigen Hellseher angesprochen. Aber wie verhält es sich mit den wenigen Spitzenhellsehern, die auf dem Podest des Ruhmes stehen und deren ASW-Gaben im allgemeinen unbestritten sind?

Da ich mit professionellen Hellsehern wirklich nur schlechte Erfahrungen gemacht hatte, zog ich es stets vor, mit Personen zu experimentieren, die über ASW nichts wußten. Sie hatten keinen Grund, Talente zu mimen, die sie nicht hatten. Sie kannten keine persönlichen Routineverfahren und keine Riten, waren deshalb elastischer und leichter bereit wie auch leichter fähig, sich an alle Bedingungen anzupassen, die ihnen der Experimentalplan auferlegte.

Angesichts meines Mißtrauens gegenüber professionellen Hellsehern bedeutete für mich das Zusammentreffen mit Mrs. X.* eine angenehme

---

* Ich beschloß, den Namen der Hellseherin geheimzuhalten, und man sollte, wenn ich von »Mrs. X« spreche, daraus nicht einmal auf das Geschlecht der sensitiven Person schließen. Der Grund für die Geheimhaltung der Identität von »Mrs. X« liegt in meiner Dankbarkeit für ihre Bereitschaft, meine Forschung nach besten Kräften zu unterstützen. Nach meiner Meinung sollten zwar ihre Kunden das Ergebnis meiner Forschungsarbeit kennenlernen, aber Mrs. X. sollte nicht dafür bestraft werden, daß sie sich in selbstloser Weise einem wissenschaftlichen Test unterzog – während viele andere Hellseher von ihren Kunden Honorare kassieren, ohne das Risiko einzugehen, an kontrollierten Tests teilzunehmen.

Überraschung. Ich lernte sie bei einer öffentlichen Zusammenkunft kennen, die sie selbst organisiert hatte. Das ganze Programm stellte das Publikum – mehrere hundert Menschen, die alle gewünschten Informationen und Inspirationen erhielten – vollauf zufrieden. Mrs. X. erwies sich als charmante Persönlichkeit, und ihre Darbietung war solide, intelligent und sehr ansprechend.

Wir setzten uns später zusammen und aßen gemeinsam, und sie erbot sich freiwillig, mir einige »Impressionen« bezüglich meiner Familie zu geben. Was sie sagte, stimmte genau. Mindestens vier ihrer konkreten Aussagen waren absolut treffend, und keine einzige war falsch. Nach meinem Dafürhalten konnte sie die Informationen, die sie mir gab, nicht auf normalem Weg erfahren haben. Diese beiläufige Demonstration schien Mrs. X.s Ruf als hervorragende Hellseherin zu bestätigen. Natürlich fand das Ganze in einer zwanglosen Situation statt. Hatte ich in dem Gespräch davor vielleicht doch eine Bemerkung gemacht, die ihr einen Fingerzeig gab? Man kann sich nicht alles merken, was man selbst während eines Essens spricht und was einige andere Personen sagen. Oder hatte sie die Information vielleicht doch irgendwo anders her? Ihre Demonstration ließ keine Schlüsse zu, war aber zweifellos beeindruckend und verdiente weitere Aufmerksamkeit. Ich fragte Mrs. X., ob sie bereit sei, an einem kontrollierten Test teilzunehmen, und sie willigte sofort ein.

Mrs. X. ist eine der berühmtesten Hellseherinnen Amerikas. Mehrere Bücher wurden veröffentlicht, die ihre erstaunlichen Talente beschreiben. Dutzende Zeitungen und Zeitschriften brachten ihre Vorhersagen. Ihre in mehreren Zeitungen regelmäßig erscheinende Kolumne ist überaus beliebt. Millionen Leser kennen den Namen von Mrs. X. Sie wiederum kann eindrucksvolle Geschichten über ihre zahlreichen Kontakte mit höchst einflußreichen politischen Persönlichkeiten erzählen. Sie hat einen unangefochtenen Ruf als ASW-»Wunder« in den Augen sehr vieler Menschen.

Mrs. X. gibt *Readings* und geistigen Rat, nicht nur in ihrem Büro, sondern auch schriftlich an Hunderte und Tausende ihrer Bewunderer. Ihr riesiger Kundenkreis beweist zweifellos, daß die Kunden mit den Readings, die sie erhalten, zufrieden sind. Ich habe zahlreiche Dankschreiben gelesen, die begeisterte Bewunderer ihrer Fähigkeiten ihr geschickt hatten.

Als wir unser Kontrollexperiment zu planen begannen, sagte Mrs. X. bereitwillig zu, sich allen Bedingungen unterzuordnen, die ich für wünschenswert hielte. Ich sah darin ein weiteres Anzeichen für ihre Aufrichtigkeit. Später erfüllte sie ihr Versprechen voll und ganz.

Die Grundidee des Tests war, daß sie für eine Reihe meiner Studenten Readings aus der Ferne geben und ich danach die Richtigkeit ihrer Aussagen kontrollieren würde. (Ich bestand auf Readings für mehr als hundert Personen, weil dies die statistische Auswertung des Ergebnisses vereinfachte.) Mrs. X. stellte sich mir eine ganze Woche ausschließlich für diese Forschungsarbeit zur Verfügung, ohne Honorar zu verlangen. Um mir zu helfen, alle Sinneshinweise auszuschalten, schlug sie vor, ich solle die Personen immer nur bei den Initialen nennen, das genüge ihr völlig. Sie sagte, sie würde es begrüßen, auch den Geburtstag und den Geburtsmonat der Person, für die ein Reading gegeben werden sollte, zu erfahren, verzichte aber auf das Geburtsjahr, da sie daraus auf das Alter der betreffenden Person schließen könne. Nur selten begegnet man auf seiten eines Sensitiven solcher Bereitschaft, auf alle strengen Experimentalbedingungen einzugehen.

Ich wollte ihre Freundlichkeit erwidern und ihr die Aufgabe erleichtern, indem ich einen engeren, greifbareren Kontakt mit den Personen erlaubte, für die sie Readings geben sollte. Schließlich einigten wir uns auf folgenden Experimentalplan: Ich würde von meinen Studenten Haarlocken sammeln, diese in völlig gleiche Umschläge geben, die verklebt und mit Kennziffern versehen würden, damit auch ich nicht wußte, wessen Haar in welchem Umschlag war. Ich würde Mrs. X. in ihrem Büro aufsuchen, alle ihre Impressionen über die einzelnen Umschläge auf Band aufnehmen und später die Richtigkeit ihrer Aussagen bewerten.

Ich ging also in Mrs. X.s Büro, ausgerüstet mit zwei Tonbandgeräten, um sicherzustellen, daß jedes Wort klar aufgezeichnet wurde (während des Experiments liefen beide Geräte gleichzeitig). Begleitet wurde ich von einem Assistenten, der Erfahrung darin hatte, eine günstige Experimentalatmosphäre aufrechtzuerhalten. Dank der Mitwirkung von zwei Experimentatoren bereitete die Handhabung der Haarproben und der Tonbandgeräte keine Mühe, alles verlief glatt, und alle unsere Zusammenkünfte mit Mrs. X. ähnelten mehr einer Party enger Freunde als einem wissenschaftlichen Experiment. Es war ein angenehmes Erlebnis für alle Beteiligten, wir lachten, plauderten und hatten eine Menge Spaß.

Ich tat mein Bestes, um eine möglichst günstige Experimentalatmosphäre zu schaffen. Ich schlug Mrs. X. vor, Pausen zu machen, wann immer sie wolle. Um eine etwaige Spannung bei ihr zu reduzieren, erbot ich mich auch, ihren Namen im Fall eines positiven Ergebnisses zu veröffentlichen, nicht dagegen im Fall eines Fehlschlags. Doch Mrs. X. schien völlig entspannt; anscheinend zog sie die Möglichkeit eines Fehlschlags überhaupt nicht in Betracht.

Ich persönlich hoffte auf ein glänzendes Ergebnis. Ihre frühere Demonstration hatte mich beeindruckt, ihr Ruf war glänzend (ihre vielen mit den schriftlichen Readings zufriedenen Kunden bestärkten mich zusätzlich in der Hoffnung auf eine zuverlässige Leistung), und ihre ganz offensichtliche Aufrichtigkeit war überwältigend. Ich habe keinen Zweifel, daß sie sich während des Experiments in guter Stimmung befand. Auf meinen Tonbändern brachte sie wiederholt zum Ausdruck, daß sie sich völlig wohl fühle und daran glaube, beste Ergebnisse zu erzielen.

Ich brachte ihr insgesamt 140 Umschläge mit Haaren von meinen Studenten und Besuchern meiner Vorlesungen; den Großteil dieser Menschen kannte ich nur oberflächlich. Die Haarlocken staken in undurchsichtigen Umschlägen, die verklebt und zur späteren Identifikation mit Kennziffern versehen waren. Auf den Umschlägen waren, entsprechend dem Wunsch von Mrs. X., die Namensinitialen sowie Geburtstag und -monat der »Haarbesitzer« angegeben. Die Umschläge bekam Mrs. X. so vorgelegt, daß die Experimentatoren diese Vermerke erst nach Beendigung des Readings sehen konnten. Diese Vorsichtsmaßnahme war jedoch überflüssig, denn ich kannte die Beteiligten so wenig, daß mir nur in einigen wenigen Fällen das Namensinitial einen Hinweis auf die Identität der Person gab. Jeden Umschlag legten wir Mrs. X. dreimal vor, in zufälliger Reihenfolge, und wir nahmen alle ihre Impressionen auf Band auf.

Später wurden die Bänder abgeschrieben, und der Text wurde in kurze Einzelaussagen unterteilt (dies geschah immer noch, ohne daß jemand wußte, wessen Haar in welchem Umschlag war). Die Aufstellung aller Aussagen von Mrs. X. schickten wir allen Personen, die Haare zur Verfügung gestellt hatten.

Jede dieser Personen erhielt eine Abschrift aller Aussagen und wurde angewiesen, jene anzustreichen, die sie und ihre Situation richtig charakterisierten. Damit war die Bedingung einer doppelten Tarnung in dem Experiment voll und ganz erfüllt. Die Teilnehmer mußten eine lange Liste von Aussagen auf die Richtigkeit überprüfen, ohne zu wissen, welche der Aussagen in Verbindung mit dem von ihnen stammenden Haar gemacht worden waren und welche anderen Teilnehmern galten. Die große Teilnehmerzahl garantierte, daß wir eine repräsentative Durchschnittsauswertung erhielten, die kaum verzerrt war von individuellen Vorurteilen.

Nachdem die Teilnehmer die Antworten abgeliefert hatten, setzten wir die zu den Kennziffern gehörenden Namen ein und und zeichneten auf dem Antwortblatt jedes Teilnehmers jene Aussagen an, die ihn persönlich betrafen. Danach konnten wir die Leistung von Mrs. X. leicht beurteilen.

Zuerst wurden von sämtlichen Teilnehmern alle Aussagen zusammengezählt, die sie für sich als richtig erachteten (unabhängig davon, ob Mrs. X. alle diese Aussagen auch wirklich über sie gemacht hatte). Dadurch konnten wir messen, wie allgemein oder wie präzise Mrs. X.s Aussagen waren, und wir bekamen so das Maß für die Zufallserwartung. Dann wurde ermittelt, wie viele der über sie persönlich gemachten Aussagen die Teilnehmer als »richtig« angestrichen hatten. Eine signifikante Steigerung der richtigen Aussagen hier, im Vergleich zur Zufallserwartung, würde auf ASW-Gaben seitens Mrs. X. hinweisen.

Mrs. X. machte über 140 Haarproben insgesamt 1169 einzelne Aussagen. Die Liste dieser 1169 Aussagen wurde sämtlichen 140 Teilnehmern geschickt. Nur 122 sandten die durchgesehene Liste zurück. Jeder von ihnen hatte die 1169 Aussagen bewertet, insgesamt hatten die 122 Teilnehmer also 142.618 Aussagen überprüft. Von diesen waren 17.699 als richtig angezeichnet (d. s. 12,41 Prozent). Offensichtlich waren die Aussagen von Mrs. X. ziemlich allgemein, wenn ein so hoher Durchschnitt von rund einem Achtel als richtig beurteilt wurde.

Von den 1169 Aussagen, die Mrs. X. machte, betrafen 996 die 122 Teilnehmer, die ihre Auswertungen zurückgeschickt hatten. Als wir nun analysierten, wie diese 122 Teilnehmer die über sie persönlich gemachten Aussagen bewertet hatten, fanden wir 135 als richtig angestrichene Aussagen (d. s. 13,55 Prozent), wieder ungefähr ein Achtel. Der in der Gesamtauswertung erhaltene Wert sagte uns, daß wir ein Zufallsergebnis von 12,41 Prozent aus 996 erwarten konnten, d. h. $123^1/_2$ als richtig angestrichene Aussagen. Da wir 135 richtige Aussagen ermittelt hatten, ergab sich im Gesamturteil eine geringe positive Abweichung von der Zufallserwartung: Abw = + 11,5.

In tabellarischer Form sieht dieses Resultat folgendermaßen aus:

	Gesamtzahl ausgewerteter Aussagen	Zahl der als richtig angestrichenen Aussagen
Gesamtresultat (alle Daten)	142.618	17.699
Daten, welche nur die einzelnen Teilnehmer betreffen	996	135

Dieses Ergebnis ist statistisch *nicht signifikant,* nach keinem Maßstab. Die Steigerung des Prozentsatzes »richtiger« Anstreichungen der Teilnehmer bei jenen Aussagen, die sie persönlich betrafen, ist zu gering, als daß sie signifikant wäre. Praktisch bedeutet dies, daß Mrs. X. in der gesamten Untersuchung nur 11,5 mehr richtige Aussagen machte, als durch bloßen Zufall zu erwarten standen. Mrs. X. machte über die 122 Teilnehmer, die ihre Auswertungen zurückschickten, 996 Aussagen, also durchschnittlich etwa acht für jeden einzelnen von ihnen. Bei dieser Zahl war ihre Leistung von gleicher Qualität, als hätte sie während des ganzen Experiments lediglich geraten und als sei ihr durch einen glücklichen Zufall gelungen, über jeden zehnten Teilnehmer eine zusätzliche – ziemlich allgemeine – richtige Information zu geben. Mit anderen Worten: wir können sagen, daß diese zusätzlichen richtigen Aussagen nur einmal in etwa 90 anderen Aussagen, die bloßes Raten waren, vorkamen.

Der einzige Schluß, der aus dieser Untersuchung gezogen werden kann, lautet also, daß Mrs. X. trotz günstiger Bedingungen *nicht den geringsten Beweis für ASW erbrachte.*

Das Experiment bewies allerdings nicht, daß Mrs. X. keinerlei ASW besitzt. Ein negativer Beweis läßt sich nicht auf solche Weise erbringen. Und es wäre auch falsch, diesen negativen Beweis vom Experimentator zu verlangen. Es war Mrs. X.s Pflicht zu beweisen, daß sie über ASW *verfügt.* Sie »verkauft« ihre Leistung weiterhin an ihre Kunden; dies kommt der Behauptung gleich, daß sie ziemlich regelmäßig ASW auslösen könne. Es war aber *ihre* Pflicht und Schuldigkeit, das zu beweisen.

Sie hatte in dem Experiment beste Bedingungen gehabt – und war gescheitert. Sie war in einem Test gescheitert, in dem Bedingungen kopiert wurden, unter denen sie regelmäßig Readings gab und angeblich ihren Kunden dank ASW Dienste erwies. Natürlich wissen wir alle, daß die ASW unstabil ist, und man könnte Mrs. X. entschuldigen, wenn sie bisweilen scheitert. Doch man kann sie nicht so leicht entschuldigen, wenn sie in einem Experiment, an dem 122 Personen mitwirkten, völlig scheiterte. Bietet jemand seine Dienste gegen Honorar an, darf man doch erwarten, daß er das leistet, was er zu leisten verspricht. Und ich denke, man darf etwas mehr als eine einzige richtige Aussage pro zehn Besucher erwarten. (Was würden Sie von einem Autohändler halten, wenn Sie herausfänden, daß nur einer von zehn Wagen, die er verkauft, richtig funktioniert?)

Ich behaupte nicht, daß die Kunden von Mrs. X. für ihr Geld nichts erhalten. Mrs. X. verhilft ihnen zu einem inspirierenden Erlebnis, zu einer geheimnisvollen Illusion, und erfreut sie mit dem Charme ihrer Persönlichkeit. Das mag ihnen genügen, auch wenn sie die versprochene ASW-Leistung nicht bekommen. Doch in meiner Forschungsarbeit ging es eben um dieses ASW-Versprechen.

Vergessen wir nicht, daß Mrs. X. eine der berühmtesten Hellseherinnen ist und auf dem Gipfel des Ruhms steht. Das Ergebnis unseres Experiments wirft zwangsläufig die Frage auf, wie viele berühmte Hellseher wirklich über ASW verfügen oder bei wie vielen von ihnen die wunderbaren Talente eher auf dem Gebiet der Public relations liegen. Die Antwort auf diese Frage könnte eine große Zahl ihrer gläubigen Anhänger von der emphatischen Bezauberung befreien.

Für die Parapsychologen ergibt sich folgender Hinweis (den natürlich die meisten bereits kennen): Es dürfte lohnender sein, jene Menschen zu vergessen, die behaupten, über ASW-Gaben verfügen zu können, und mit Durchschnittsmenschen aus der breiten Bevölkerung zu arbeiten und *deren* ASW zu untersuchen. Solche »Unverbildete« stehen dem Experimentator leichter zur Verfügung, komplizieren das Experiment nicht durch spezielle Routineverfahren, sind nicht mit falschen Auffassungen belastet, passen sich den erforderlichen Experimentalbedingungen voll an – und haben vermutlich genausoviel ASW wie berühmte Hellseher.*

---

* Damit der Bericht über die mit Mrs. X. durchgeführten Tests vollständig ist, möchte ich auch einen quantitativen Test erwähnen, den wir in der freien Zeit nach dem Hauptexperiment machten. Mrs. X. wurde aufgefordert, eine zufällige Reihenfolge astrologischer Planetensymbole vorherzusagen. Die zehn verschiedenen Planetensymbole wurden auf ihren Wunsch gewählt, um den Test für sie interessanter zu machen. Bei 1000 Versuchen, wo durch Zufall 100 Treffer zu erwarten standen, erzielte Mrs. X. genau die Zufallszahl von 100 Treffern. Natürlich unterschied sich dieser Test, obwohl sie ihn begeistert begrüßte, von ihrer üblichen Routine, da sie sich ja auf Lebensreadings spezialisiert hatte, und wir stützen uns deshalb bei unseren Folgerungen nicht darauf.

2. DIE GEISTIGE IMPRÄGNATION ODER DER FOKALEFFEKT — EIN ÜBERSEHENER DURCHBRUCH IN DER PARAPSYCHOLOGIE

Es begann ganz harmlos – mit einem etwas seltsamen Muster der ASW-Leistung von Herrn P. S. Der beobachtete Effekt war ziemlich unbedeutend. Doch schon oft haben unbedeutende Abweichungen vom erwarteten Verhalten zu wissenschaftlichen Entdeckungen mit weitreichenden Konsequenzen führen können.

Der Leser wird sich an Herrn P. S. vielleicht als den Star unter den ASW-Versuchspersonen erinnern, der Anfang und Mitte der sechziger Jahre in meinen Experimenten mitwirkte. Nach der hypnotischen Behandlung, die dazu bestimmt war, seine ASW zu aktivieren, erzielte er bei einer bestimmten Experimentalaufgabe besondere Erfolge: Er vermochte die Farben von Karten zu nennen, die in undurchsichtigen Umschlägen staken (9, 10[1]). Er war vermutlich die erste bekannte Versuchsperson in der Geschichte der Parapsychologie, die in kontrollierten Labortests eine zuverlässige ASW-Leistung erbrachte. Seine Standardleistung bot er regelmäßig vor Wissenschaftlern, die uns besuchten. Die Beständigkeit seiner Leistung erlaubte uns auch, das erste Experiment in der Geschichte der Parapsychologie zu machen, das zeigte, daß man ASW in der Praxis als Kommunikationswerkzeug benutzen kann[2] (7).

In einem typischen ASW-Experiment erhielt P. S. einen Stoß undurchsichtiger Umschläge mit farbigen Karten (die z. B. grün auf einer Seite und weiß auf der anderen waren) und sollte mittels ASW sagen, welche Farbe sich auf der oberen Seite befand. Er erreichte im Durchschnitt annähernd 60 Prozent richtige Antworten bei dieser Aufgabe, wo durch Zufall 50 Prozent richtige Antworten zu erwarten standen. Zugegeben, das war keineswegs eine ideale, perfekte Leistung (in Labortests funktioniert die ASW nicht mit hundertprozentiger Effektivität), doch die Beständigkeit, mit der er immer dieselbe Leistung erbrachte, machte ihn zu einem einmalig Begabten unter den ASW-Versuchspersonen (2).

In den Tests wurden P. S. die farbigen Karten wiederholt vorgelegt. Um die Unabhängigkeit der einzelnen Versuche voneinander sicherzu-

---

[1] Das Literaturverzeichnis zu diesem Abschnitt des Anhangs finden Sie auf Seite 229.

[2] Später verschlechterte sich seine ASW-Leistung als Folge von schwerem emotionellem Streß, dem er ausgesetzt war, nachdem ihn andere Parapsychologen für Experimente »ausgeborgt« hatten. Dieser unglückliche Einfluß anderer Experimentatoren verhinderte die Fortsetzung der hier beschriebenen Forschung und die experimentelle Beantwortung einiger der unten aufgeworfenen Fragen.

stellen, wurden die farbigen Karten in ihren Umschlägen nach jedem Versuch gemäß einem Zufallsverfahren umgedreht, so daß niemand wissen konnte, welche Farbe obenauf lag, doch im wesentlichen verwendeten wir während des ganzen Tests die gleichen Karten.

Ein Beispiel wird veranschaulichen, was wir in einer solchen Situation erwarten. Stellen Sie sich vor, wir haben 10 Karten. Da jede zwei Seiten hat, benutzen wir 20 einzelne Zielobjektsseiten. Stellen Sie sich weiter vor, wir legen in einer Testserie der Versuchsperson jede Seite 100mal vor, um Daten von 2000 einzelnen Versuchen zu sammeln. Bei einem 60prozentigen Trefferdurchschnitt werden wir 1200 richtige und 800 falsche Antworten verzeichnen. Dieses außerzufällige Resultat wird dahingehend interpretiert, daß es auf ASW zurückzuführen ist.

Natürlich würden wir erwarten, daß sich diese 60prozentige Trefferleistung gleichmäßig auf die einzelnen Zielobjektsseiten verteilt. (Die Karten waren identisch, und keine war irgendwie auffällig, so daß sie Aufmerksamkeit auf sich gelenkt hätte.) Wir würden deshalb ungefähr 60 Prozent Treffer bei jeder Zielobjektsseite erwarten. Unter Berücksichtigung statistischer Schwankungen würden wir erwarten, daß der Trefferprozentsatz bei der Mehrheit der Zielobjekte einem Wert von 60 Prozent nahekam, vielleicht zwischen 58 und 62 Prozent lag, mit gelegentlichen Abweichungen vielleicht zu 50 oder 70 Prozent.

Doch in den Tests mit P. S. wurde etwas anderes beobachtet. Bei ihm schwankten die Prozentzahlen höchst dramatisch. Bei manchen Seiten stieg der Prozentsatz auf weit über 90 Prozent, bei anderen fiel er weit unter 30 Prozent. Durchschnittsergebnisse von etwa 60 Prozent waren eher eine Ausnahme als die Regel.

Wie läßt sich diese seltsame Beobachtung erklären? Eine Erklärung war, daß bestimmte Zielobjekte aus irgendeinem unbekannten Grund die ASW-Leistung besser stimulierten: daß die ASW sich auf diese herausragenden Zielobjekte konzentrierte – »fokussierte«. Also nannte man dieses Phänomen anfangs »Fokaleffekt«. Wir konnten jedoch nicht sagen, wodurch einige Zielobjekte »herausragend« wurden, da wir größte Sorge dafür trugen, daß alle Zielobjekte ununterscheidbar gleich waren.

Eine weitere Erklärung tauchte auf: Vielleicht hinterließ bei jedem Versuch die geistige Aktivität der Versuchsperson irgendeine Spur auf dem Zielobjekt, eine Art »Fußspur«, welche die Information über die Gedanken der Versuchsperson enthielt. Im nächsten Versuch dann »las« die Versuchsperson nicht die wirkliche Zielobjektsfarbe, sondern die Farbe, an die sie bei der vorausgegangenen Identifizierung des gleichen Zielobjekts gedacht und die sich dem Zielobjekt als Fußspur ihrer vorausgegangenen Gedanken »eingeprägt« hatte.

Dies war ein höchst herausfordernder Gedanke. Also suchten wir einen Weg, ihn zu testen (8). Von früheren Experimenten besaßen wir glücklicherweise eine beträchtliche Menge sorgfältig aufgezeichneter Daten, aus denen die einzelnen Aussagen ersichtlich waren, welche die Versuchsperson über jede Zielobjektsseite gemacht hatte. Anhand dieser Aufzeichnungen konnten wir nun die Experimentalgeschichte jedes einzelnen Zielobjekts rekonstruieren: welche Farbe die Versuchsperson genannt hatte, als das Zielobjekt ihr zum erstenmal vorgelegt worden war, welche Farbe bei der zweiten Vorlage usw.*

Stellen wir uns – erklärungshalber – ein Zielobjekt mit folgender Experimentalgeschichte vor:

Zielobjekt 1: W G G G W G G G G G . . .

Dieses Diagramm bedeutet: Zielobjekt 1 wurde im ersten Versuch als »weiß« identifiziert, als es der Versuchsperson im zweiten Versuch erneut vorgelegt wurde, als »grün«, wieder als »grün« im dritten Versuch, dann als »grün«, »weiß«, »grün« usw.

Wir rekonstruierten auf diese Weise die Geschichte aller Zielobjekte und stellten Berechnungen an, um herauszufinden, ob irgendeine Beziehung zwischen den einzelnen Farbaussagen in aufeinanderfolgenden Versuchen bestand. Die Hauptfragen lauteten:

1. Wenn die Versuchsperson einmal die Farbe genannt hatte (Weiß oder Grün) – beeinflußte dies ihre nächste Aussage über das gleiche Zielobjekt? Wenn ja, war ihre nächste Aussage identisch mit der vorausgegangenen oder anders? Wir stellten fest, daß identische Aussagen vorherrschten und – was besonders verblüffend war – daß diese Vorherrschaft gleicher Aussagen unabhängig davon war, ob die Versuchsperson recht gehabt hatte oder nicht. Die Versuchsperson tendierte dazu, die Farbe erneut zu nennen, gleichgültig ob sie in ihrer ASW-Aufgabe erfolgreich gewesen war oder nicht.

2. Beim nächsten Schritt wählten wir Gruppen von zwei oder mehr identischen aufeinanderfolgenden Aussagen aus und stellten eine ähnliche Frage: War nach dieser Gruppe identischer Aussagen die nächste Aussage identisch oder anders? Wir fanden heraus, daß die identischen Aussagen vorherrschten. Mehr noch: die Vorherrschaft wurde mit zunehmender Länge der Gruppe identischer Aussagen immer stärker.

---

* Das Verfahren wurde in dem im Kapitel fünf enthaltenen Abschnitt über Experiment 10 beschrieben: »Suche einer telepathischen Spur« (Seite 136).

3. Schließlich wählten wir Gruppen von zwei verschiedenen Aussagen und kontrollierten die Verteilung der Farben in den nachfolgenden Aussagen. Diesmal entdeckten wir ungefähr eine Verteilung von 50 zu 50 Prozent.

Die folgende Tabelle veranschaulicht die Ergebnisse einer solchen Untersuchung:

Häufigkeit von Aussagen	identischen (in Prozent)	anderen (in Prozent)
Nach einer isolierten Aussage	67,6	32,4
Nach einer Gruppe von zwei identischen Aussagen	76,3	23,7
Nach einer Gruppe von drei identischen Aussagen	82,4	17,6
Nach einer Gruppe von vier identischen Aussagen	85,9	14,1
Nach einer Gruppe von fünf identischen Aussagen	86,9	13,1
Nach zwei unterschiedlichen Aussagen	51,3	48,7

Dieses Resultat legte folgende Erklärung nahe: Die ersten Aussagen der Versuchsperson (oder vielmehr ihre geistige Aktivität, wenn sie die Aussage macht) erzeugten eine »Spur«, die sich dem Zielobjekt auf- oder einprägt. Diese Spur hängt von den Gedanken der Versuchsperson während ihrer Aussage ab und nicht von ihrem Erfolg bei der Identifizierung der Farbe. Diese »aufgeprägte Spur des vorausgegangenen Gedankens« beeinflußt die nächsten Aussagen der Versuchsperson. Die Versuchsperson benutzt dann ihre ASW dazu, die aufgeprägte Farbe zu »lesen«, und tendiert zur Wiederholung der Aussage, die sie zuvor über dasselbe Zielobjekt gemacht hatte. Hat die Versuchsperson identische Aussagen wiederholt, verstärkt sich die Wirkung der aufgeprägten »Spur« schrittweise. Machte die Versuchsperson dagegen eine andere Farbaussage, wurde die Imprägnation zerstört.

Als wir dieses allgemeine Bild einmal erarbeitet hatten, führten wir weitere Experimente durch, in denen wir mehr Information über das Verhalten der geistigen Imprägnation zu erhalten versuchten.

Wir benutzten beispielsweise leere Karten (auf beiden Seiten weiß), die nur zur späteren Identifizierung mit unauffälligen Kennzeichnungen versehen waren, präsentierten sie der Versuchsperson wiederholt in undurchsichtigen Umschlägen und forderten die Versuchsperson auf, wie üblich die Farben Grün und Weiß zu bestimmen. Wie zu erwarten war, nannte die Versuchsperson, wenn sie einmal eine Karte als grün (oder weiß) bezeichnet hatte, im nächsten Versuch für das gleiche Zielobjekt die gleiche Farbe. In einer solchen Untersuchung, die aus 2400 Versuchen bestand, machte sie 1451 identische und nur 949 andere Aussagen.

Dann verwendeten wir leere Karten mit einander überschneidenden Linien auf der Oberfläche. Die Versuchsperson wurde aufgefordert, zwischen dem »Kreuz als religiösem Symbol« und dem »mathematischen Plus-Zeichen« zu unterscheiden. Wieder dasselbe Bild: In aufeinanderfolgenden Versuchen beim gleichen Zielobjekt tendierte die Versuchsperson dazu, identische Aussagen zu machen. Dasselbe Ergebnis erhielten wir auch, als wir die Versuchsperson aufforderten, zwischen mathematischen Begriffen wie »Addition« und »Multiplikation« zu unterscheiden. Diese Untersuchungen bestätigten, daß die geistige Imprägnation sich nicht nur auf Farbbegriffe beschränkte, sondern genauso bei abstrakten Vorstellungen wirkte.

Im nächsten, komplizierteren Experiment testeten wir die psychologischen Gesetze der Assoziation. Ein Satz leerer Karten in undurchsichtigen Umschlägen wurde der Versuchsperson wiederholt nach einem komplizierten Schema vorgelegt, wobei die Versuchsperson auf den Karten die Farben »Grün« und »Rot« und dazwischen, ohne zu wissen, daß sie dieselben Zielobjekte bekam, die Begriffe »Gras« und »Feuer« unterscheiden sollte. Wie zu erwarten, wurden (wenn eine Farbaussage gemacht werden sollte) der aufgeprägte Begriff »Gras« als »grün« und der Begriff »Feuer« als »rot« wahrgenommen.

Bei späteren Experimenten konnten wir demonstrieren, daß die Versuchsperson in der Lage war, zumindest in gewissem Ausmaß ihre ASW absichtlich darauf hinzulenken, die wirkliche Farbe des Zielobjekts oder aber die am Zielobjekt haftende Imprägnation zu identifizieren (12).

Das Imprägnationsphänomen erwies sich bald als praktisch nützlich. In einer Untersuchung (11) benutzten wir Zielobjektskarten, die speziell ausgewählt worden waren, nämlich jene, die in vorausgegangenen Tests am stärksten zur richtigen Farbaussage stimuliert hatten, d. h. jene, deren »Imprägnation« der wirklichen Farbe entsprach.*

* Dieses Verfahren schlugen wir auf Seite 160 als Mittel zur Steigerung der ASW-Treffer vor (im Abschnitt »Wahl der Zielobjekte«).

Später griffen verschiedene Parapsychologen die Imprägnationstheorie an und brachten eine andere Erklärung für das Phänomen vor: Vielleicht basierte das, was die Versuchsperson in aufeinanderfolgenden Versuchen machte, nicht auf geistiger Imprägnation, sondern lediglich auf dem Gedächtnis. Vielleicht benutzte die Versuchsperson ihre ASW, um jedes Zielobjekt an irgendeinem physischen Merkmal wiederzuerkennen (an winzigen Kratzern oder Unregelmäßigkeiten oder an den Kennziffern, mit denen man die Karten zur Identifizierung während des Experiments versah). Dann setzte sie ihr Gedächtnis ein und wiederholte die Aussage, die sie nach ihrer Erinnerung beim vorhergegangenen Versuch über dieses Zielobjekt gemacht hatte.

Es war schwer, zwischen den beiden einander widerstreitenden Theorien zu entscheiden. War es geistige Imprägnation? Oder basierte das Phänomen auf dem Gedächtnis? Beide Theorien vermögen die Beobachtungen zu erklären, und es ließ sich kein entscheidendes Experiment durchführen, das die Antwort brachte. Doch es gibt starke, aus den Umständen resultierende Beweise zugunsten der Imprägnationstheorie:

1. Versuchsperson P. S. war ausdrücklich für die Anwendung von ASW in einer einzigen Experimentalsituation trainiert worden: für die Unterscheidung von zwei Farben auf Karten in undurchsichtigen Umschlägen. Er konnte nicht arbeiten, wenn mehr als zwei Farben gleichzeitig die Zielobjekte bildeten. Er vermochte auch keine ASW zu demonstrieren, wenn andersgeartete Zielobjekte benutzt wurden (er scheiterte beispielsweise völlig bei den normalen ASW-Symbolen). Sogar eine derart geringfügige Veränderung wie der Übergang von den üblichen Karten (mit unterschiedlichen Farben auf beiden Seiten) zu zwei Arten von Karten (mit zwei gleichfarbigen Seiten) lähmte seine ASW-Leistung. Bei dieser seltsam engen Orientierung seiner ASW ist es unwahrscheinlich, daß er sie zur Identifizierung einzelner Zielobjekte anhand besonderer physischer Merkmale einsetzen konnte.

2. Wie bereits erwähnt, erreichte P. S. bei seiner üblichen ASW-Darbietung mit farbigen Karten im Durchschnitt etwa 60 Prozent Treffer, wenn die Zufallserwartung 50 Prozent betrug. Doch bei Zielobjekten, wo der »Fokaleffekt« (das Phänomen der Imprägnation) auftrat, kam das Erfolgsniveau oft an 100 Prozent heran. Dies zeigte ein viel höheres Niveau der ASW-Leistung an, als es im Zusammenhang mit der »wirklichen Farbe« der Zielobjekte beobachtet wurde. Deshalb schließen wir, daß der für eine solche Leistung verantwortliche Stimulus etwas

sein muß, das bei der Auslösung der ASW-Reaktion viel wirksamer ist als physische Charakteristika des Zielobjekts (wie dessen Farbe oder auch Kratzer oder Kennziffern). Demgemäß stellt die geistige Imprägnation einen diametral entgegengesetzten Typ Zielobjekt dar, der die ASW viel stärker zu stimulieren vermag als normale physische Merkmale der Karten.

Es scheint einen Weg zu geben, das Gedächtnis auszuschalten und experimentell zwischen der »Gedächtnistheorie« und der »Imprägnationstheorie« zu unterscheiden: Wir können das Experiment so arrangieren, daß die Versuchsperson eine Aussage über das Zielobjekt macht – und ihm so einen gewissen Begriff aufprägt – und daß dann eine zweite Versuchsperson die aufgeprägte Information aufzuspüren versucht. Diese zweite Versuchsperson kann sich nicht daran *erinnern*, welche Aussage in ihrer Abwesenheit von einer anderen Person über das Zielobjekt gemacht wurde. Wenn es ihr dennoch gelingt, den Begriff richtig zu identifizieren, erklärt die Gedächtnishypothese den Erfolg nicht und ist widerlegt.

Leider ist bis heute in dieser Richtung keine umfassende Forschungsarbeit durchgeführt worden. Doch es gibt zahlreiche Anzeichen dafür, daß die Identifizierung der geistigen Imprägnation durch eine andere Person wirklich möglich ist. Auf einer parapsychologischen Konferenz in Genua (3) beispielsweise berichtete R. Bayer ein Experiment, in dem er eine Person aufforderte, verschiedene Bilder geistig auf weiße Karten aufzuprägen. Später gelang es einer anderen Person, diese aufgeprägten Bilder richtig zu identifizieren.

Wie dem auch sei, die geistige Imprägnation scheint ziemlich verbreitet zu sein. Ich habe sie auch bei anderen Versuchspersonen beobachtet. Als ich z. B. später Daten analysierte, die ich mit Fräulein J. K. (ebenfalls einer glänzenden Versuchsperson, deren ASW mittels Hypnose entwickelt wurde, und zwar vor P. S.) erarbeitet hatte (10), trat das Phänomen in ziemlich ausgeprägter Form zutage.

Es gibt einen erwähnenswerten indirekten Hinweis, der für die Imprägnationstheorie spricht. Wenn wir ihn akzeptieren, ergeben viele scheinbar nicht miteinander in Zusammenhang stehenden Beobachtungen in der Parapsychologie einen Sinn und lassen sich leicht auf einer gemeinsamen Basis erklären. Führen wir wenigstens einige dieser Beobachtungen an.

1. Am Beginn dieses Jahrhunderts gab N. Kotik in einem gut dargestellten Experiment einer hypnotisierten Person ein leeres Blatt Papier und suggerierte ihr, sie sähe darauf ein Porträt. Später wurde dieses

Blatt zusammen mit vielen anderen gleichen Blättern gemischt, dennoch erkannte die Versuchsperson es immer, weil sie darauf stets das suggerierte Porträt sah (4). Das oben erwähnte Experiment von Bayer war im wesentlichen eine Wiederholung dieses Experiments von Kotik.

2. Verschiedene Autoren beobachteten Sensitive, die fähig waren, versiegelte Botschaften zu lesen oder vielmehr – statt die genauen Wörter zu lesen – die Stimmung und die Gedanken des Schreibers einzufangen. Vor einem halben Jahrhundert war das Lesen versiegelter Nachrichten eine überaus beliebte Aufgabe in der ASW-Forschung (6). Einer dieser frühen Forscher, A. N. Chowrin, entdeckte auf diese Weise sogar seine Starversuchsperson, Miß M. Einmal erhielt sie in seiner Gegenwart einen Brief von ihrer Schwester. Als sie den Brief in der Hand hielt, um ihn zu öffnen, begann sie plötzlich zu weinen und sagte klagend, der Brief enthalte schlechte Nachrichten: Das kleine Kind ihrer Schwester sei gestorben und die Schwester selbst sei ernstlich krank. Der Brief bestätigte diese Informationen (1).

3. E. Osty (5) und später W. H. C. Tenhaeff (14), die beide umfassende Untersuchungen auf dem Gebiet der »Psychometrie« anstellten (die Erlangung von ASW-Informationen über die Geschichte des Gegenstandes, den der Sensitive in der Hand hält), beobachteten oft eine bestimmte charakteristische Fehlerquelle in Experimenten dieser Art. Hatte der Sensitive einmal seine Impressionen über den psychometrischen Gegenstand geäußert und wurde dieser Gegenstand später einem anderen Sensitiven gegeben, tendierte der zweite Sensitive dazu, die Aussagen zu wiederholen – selbst wenn sie falsch waren. Tenhaeff empfand diese Fehlerquelle als großes Ärgernis bei seinen Versuchen, Hellseher dazu einzusetzen, der Polizei nützliche Informationen zu liefern (13). Der Sensitive bekam einen Gegenstand, der bei einem Verbrechen benutzt worden war, und beschrieb seine Impressionen über den Verdächtigen. Ein naheliegender Gedanke war, den Gegenstand dann einem anderen Sensitiven zu geben, um unabhängige, stützende Beweise zu erhalten (genau wie ein Richter mehrere Zeugen auffordern kann, ihre unabhängigen Aussagen zu machen). Es stellte sich jedoch heraus, daß die Impressionen verschiedener Sensitiver nicht unabhängig waren. Der zweite Sensitive wiederholte, obwohl er nicht wußte, was der erste gesagt hatte, häufig dessen Aussagen, auch wenn sie falsch waren.

4. Schließlich gibt es einen relativ häufigen Typ spontaner parapsychologischer Phänomene: Spukphänomene, die an einen bestimmten

Ort gebunden sind. An manchen Orten, gewöhnlich solchen, wo irgendein dramatisches, emotionell geladenes Ereignis stattgefunden hat – wie ein Selbstmord, Mord usw. –, sehen sensitive Menschen manchmal die Beteiligten an der vergangenen dramatischen Szene. Solche Fälle lassen sich damit erklären, daß sie von geistigen Spuren starker, an diesen Orten haftender Emotionen hervorgerufen werden. Es ist sogar denkbar, daß auf diese Weise künstlich ein »Geist« geschaffen wird. Die lebhafte Phantasie einer psychisch begabten Person erzeugt die erste imprägnierte Spur, und das Bild wird dann durch Häufung identischer Erlebnisse späterer Zeugen intensiviert.

Wir könnten einige weitere relevante Beobachtungen anführen, doch die vorgenannten Beispiele zeigen hinreichend, welch großen theoretischen Wert die Vorstellung von der »geistigen Imprägnation« bei der Erforschung verschiedener parapsychologischer Phänomene besitzt. Dabei reicht die Bedeutung der geistigen Imprägnation sogar noch über die angeführten Erwägungen hinaus.

Mit der geistigen Imprägnation haben wir, zum erstenmal in der Geschichte der Parapsychologie, einen experimentellen, unter Laborbedingungen erhaltenen Beweis für einen Effekt, der mit der bewußten Aktivität des Menschen in Verbindung steht – den Beweis für etwas, das nichtphysikalischer Natur und daher unsichtbar für die physischen Sinne ist; dieser Effekt existiert unabhängig vom physischen Körper und kann nur auf parapsychologische Weise – durch ASW – aufgespürt werden. Dabei drängte sich eine Frage auf. Die geistige Imprägnation wird durch die bewußte Aktivität des Menschen erzeugt; ist sie einmal entstanden, vermag sie unabhängig vom Körper zu existieren; es ist für ihre Existenz dann absolut unerheblich, ob der Körper weiter existiert oder nicht. Die Frage ist nun: Haben wir also mit der geistigen Imprägnation zum erstenmal in der Geschichte der Parapsychologie den Laborbeweis, daß irgendein Element der menschlichen Persönlichkeit nach dem Tod des Körpers weiterleben kann?

Die geistige Imprägnation bzw. der Fokaleffekt hat möglicherweise immense Bedeutung für den künftigen Fortschritt in der Parapsychologie. Wenn die Telepathie, wie es scheint, darin besteht, durch geistige Imprägnation entstandene Vorstellungen zu lesen, dann werden wir durch die Untersuchung der geistigen Imprägnation Einblicke in die Wirkungsweise der Telepathie erhalten. Tatsächlich sollte die Untersuchung der statischen Spur eines Gedankens (was die geistige Imprägnation ja ist) viel leichter sein als Versuche, flüchtige Gedanken einzufangen. Die Untersuchung der geistigen Imprägnation – die offenbar ein Produkt bewußter Aktivität ist – könnte bei der Untersuchung und Erklärung des Bewußtseins wertvolle Hilfe leisten.

Schließlich scheint sich hier das Versprechen eines zunehmenden praktischen Werts der geistigen Imprägnation abzuzeichnen. Wir vermögen uns einen Prozeß vorzustellen, in dem eine Geheimbotschaft einem Blatt Papier (oder einem anderen Gegenstand) geistig aufgeprägt wird. Diese Botschaft ließe sich durch physische Mittel niemals dechiffrieren – aber durch ASW lesen.

Neben dieser Verwendung zur Verschlüsselung von Geheimnachrichten wäre eine umfassende Verwendung in der Erziehung denkbar. Die technologische Verwirklichung läßt vielleicht noch lange auf sich warten, aber wir dürfen uns dennoch vorstellen, daß man irgendwann wichtige Informationen auf irgendeinem Gebiet speichert – verschlüsselt in geistiger Imprägnation. Wird die verschlüsselte Information dann durch ASW wieder zugänglich, läge es auch im Bereich des Möglichen, daß der Inhalt eines umfangreichen Sachbuches oder ein langer Studienkurs in sehr kurzer Zeit geistig erfaßt wird, im Zuge nur eines einzigen Akts integraler telepathischer Kognition.

Natürlich mag eine solche Zukunftsaussicht heute phantastisch klingen – aber hätten vor hundert Jahren nicht auch das Fernsehen, ein Atomkraftwerk oder Taschenrechner für einen Physiker phantastisch geklungen?

Anmerkung: Dem experimentell interessierten Leser möchten wir folgende Forschungsprojekte vorschlagen, die neuartige und wichtige Beiträge zur Parapsychologie zu liefern vermögen:

1. Bestätigen Sie mittels einer gut geplanten Untersuchung, daß die von einer Person erzeugte geistige Imprägnation durch eine andere Person aufgespürt und »gelesen« werden kann. Untersuchen Sie diesen Prozeß und die Regeln, denen er unterliegt. (Beispielsweise: Verursachen psychologische oder semantische Faktoren eine Verzerrung der Informationen?)

2. Untersuchen Sie den Einfluß der Zeit auf die Imprägnation. Wenn sie einmal geschaffen wurde, ist sie dann eine beständige Eigenschaft des Zielobjekts oder löst sie sich im Lauf der Zeit auf? (Wenn ja, wie schnell und wie können wir Einheiten zum Messen ihrer Dichtigkeit definieren?)

3. Benutzen Sie die geistige Imprägnation (z. B. »aufgeprägte« Farben statt wirklicher Farben) in einem Kommunikationsprojekt wie jenem, das im Abschnitt drei des Anhangs (»Ein Modell parapsychologischer Kommunikation«) beschrieben wird.

Literaturverzeichnis zum vorstehenden Abschnitt

1. A. N. Chowrin: Experimentelle Untersuchungen auf dem Gebiet des räumlichen Hellsehens. München 1910.
2. Guinness Book of World Records, 1974, Seite 51.
3. B. Herbert: Genoa; Sixth International Congress of Parapsychology, June 7–9, 1974, Parapsychology Review, Band 5, Nr. 5, 1974, Seite 22.
4. N. Kotik: Die Emanation der psychophysischen Energie. München 1908.
5. E. Osty: La Connaissance Supra-Normale. Paris 1923.
6. C. Richet: Traité de metapsychique. Paris 1923.
7. M. Rýzl: A Model of Parapsychological Communication. Journal of Parapsychology, Band 30, Nr. 1, 1966, Seite 18 (Abdruck in Abschnitt 3 dieses Anhangs).
8. M. Rýzl: Some Observations Bearing upon the Mental Impregnation Hypothesis. Protokoll der 11. Jahresversammlung der Parapsychology Association, Freiburg/Br. 1968.
9. M. Rýzl: Parapsychologie. Genf 1970.
10. M. Rýzl: Hellsehen in Hypnose. Genf 1971.
11. M. Rýzl, J. T. Barendregt, P. R. Barkema, J. Kappers: An ESP Experiment in Prague. Journal of Parapsychology, Band 29, 1965, Seite 176.
12. M. Rýzl, S. Otani: An Experiment in Duplicate Calling with Stepanek. Journal of Parapsychology, Band 31, 1967, Seite 19.
13. W. H. C. Tenhaeff: Beschouwingen over het gebruik van paragnosten voor politiële en andere practische doeleinden. Utrecht 1957.
14. W. H. C. Tenhaeff: Telepathy and Clairvoyance. Springfield 1973.

3. EIN MODELL PARAPSYCHOLOGISCHER KOMMUNIKATION

In letzter Zeit wird die Anwendung der ASW als Kommunikationsmittel immer häufiger erörtert. Die Charakteristika der ASW sind so geartet, daß diese Fähigkeit geradezu prädestiniert ist, als Mittel zur Erlangung von Informationen zu dienen, die normalerweise unzugänglich sind (6, 17, 18*) – seien es einfach Informationen über objektive Ereignisse in der äußeren Welt im allgemeinen oder das Auffangen chiffrierter Nachrichten im besonderen. Doch bisher wurde im Experiment noch keine absolute Zuverlässigkeit der ASW nachgewiesen; der Experimentator kann sich noch nicht mit Sicherheit auf die Richtigkeit der Antworten verlassen, die er in seinen Experimenten erhält. Dies ist gegenwärtig das größte Hindernis für die praktische Nutzung der ASW.

Zur Anwendung der ASW bei der Übermittlung von Informationen wäre es nötig, daß man vor der Kontrolle der Ergebnisse – und vielleicht sogar ohne eine solche Kontrolle – zu sagen vermag, ob die ASW-Antwort richtig war. Leider sind die Experimentalergebnisse in ASW-Tests nicht annähernd so zuverlässig wie die Sinneswahrnehmung. Das Auge oder die Kamera fangen sehr schnell eine große Menge Informationen ein, und Radio- sowie Fernsehsignale übermitteln eine beträchtliche Informationsmenge in einer kurzen Zeiteinheit. Fehler und Ungenauigkeiten sind auf ein solches Maß reduziert worden, daß man sie in diesem Vergleich unberücksichtigt lassen kann.

Demgegenüber erweist sich die ASW in einfachen Karten-Benennungstests soviel unzuverlässiger, daß sie nur leichte Abweichungen von der Zufallserwartung bewirkt. Mehr noch, Versuchspersonen erweisen sich als sehr unstabil in ihrer Fähigkeit, ASW zu demonstrieren; ihre Leistungen unterliegen beträchtlichen Schwankungen – die bis zum vorübergehenden Verlust der ASW oder zu ihrer Umkehr in Psi-bedingte Fehler reichen. Wäre die ASW ein technischer Apparat zur Erlangung von Informationen, müßte man sie heute als sehr unwirksam ansehen.

Und doch, sogar eine nur leichte Abweichung über die Zufallserwartung hinaus bedeutet die Erlangung von Informationen. Um ASW praktisch anwendbar zu machen, ist nur folgendes notwendig:

1. Eine stabile Leistung der Versuchsperson muß sichergestellt werden, oder man muß in der Lage sein, jene Zeiten und Bedingungen

---

* Das Literaturverzeichnis zu diesem Abschnitt des Anhangs finden Sie auf Seite 243.

zu erkennen, in denen die Versuchsperson tatsächlich ihre ASW-Fähigkeit einzusetzen vermag.

2. Die in ASW-Tests erhaltenen Informationen müssen so konzentriert werden, daß sich das gesuchte Wissen daraus mit einem im vorhinein festgelegten Grad an Zuverlässigkeit ableiten läßt.

3. Eine weitere Bedingung müßte sein, daß dies ohne übermäßige Kosten zu geschehen habe. In der gegenwärtigen Untersuchung jedoch werden wirtschaftliche Aspekte nicht berücksichtigt, es geht nur um die mögliche praktische Anwendung von ASW.

Historischer Überblick

Der erste allgemein zugängliche und veröffentlichte Bericht über ein Experiment, in dem die angewandte Methode es ermöglichte, eine Information zu erlangen, die praktisch genutzt werden konnte, stammt von Foster (4). In diesem Experiment wurde eine Frage gestellt, die man mit *Ja* oder *Nein* beantworten konnte. Die Versuchspersonen erhielten einen gemischten Packen schwarzer (*ja* bedeutender) und roter (*nein* bedeutender) Karten in undurchsichtigen Umschlägen und wurden aufgefordert, die Karten auf schwarze oder rote »Zielobjektsflächen« zu sortieren; die schwarze Fläche hieß *richtig* und die rote Fläche *falsch*. Lautete die richtige Antwort auf eine bestimmte Frage – die von der Versuchsperson mittels ASW aufgespürt werden sollte – *ja*, dann mußten sich auf der schwarzen Fläche schwarze Karten finden und auf der roten Fläche rote Karten. Lautete die richtige Antwort *nein*, sollte eine Mischung ungleicher Farben als richtige Reaktion gelten. Leider zeigte sich in diesem Experiment, in dem Indianerkinder Versuchspersonen waren, keine ASW.

Bei den meisten bisherigen Labortests wurden Karten-Benennungs- oder Karten-Paarungstests (mit Karten in undurchsichtigen Umschlägen) gemacht. Um diese Methode zur Erlangung bestimmter Informationen anwenden zu können, mußte man zuerst ein Kodesystem ausarbeiten, damit man die gewünschten Informationen in eine gewisse Reihenfolge der Karten umsetzen konnte. Das ASW-Ergebnis (wenn ASW auftrat) mußte dann dechiffriert werden, damit man das gewünschte Wissen erlangte.

Ein solches Verfahren lag dem Vorschlag zugrunde, den W. H. Clark (2) zur Vorhersage der Temperatur machte. Clark schlug vor, die Versuchsperson solle die Reihenfolge eines Packens ASW-Karten benennen, die an einem späteren Tag gemäß den Temperaturwerten in einer bestimmten Zeitung von diesem Tag abgehoben und aufgedeckt würden. Durch eine von Clark empfohlene Methode konnte ein hoher Trefferwert bei der einer bestimmten Temperatur zugeteilten Zielobjektsfolge als Basis für die Vorhersage genommen werden.

Da die ASW, wie man sie bisher im Labor beobachtete, zu unvollkommen ist, wäre es bei ihrer praktischen Anwendung nötig, irgendwie die in jeder Benennung enthaltenen Informationen zu konzentrieren. Dazu müßte man für jedes Zielobjekt eine große Zahl unabhängiger Benennungen haben. Diese Ergebnisse könnten dann statistisch ausgewertet und so die Unzuverlässigkeit einzelner Benennungen kompensiert werden.

G. W. Fisk und D. J. West (3) wandten dieses Verfahren in einem Experiment an, im Zuge dessen verschiedene Versuchspersonen die gleiche Karte benannten und die Mehrheitsbenennung als Benennung des Zielobjekts angesehen wurde. Sie erreichten ihr Ziel jedoch nicht, denn sie erhielten nur unzureichende Beweise für echte ASW-Leistungen.

Dieser Technik des »wiederholten Ratens« bediente sich auch R. H. Thouless. Zusätzlich zur Kontrolle des »Mehrheitsvotums«, die Fisk und West vorgenommen hatten, führte Thouless einen »Präferenzindex« ein, wie er sich ausdrückte, womit er die Tatsache kompensieren wollte, daß Versuchspersonen bestimmte Symbole bevorzugen und eine ungleiche Zahl an Benennungen für die verschiedenen Zielobjekte abgeben. In einem anderen Artikel löste C. Scott (12) einige der statistischen Probleme, die Thouless' Methode aufgeworfen hatte.

Die Technik des wiederholten Ratens wurde auch von mir angewandt, und zwar in Experimenten mit Fräulein J. K. (8).

Es erwies sich, daß damit eine Steigerung der Zuverlässigkeit von ASW-Benennungen zu erreichen war. Da jedoch die Arbeit mit dieser Versuchsperson unterbrochen wurde (aus familiären Gründen), war es unmöglich, die Methode weiterzuentwickeln und zu beweisen, daß das erfolgreiche Resultat wiederholbar war.

Wegen der Unstabilität der ASW-Leistung ist es notwendig, daß man einen Weg findet, im vorhinein zu bestimmen, ob und in welchem Maß bei einem bestimmten Experiment ASW auftritt. Die introspektiven Aussagen von Versuchspersonen erwiesen sich nicht als zuverlässig (7). Der erste Experimentator, der einen Weg suchte, um den Zuverlässigkeitsgrad von ASW-Antworten vor deren Kontrolle zu bestimmen, war C. E. Stuart (13). Später adaptierte R. J. Cadoret (1) eine motorische

Form, ASW auszudrücken, die einige Ähnlichkeit mit dem Wünschelrutengehen hatte. Er versuchte die Zuverlässigkeit von ASW-Antworten zu messen, indem er die Versuchspersonen zwei parallele Einheiten von Benennungen vornehmen ließ und eine davon als »Index-Serie« benutzte, die im voraus kontrolliert werden sollte. Er nahm an, daß das Trefferniveau in der unkontrollierten Serie ähnlich sein werde wie in der kontrollierten Serie. Die Versuchsperson wußte nicht, welche Serie als Index benutzt werden sollte. Cadoret erhielt leicht signifikante Trefferwerte.

Eine weitere Methode für denselben Zweck entwickelte R. Taetzsch (14), der die Verwendung von Zielobjekten mit zwei Aspekten vorschlug, z. B. Spielkarten mit den Aspekten Wert und Farbe (5). In solchen Tests sollte man einen Aspekt als Index-Serie und den anderen als Experimentalserie werten.

Zielobjekte mit Zweifachaspekt wurden auch in einem Experiment von Frau Dr. G. Schmeidler (11) benutzt, die ebenfalls die zuverlässigsten Formen des ASW-Auftretens zu finden versuchte. Frau Doktor Schmeidler legt besonderes Gewicht auf den Vergleich verschiedener Auswertungsmethoden, entweder durch Bewertung beider Aspekte zusammen oder jedes Aspekts für sich.

Ein origineller Beitrag ist das Psi-Kommunikationssystem, das Taetzsch (15) entwarf (aber nie in die Praxis umsetzte). Es ist eine Vorrichtung zur Übermittlung von Informationen zwischen zwei Punkten in Raum und Zeit mit einem vorher festgelegten Zuverlässigkeitsgrad. Wie eine Abhandlung bestätigt, die auch die entsprechenden Berechnungen enthält, kann man sogar eine unvollkommene ASW-Fähigkeit benutzen, um daraus mittels Auswahl einer der beiden Möglichkeiten (weiß – schwarz, ja – nein usw.) zuverlässige Informationen abzuleiten. Die Versuchsperson hat ihre Benennungen durch Drücken eines von zwei Knöpfen vorzunehmen. Es wird die Technik des wiederholten Ratens angewandt und das Ergebnis von einem Computer auf der Basis eines Programms ausgearbeitet, das ihm zuvor eingegeben wurde. Dieses Programm stellt die erforderliche Zuverlässigkeit der erhaltenen Informationen sicher. Die Maschine bestimmt die Zahl der Benennungen, die notwendig sind, damit man je nach dem gezeigten ASW-Grad zu einem zuverlässigen Ergebnis kommt. Sie liefert die Antwort erst, wenn dieser Zuverlässigkeitsgrad erreicht ist. Das vorgeschlagene System berücksichtigt auch die Psi-bedingten Fehler, und zwar durch zufällige Einschiebung der Indexbenennungen zwischen die regulären Benennungen. Die Indexbenennungen sollen als empirische Kontrolle dafür dienen, ob in einer gegebenen Serie ASW in positiver oder negativer Weise zum Ausdruck kommt.

Wie man sieht, widmen Parapsychologen dem Problem, ASW praktisch anwendbar zu machen, beträchtliche Aufmerksamkeit. Die Schwierigkeit scheint hauptsächlich darin zu liegen, daß man keinen Weg fand, die ASW-Leistung so perfekt und konstant zu machen, daß eine gesetzmäßige Kontrolle zu erlangen ist. Diesen Eindruck erhält man aus den Untersuchungen, die in der wissenschaftlichen Presse allgemein zugänglich sind. Nur in den Experimenten mit der Versuchsperson P. S. (9, 10) wurde eine hinreichend stabile ASW-Reaktion erreicht, die den Versuch einer zuverlässigen Übermittlung von Informationen durch ASW rechtfertigen, bei dem echte Hoffnung auf Erfolg bestand.

Experimentalanordnung für die Versuchsperson P. S.

Das allgemeine Ziel des 1962 durchgeführten Experiments war die Identifizierung von fünf dreistelligen Zahlen durch ASW. Jede dieser Zahlen sollte als unabhängige Experimentaleinheit übermittelt werden. Der eigentliche Sinn des Experiments war jedoch keineswegs ein praktisch nutzbares Funktionieren der ASW bei der Informationsübermittlung (das ließ sich beim Stand der Dinge noch nicht erreichen), sondern der experimentelle Beweis, daß eine solche Anwendung von ASW im Prinzip möglich ist – daß man durch ASW Informationen mit dem erforderlichen Grad an Exaktheit und Zuverlässigkeit übermitteln kann. Als wir diese Experimentalserien planten, erzielte P. S. zuverlässige Ergebnisse bei der Unterscheidung von zwei Farben (Weiß – Grün) auf Karten in undurchsichtigen Umschlägen, und deshalb paßten wir diese Technik der Aufgabe an, mittels ASW eine Zahl zu identifizieren.

Die festgelegte Zahl wurde durch ein Zahlensystem in eine bestimmte Reihenfolge von Farben auf Karten chiffriert. Die Umschläge mit den eingelegten Karten gaben wir der Versuchsperson wiederholt zur Identifizierung, bis wir eine ausreichende Zahl von Benennungen hatten. Die analytisch behandelten Daten erbrachten bereits vor der Kontrolle der Karten einen zuverlässigen Hinweis auf die Farbe der obenliegenden Kartenseite. Mittels des Kodes ließ sich die Zahl identifizieren.

Im einzelnen wurde das eigentliche Experiment folgendermaßen durchgeführt: Zuerst arbeiteten wir einen Kode aus, nach dem jeder der dreistelligen Zahlen, die zwischen 000 und 999 lagen, eine bestimmte

Reihenfolge von 10 Farben (Weiß und Grün) zugeteilt wurde. Dann zog ein Assistent durch Los eine Zahl. Anhand des Kodes verwandelte er sie in eine Folge von 10 Farben. Als nächstes nahm er 10 undurchsichtige Umschläge aus steifem Karton und beschriftete sie auf der Rückseite mit den Großbuchstaben A bis K; in diese Umschläge legte er die weiß-grünen Karten (die 105 × 150 Millimeter maßen) so ein, daß die Farben in der Reihenfolge oben lagen, wie sie der Zielobjektszahl entsprach. Die Umschläge wurden dann dicht verschlossen.

Diesen 10 Umschlägen fügte der Assistent weitere 10 versiegelte Umschläge bei, die auf der Rückseite mit den Kleinbuchstaben a bis k gekennzeichnet waren und Karten genau in entgegengesetzter Farbfolge wie jene mit den Großbuchstaben enthielten. Dieser zweite Satz diente einem doppelten Zweck. Erstens ermöglichte er einen parallelen, unabhängigen Test desselben Experimentalziels wie der Grundsatz und konnte so als Kontrolle der Richtigkeit fungieren. Zweitens stellte dieser Satz eine gleichmäßige Verteilung der Zielobjektskarten sicher. Der gewählte Kode für einige Ziffern führte nämlich zu einer unausgewogenen Farbfolge, so daß daraus, falls die Versuchsperson eine Vorliebe für eine der beiden Farben zeigte und diese deshalb öfter nannte, eine Verzerrung hätte entstehen können.

Nachdem der Experimentator vom Assistenten die 20 Umschläge erhalten hatte, welche die ausgewählte Zahl verkörperten, fügte er weitere 10 Umschläge gleichen Aussehens bei, die auf der Rückseite mit Ziffern von 1 bis 10 gekennzeichnet waren. Diese Umschläge enthielten rein zufällig ausgewählte weiß-grüne Karten und waren vom Experimentator vorbereitet worden, der eigene Aufzeichnungen über sie gemacht hatte. Sie sollten kontrolliert werden, nachdem bei allen Karten die erforderliche Zahl der Benennungen vorgenommen worden war, und lieferten wahrscheinlich einen Hinweis auf die Qualität der ASW, die in den Serien gewirkt hatte.

Alle 30 Umschläge hatten genau dasselbe Aussehen; sie unterschieden sich nur durch die Kennzeichnungen auf der Rückseite, und diese wurden während des gesamten Experiments vor den Blicken der Versuchsperson verborgen. Im vorhinein bestimmten wir, wenn die Karten mit den Kennziffern auf der Umschlagrückseite ungenügende Beweise für ASW zeigen sollten, würde die ganze Serie gestrichen. Dies erwies sich als unnötig, denn das Ergebnis war während des gesamten Experiments stabil genug für die gewünschte Zuverlässigkeit.

Nach der Vorbereitung der Zielobjekte mischte der Experimentator alle Umschläge gründlich und gab sie der Versuchsperson, damit diese die in jedem Umschlag obenliegende Farbe identifiziere. Die Versuchsperson tat es, und die Bedingungen schlossen alle bekannten Möglichkeiten der Sinneswahrnehmung aus. Der Experimentator zeichnete die Benennung der Versuchsperson für jede einzelne Karte sofort auf, nachdem die Versuchsperson ihre Aussage gemacht hatte. Dann mischte der Experimentator wieder gründlich und reichte der Versuchsperson den nächsten Umschlag zur Identifizierung. Dieses Verfahren wurde fünfzigmal wiederholt, so daß für jeden Umschlag insgesamt 50 Benennungen gemacht wurden. Das gründliche Mischen zwischen den Serien stellte sicher, daß jedesmal eine andere Reihenfolge bestand und daß die Index-Zielobjekte in zufälliger Weise mit den experimentellen Zielobjekten gemischt waren.

Die 50 einzelnen Benennungen für jeden der 30 Umschläge ergaben insgesamt 1500 Benennungen. Wir kontrollierten zuerst die 500 Benennungen für die Index-Zielobjekte, um eine Vorstellung vom Grad der bei den anderen Zielobjekten zu erwartenden ASW zu bekommen. Als wir einen zufriedenstellenden Wert erhielten, gingen wir an die Auswertung des eigentlichen Experiments.

Die Auswertung der beiden Sätze von Experimental-Benennungen zu je 500 Aussagen basierte auf einer Methode, die bereits früher, für vorausgegangene Experimente mit derselben Versuchsperson, ausgearbeitet worden waren. Die Kriterien waren so gewählt, daß sie, wenn sie erfüllt wurden, stark auf eine zuverlässige Vorhersage des Inhalts der Umschläge hoffen ließen. Das Verfahren lief folgendermaßen ab:

Die gesamten 50 Benennungen für die entsprechenden Umschläge mit den Großbuchstaben und die 50 für die entsprechenden Umschläge mit den Kleinbuchstaben wurden getrennt unter zwei Gesichtspunkten ausgewertet. Zuerst wurde das Verhältnis der weißen zu den grünen Benennungen bei jedem Umschlag ausgerechnet. Dies nannten wir »Gesamttreffer«. (Beachten Sie die umseitige graphische Darstellung: die Gesamtzahl der weißen Benennungen steht immer auf der linken und die Gesamtzahl der grünen Benennungen auf der rechten Kolonnenseite.) Dann kontrollierten wir, mit welcher Beständigkeit bei den einzelnen Umschlägen einer der beiden Farben der Vorzug gegenüber der anderen gegeben worden war. Die 50 Benennungen für jede Karte wurden in fünf aufeinanderfolgende Gruppen von je 10 Benennungen unterteilt. Dann berechneten wir das Verhältnis von weißen zu grünen Benennungen in jeder dieser fünf Gruppen getrennt. Gezählt wurden jedoch nur jene Gruppen, in denen die Benennungen einer Farbe deutlich über jene der anderen vorherrschte, mindestens im

Verhältnis von 8 zu 2, 9 zu 1 oder 10 zu 0. Diese Werte bezeichneten wir als »herausragende Treffer« (siehe »Verhältnis der herausragenden Treffer« in der graphischen Darstellung; auf der linken Seite steht die Zahl der herausragenden Treffer, in welcher die weißen Benennungen vorherrschten, und auf der rechten Seite die Zahl, in welcher die grünen vorherrschten). Die tatsächliche Farbe der Karte in dem Umschlag wurde erst ermittelt, nachdem man alle Ergebnisse der mit Großbuchstaben gekennzeichneten Umschläge mit ihren Gegenstücken, den mit Kleinbuchstaben gekennzeichneten Umschlägen, verglichen hatte.

Die endgültige Schlußfolgerung über die Frage der Karte in einem Umschlag wurde erst gezogen, wenn alle folgenden Bedingungen gleichzeitig erfüllt waren. Die Kriterien lauteten:

1. Das Verhältnis der Farben, die bei einem gegebenen (mit Groß- oder Kleinbuchstaben markierten) Umschlag geraten wurden, betrug 35 zu 15 oder mehr. Verhältnisse, die näher bei der Durchschnittserwartung von 25 zu 25 lagen, wurden als unentschieden betrachtet.

2. Das Verhältnis »herausragender Treffer« (8 zu 2 und besser in jeder von 10 Benennungen) wies einwandfrei in dieselbe Richtung. Damit lag die Vorherrschaft auf derselben Seite wie die Mehrheitsdaten, nämlich bei 3 zu 0 (oder noch besser, 4 zu 1, 4 zu 0 oder 5 zu 0). Das heißt, in fünf Gruppen von 10 Benennungen erschien ein Verhältnis von 8 zu 2 oder 9 zu 1 oder 10 zu 0 mindestens dreimal (3 zu 0).

3. Die Ergebnisse der Punkte 1 und 2 wurden durch eine Übereinstimmung bei den gegenläufigen Karten (mit Klein- oder Großbuchstaben, je nach Punkt 1) bestätigt, bei denen ein Mehrheitstrefferwert nicht unter 30 zu 20 und ein entsprechender Hinweis in dieselbe Richtung, basierend auf den Verhältnissen »herausragender Treffer« im Wert von mindestens 1 zu 0 oder besser (2 zu 0, 3 zu 1 usw.), auftreten mußten.

---

* Zur umseitigen graphischen Darstellung: Ein Beispiel für die Daten, aus denen eine dreistellige Zahl (in diesem Fall 242) identifiziert wurde. Unter der Überschrift »Grundserie« stehen das Verhältnis der für jeden Umschlag geratenen Farbe (oder die »Gesamttreffer«) und daneben die Resultate der fünf Gruppen, die je zehn Zahlen umfaßten (im Text als »Verhältnis der herausragenden Treffer« bezeichnet). In den Kolonnen »Schlußfolgerung« bedeutet ein Großbuchstabe, daß die Hinweiskriterien erfüllt wurden, und ein Kleinbuchstabe, daß sie beinahe erfüllt wurden. Die Wiederholungsserien von links nach rechts zeigen die schrittweise Ausscheidung jener Karten, welche die angegebenen Sicherheitskriterien erfüllt hatten, bis – am unteren Ende der Kolonne »Schlußurteil« – alle zehn mit Großbuchstaben gekennzeichneten Umschläge der genauen Zielobjektsanordnung entsprachen, welche die ausgewählte dreistellige Zahl verkörperte.

Umschlag Nr.	Gesamttreffer W – G (Grundserie)	Verhältnis herausragender Treffer W – G (Grundserie)	Schlußfolgerung (falls erreicht) (Grundserie)	Gesamttreffer W – G (1. Wiederholungsserie)	Verhältnis herausragender Treffer W – G (1. Wiederholungsserie)	Schlußfolgerung (falls erreicht) (1. Wiederholungsserie)
1	33–17	1–0				
2	15–35	0–2				
3	23–27	1–1				
4	25–25	0–0				
5	16–34	0–1				
6	25–25	0–0				
7	27–23	1–1				
8	27–23	0–0				
9	32–18	0–0				
10	22–28	0–0				
1 a				26–24	1–0	
2 a				31–19	1–0	
3 a				29–21	1–0	
4 a				31–19	1–0	
5 a				19–31	1–1	
6 a				26–24	0–0	
7 a				32–18	1–0	
8 a				27–23	1–0	
9 a				33–17	2–0	
1 b						
2 b						
3 b						
4 b						
1 c						
2 c						
3 c						
A	18–32	0–1		19–31	0–1	g
B	34–16	3–1	w	31–19	1–0	W
C	35–15	2–0		40–10	3–0	w?
D	29–21	1–0		34–16	2–0	w?
E	33–17	2–1		33–17	2–0	g?
F	27–23	0–0		8–42	0–4	G
G	29–21	0–0		46– 4	4–0	W
H	15–35	0–2	G			
I	21–29	0–2		8–42	0–4	G
K	39–11	3–0	w	36–14	3–0	W
a	27–23	0–0		29–21	2–0	
b	17–33	0–1		7–43	0–3	G
c	32–18	2–0		31–19	1–0	
d	27–23	0–0		24–26	1–1	
e	30–20	1–0		39–11	3–0	
f	34–16	1–0		40–10	2–0	W
g	26–24	0–1		28–22	0–0	
h	45– 5	5–0	W			
i	28–22	0–0		37–13	2–0	
k	23–27	0–0		18–32	0–3	

Gesamttreffer W – G	Verhältnis herausragender Treffer W – G	Schlußfolgerung (falls erreicht)	Gesamttreffer W – G	Verhältnis herausragender Treffer W – G	Schlußfolgerung (falls erreicht)	Schlußaussage	Zielobjekt
2. Wiederholungsserie			3. Wiederholungsserie				
							W
							G
							W
							G
							G
							W
							G
							W
							W
							G
							G
							W
							W
							W
							G
							G
							G
							W
							W
26–24	1–0						W
15–35	0–2						G
12–38	0–3						G
19–31	0–1						W
			14–36	0–2			G
			19–31	0–0			G
			37–13	3–0			W
18–32	0–1	g	14–36	0–2	G	G	G
						W	W
36–14	1–0	W				W	W
31–19	2–0	w	43– 7	4–0	W	W	W
30–20	1–0		45– 5	5–0	W	W	W
						G	G
						W	W
						G	G
						G	G
						W	W
22–28	0–1		27–23	1–0			W
							G
28–22	0–0						G
16–34	0–2		22–28	0–0			G
21–29	0–0		25–25	0–1			G
							W
							G
							W
							W
							G

4. Falls Punkt 3 nicht erfüllt wurde, wie z. B. dann, wenn das Ergebnis der Gegenkarte nicht überzeugend genug war, beschloß man, zum Ausgleich ein entscheidenderes Resultat im Hauptsatz der Karten zu verlangen:

a) Bei Punkt 1 mußte ein Trefferwert von mindestens 40 zu 10 oder besser vorliegen.

b) Bei Punkt 2 mußte ein Verhältnis »herausragender Treffer« in der Größenordnung von 4 zu 0 oder 5 zu 0 vorliegen.

Als man die erste Grundserie von 50 Benennungen für jeden Umschlag ausgewertet hatte, nahm man jene Umschläge, welche die obigen Kriterien erfüllten, aus dem Packen. Die verbleibenden Umschläge, die diese Kriterien nicht erfüllten, wurden mit einer entsprechenden Zahl numerierter Index-Umschläge gründlich gemischt und der Versuchsperson wieder vorgelegt, wie in einem neuen Experiment.

Bei jeder dieser Wiederholungsserien machte man für jeden Umschlag 50 Benennungen, und das Ergebnis wurde ausgewertet wie zuvor. Jene Umschläge, welche die Kriterien wieder nicht erfüllten, wurden so lange diesem Verfahren unterzogen, bis sie die Kriterien erfüllten.

Als so alle 10 Farben, von denen die gegebene Zahl angezeigt wurde, zuverlässig identifiziert waren, leitete man die Zahl mittels des Originalkodes ab. Dann verglich man das Ergebnis mit der Aufzeichnung des Assistenten über die Zielobjektszahl.

Insgesamt wurden auf diese Weise fünf unabhängige Serien durchgeführt und fünf dreistellige Zahlen ohne einen einzigen Fehler identifiziert. Die graphische Darstellung zeigt das Ergebnis, mittels dessen eine dieser dreistelligen Zahlen identifiziert wurde. Sie zeigt auch, auf welche Weise die Informationen über den Inhalt der einzelnen Umschläge in den aufeinanderfolgenden Experimentalserien ermittelt wurden, bis die Zahl sich richtig identifizieren ließ.

Diskussion

Das grundlegende Ziel des Experiments war es, die Möglichkeit aufzuzeigen, Zielobjekte durch ASW mit einer Präzision zu identifizieren, die sich vor der Kontrolle genau angeben ließ. Dieses Ziel wurde erreicht.

Hinsichtlich der Wirksamkeit der Methode bleibt jedoch ein Problem bestehen. Derzeit ist das Verfahren unwirtschaftlich und mühsam im Vergleich zu anderen Kommunikationsmitteln. Insgesamt wurden fünf dreistellige Zahlen übermittelt; aber um dies zu tun, mußten 19.350 einzelne Farbbenennungen (von denen 11.978 Treffer und 7372 Fehler waren) gemacht werden. Die Durchschnittsgeschwindigkeit lag insgesamt bei etwa 400 Benennungen pro Stunde, so daß allein schon das Sammeln der Daten rund 50 Stunden dauerte, wobei zwei Personen eingesetzt waren. Hinzugefügt werden muß hierzu noch der Zeitaufwand für die Auswertung der Ergebnisse.

Dieser hohe Aufwand an Experimentalzeit ist jedoch teilweise auf die Tatsache zurückzuführen, daß die empirisch gewählten Kriterien sehr streng waren, damit sie auch bestimmt die Erfordernisse extremer Zuverlässigkeit bei den Identifizierungen erfüllten. In einigen Fällen praktischer Anwendung würde es aber genügen, eine statistisch ausgedrückte Zuverlässigkeit der Identifizierung zu wählen, was die Kriterien weniger streng machen und die Zahl der erforderlichen Benennungen reduzieren würde (vorausgesetzt die Versuchsperson hat in ihrer ASW-Leistung dasselbe Niveau wie unsere hier). Zahlreiche Wege zur Einsparung überflüssiger Benennungen und zu einer wirtschaftlicheren Erlangung der erforderlichen Identifizierungszuverlässigkeit bieten sich durch Anwendung der Kommunikationstheorie.

Die Anwendung irgendeiner Methode, mittels der man automatisch den Punkt erkennt, an welchem die Identifizierung möglich sein könnte, würde den Zeitaufwand ebenfalls beträchtlich reduzieren. Wie aus der graphischen Darstellung ersichtlich ist, lagen bei einer beträchtlichen Zahl von Umschlägen die Benennungen höher, als es zu ihrer Identifizierung nötig war (z. B. bei den Zielobjekten H, h in der Grundserie oder bei den Zielobjekten F, f in der ersten Wiederholungsserie).

Ein Weg zur Bestimmung des Punktes, ab dem weitere Benennungen überflüssig sind, wie Taetzsch für seinen Fall vorschlug, würde mindestens mehrere Dutzend Benennungen einsparen.

Schluß

Dieses Experiment beweist, daß ASW als Kommunikationsmittel praktisch angewandt werden kann. Die gegenwärtige Technik ist vielleicht nicht geeignet, denn sie wurde in einem Experiment angewandt, bei dem nur mit kurzen Entfernungen gearbeitet wurde. Bei tatsächlicher praktischer Anwendung jedoch wäre eine Fernkommunikation erforderlich, besonders in Situationen, wo keine Funkverbindung möglich ist. Für die Kommunikation über große Entfernungen werden natürlich weitere Forschungsarbeiten nötig sein, die darauf abzielen, eine hinreichende Stabilität der ASW-Leistung unter Bedingungen zu gewährleisten, wie große Entfernungen sie stellen.

Das vorliegende Experiment weist mehrere nützliche Merkmale auf: In erster Linie die Technik des wiederholten Ratens zur Konzentration der Informationen. Durch diese Methode ließen sich die erforderlichen Daten nur mit einer einzigen Versuchsperson statt mit vielen sammeln.

Außerdem diente die Durchführung von Index-Versuchen als Anzeiger von ASW. Unabhängig von diesen Versuchen hatten die beiden Parallelserien, die einander gegenseitig kontrollierten und ergänzten, einen weiteren Vorteil. Dank ihnen erhielt man im Lauf des Experiments eine gute Vorstellung davon, in welchem Ausmaß die Mehrheitsstimmen für einander entsprechende Seiten zur Begünstigung von Gegenseiten tendierten.

Obwohl diese Technik eine frühzeitige Einschätzung von Trends erlaubte, eröffnete sie keinerlei Wege, auf welchen die Versuchsperson Sinneshinweise hätte erhalten können. Die Indexkarten und die Testkarten wurden zufällig angeordnet, so daß jedes Folgern seitens der Versuchsperson sinnlos gewesen wäre.

Schließlich wurde nicht das einfache Mehrheitsvotum angewandt, sondern eine herausragende Mehrheit benutzt; und in den Fällen, wo man keine Mehrheit erlangte, wurden die Benennungen so lange wiederholt, bis man sie erreichte. Die Beharrlichkeit im Benennen war, neben einer ausreichenden Mehrheit, ein nützliches zusätzliches Kriterium.

Die Kriterien waren empirisch festgelegt und im Experiment erfüllt worden. Es kann gut sein, daß sich die Wirtschaftlichkeit des Verfahrens durch Hinzunahme von Wiederholungsserien verbessern ließe, die mit der Wahrscheinlichkeits- und der Informationstheorie in Einklang stehen.

Anmerkung: Leser, die sich zu einer Wiederholung dieses Experiments entschließen, wünschen vermutlich einen wirtschaftlicheren Kode und eine wirtschaftlichere Auswertungsmethode. Die Anwendung der mathematischen Kommunikationstheorie erlaubt die Steigerung des Nutzeffekts einer sicheren Identifizierung über das hinaus, was mittels der vorstehend berichteten empirischen Versuchsanordnung erreicht werden konnte.

Literaturverzeichnis zum vorstehenden Abschnitt

1. Cadoret, R. J., The reliable application of ESP. Journal of Parapsychology, 1955, 19, Seiten 203 – 227.
2. Clark, W. H., A practical application of precognition. Journal of Parapsychology, 1958, 22, Seiten 216 – 217.
3. Fisk, G. W., und West, D. J., Towards accurate predictions from ESP data. Journal of the Society for Psychical Research, 1957, 39, Seiten 157 – 162.
4. Foster, A. A., ESP tests with American Indian children. Journal of Parapsychology, 1943, 7, Seiten 94 – 103.
5. Foster, Esther B., Multiple aspect targets in tests of ESP. Journal of Parapsychology, 1952, 16, Seiten 11 – 22.
6. Kashinskij, B. B., Biologische Radiokommunikation. Kiew, Verlag der Ukrainischen Akademie der Wissenschaften, 1962.
7. Rhine, J. B., On the nature and consequences of the unconsciousness of psi. Journal of Parapsychology, 1958, 22, Seiten 175 – 186.
8. Rýzl, M., Training the psi faculty of hypnosis. Journal of the Society for Psychical Research, 1962, 41, Seiten 234 – 252.
9. Rýzl, M., und Pratt, J. G., A further confirmation of stabilized ESP performance in a selected subject. Journal of Parapsychology, 1963, 27, Seiten 73 – 83.
10. Rýzl, M., und Rýzlova, J., A case of high-scoring ESP performance in the hypnotic state. Journal of Parapsychology, 1962, 26, Seiten 153 – 171.
11. Schmeidler, Gertrude R., The accuracy of parapsychological information. Indian Journal of Parapsychology, 1960, 2, Seiten 169 – 173.
12. Scott, C., An appendix to »The repeated guessing technique«. International Journal of Parapsychology, 1960, 2 (Nr. 3), Seiten 37 – 46.
13. Stuart, C. E., An analysis to determine a test predictive of extrachance scoring in card-calling tests. Journal of Parapsychology, 1941, 5, Seiten 99 – 137.
14. Taetzsch, R., Application of statistical quality control techniques to statistical psi control problems. (Auszug.) Journal of Parapsychology, 1958, 22, Seite 304.
15. Taetzsch, R., Design of a psi communication system. International Journal of Parapsychology, 1962, 4, Seiten 35 – 70.
16. Thouless, R. H., The repeated guessing technique. International Journal of Parapsychology, 1960, 2 (Nr. 3), Seiten 21 – 36.
17. Wassiliew, L. L., Experimentelle Untersuchungen zur Mentalsuggestion. Leningrad. Verlag der Leningrader Universität, 1962.
18. Wassiliew, L. L., Suggestion über eine Entfernung. Moskau, Gospolitsdat, 1962.